좋은 교회

글 가나다

좋은교회

지은이 임원주
펴낸이 이현주
펴낸곳 가나다
등 록 • 2006년 1월 23일 (제307-2006-6호)
주 소 • 경기도 이천시 부발읍 무촌로151번길 20 www.nown.biz
e메일 • here@nown.biz
전 화 • 0502-987-9870
팩 스 • 0505-116-1015

첫판 처음 찍은 날 2016년 10월 31일
첫판 처음 펴낸 날 2016년 11월 2일

ISBN 978-89-92065-45-0 03230

「이 도서의 국립중앙도서관 출판예정도서목록(CIP)은 서지정보유통지원시스템 홈페이지(http://seoji.nl.go.kr)와 국가자료공동목록시스템(http://www.nl.go.kr/kolisnet)에서 이용하실 수 있습니다.(CIP제어번호: **CIP2016025413**)」

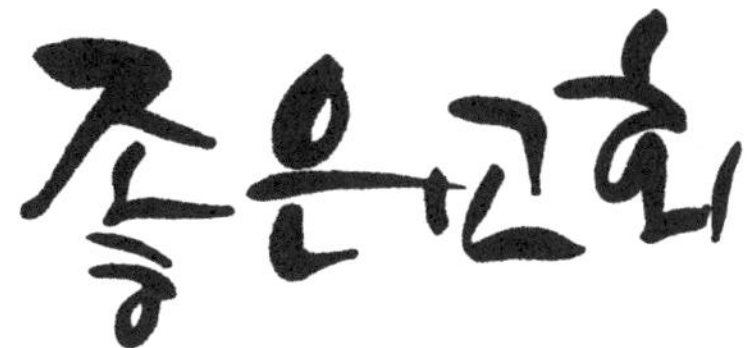

임원주

한국교회 교회론을 모색하다

서문

서문 : 한국교회는 '노예제도'를 꿈꾸는가?

21세기에 들어서고도 이미 반(半)세대가 흘러갔다. 하지만 한국사회를 관통하는 키워드는 아이러니하게도 '노예'라는 중세기적 단어이다. '염전 노예,' '축사 노예,' '타이어 노예'가 연이어 사회적 이슈로 제기됐다. 남들보다 열등하다는 이유로 자신의 자유로운 의사에 반해, 10년 혹은 19년에 걸쳐 짐승보다 못한 처우 속에서 혹독하게 노동력을 착취당하고 임금을 갈취당하고 매질을 당한다. 이러한 충격적인 사건들은 한국사회가 아직도 퇴락한 불교가 횡행하던 고려시대, 그리고 변질된 유교가 지배하던 조선시대를 벗어나고 있지 못한 것은 아닌가 하는 의구심을 갖게 만든다.

일제의 병탄과 식민지 지배를 통해 조선은 근대의 한국으로 발돋움하게 되었다는 궤변이 산업화 측면에서 일리가 있다고 치더라도, 혹은 해방 후에 서구적 민주주의와 근대화가 본격적으로 추진되었다고 하더라도, 지금 한국사회를 관통하고 있는 정신문화에 '노예'라는 키워드가 들어간 것은 무척이나 치욕적이다. 근대를 '산업화,' '자본주의' 등으로 규정짓더라도 근대정신의 기본은 계급 및 신분제도의 철폐와, 인간의 평등성 및 존중심에 있기 때문이다.

현대 한국사회 구성원들의 심장에는 학벌, 인맥, 로비를 통해 권력과 재력을 무기로 삼아 강제로 계급사회를 만들려는 강렬한 욕구가 요동치고 있다. 결코 흔들리지 않을 상류계급으로 진출하기를 꿈꾸면서, 그 목표를 달성시켜줄 각종 수단을 휘둘러 약자들을 서슴없이 짓밟는다. '이기적'이라는 말조차 사치스러울 정도다. 출세와 성공에 도움이 되지 않는 사람들을 가차 없이 팽개치고, 아랫것들로 막 대하고, 함부로 부려먹고, 악랄하게 착취한다. 이것이 우리의 사회의 단면에 불과하다고 간과하더라도 우리 사회의 본질을 드러내고 있다는 사실까지 외면할 수는 없다. 아직도 진상조차 제대로 파악하고 있지 못한 '세월호 참사'라든가 미군이 사용할 무기인 '사드'(THAAD, 고고도 미사일 방어체계)의 한국 배치에 관련한 논란 역시 그 연장선에 있다.

국가와 사회의 도덕성을 높이고 사회체계를 개선하고 방향성을 재정립할 역량을 제공할 책임은 '교회'에 있다. 교회는 참된 생명력을 넘쳐 흐르게 하고, 빛과 소금의 역할을 온전히 감당하여 '세상'에 온갖 유익을 끼쳐야 한다. 세상이 아무리 썩었고 사람들이 아무리 타락했어도 교회는 세상의 유일한 희망으로 남아 있어야 하고, 신자들은 세상을 바르게 이끌 인물들로 존재해야 한다. 하지만 부끄럽고 통탄스럽게도, 한국교회의 몰골은 추악하고 세상이 보기에도 부끄러운 모습이다. 지금 한국교회는 세상 앞에 나서서 세상을 바르게 이끌어가는 모습을 보이지 못하고 있다. 오히려 법망을 피하고 억지를 부리며, 세상의 악을 즐거이 추종하는 모습마저 보인다. 정의와 진실을 오히려 적극적으로 외면하기까지 한다. 목사들의 비열하고 추악한 범죄는 신학과 교파를 막론하고 터지고 있다. 세상의 지탄을 받는다. 심지어 세상이 교회를 걱정할 지경이다.

예배, 그 이전에 '모이라'는 말씀을 떠올려야 한다

교회는 학원이 아니다. 그런데도 교회에 성경공부 혹은 제자훈련이라는 미명 하에 '학원식' 요약공부와 암기가 횡행한다. 물론, 신자는 끊임없이 교리를 배워야 한다. 그러나 이 또한 제대로 된 '공부'가 아니다. '익힘'도 '행함'도 너무나 빈약하다. 교리를 단순히 암송하기만 해도 구원을 얻을 수 있고 소원을 성취할 수 있고 이상향이 도래한다는 발상에 점점 가까이 다가간다. 이런 발상은 무속적이며 불교적이며, 하나님의 이름을 잊어버리는 죄악인데도 말이다. 건전한 교리를 통해 최소한, 자아성찰의 깊은 깨달음이라도 얻어야 한다. 그러나 한국교회는 과정을 이수했다는 수료증만 남기고 있을 뿐이다.

한국교회 신자들은 '고속-압축 성장'의 신화에 갇혀 있다. 지난 세기에, 한국사회는 '배부르게 먹고 등 따습게 자는 것'에 모든 것을 희생해왔다. 대를 위해 소를 기꺼이 희생시키고, 피해자를 억압하고 입 다물게 만들어 가해자의 불법적이고 비인격적인 폭력을 정당화해왔다. 심지어 피해자에게 피해 발생의 책임을 전가하기도 했다. 이러한 불의한 문화를 한국교회가 그대로 추종하였다. 한국사회의 경제성장 원리는 그대로 한국교회 성장의 원리가 되었고, 그 결과 대형교회를 건축했다. 이 결과를 신화화하여, 원인과 과정을 정당화했다. 그 연장선에 우리가 서 있다.

'온고지신'(溫故知新)이 아무리 옳더라도, 종교개혁 정신과 그 신학을 아무리 고수하더라도, 그 요점에 대한 반복 학습이 우리의 미래를 보장해주지는 않는다. 그 정수(精髓)를 깨닫고 소화하고 우리의 교회와 실천 속에 구현하는 것은 '암기'와 '형이상학적 주장'에 의해 성취되는 것이 아니다. 우리는 선조들의 참된 믿음과 신학을 통해, 우리의 지향점을 발견할 뿐만 아니라 우리의 자화상을 정확하게 보아야 한다. 그럼으로써 옛것 속에서 무엇을 취해서 지금 어떻게 해야 하는지를 깨닫고, 올바르게 행해야 한다. 복음과 성령을 의지해서.

참된 교회에 대한 신학적 논구를 뛰어넘어, 참된 교회를 회복하고 다시 세워야 한다. 한국교회의 무너진 담벼락을 직시하고, 허물어져가는 설교단과 퇴락한 회중석을 똑바로 파악해야 한다. 하나님이 기뻐하시는 참 교회를 세워야 한다. 즉시, 시작해야 한다. 그러면 어떻게?

이미 종교개혁 시대에 '회중주의'에 대해 발견했고, 회중주의 교회론을 완성했다. 그리고 그 교회론에 따라 교회들을 세웠다. 우리는 그 역사적 경험을 우리의 시각으로 검토하고 성찰해야 한다. 그래서 우리가 배우고 익힌, 신학의 '개론적 이해'를 실제적으로 확충해야 한다. 그래서 우리의 정성과 뜻과 힘과 목숨을 다해 우리의 교회를, 하나님이 좌정하시고 경배를 받으시고 통치하시는 그런 교회를 세우는 일을 시작해야 한다. 이는 특정 교파를 세워야 한다는 뜻이 아니다.

한국 교회 회복은 시행착오를 인정하는 것이다

본서는 우리의 숨결과 땀과 수고를 통해, 하나님과 그리스도의 교회를 바로 세우는 일의 '시작'을 위한 작은 디딤돌을 놓는 것에 목적이다. 그 디딤돌 가운데 중요한 것 하나는 '올바른 토론'이다. 올바른 토론은 정당한 토론 규칙도 필요하지만 구체적이며 현실적인 문젯거리에 대한 올바른 분석 및 진단을 포함한다. 이 때문에 필자는 '귀납적 접근방식'을 사용하듯 한국교계의 몇몇 문제들을 중심으로 내용을 펼쳤다. 그러나 필자는 '귀납법'을 맹신하는 과학주의자가 아니다. 종교개혁과 개혁주의 신학을 철저하게 옹호한다. 또한 개혁주의 교회론을 개정할 의도가 전혀 없다.

한국교회는 보수주의 신학이나 근본주의 신학 혹은 개혁주의 신학을 고수하다가 파탄을 초래했다는 식의 주장을 필자는 조금도 받아들이지 않는다. 한국교회의 문제는 '한국 사람들'이 일으킨 문제이지 어떤 특정한 '신학'이 일으킨 문제가 아니라는 것이 필자의 생각이다. 한국교회는 아직도 '신학'을 충분히 습득했는지 의구심을 지울 수가 없다. 진보주의 신학을 추구한 사람이라고 해서 근본주의 신학을 고집한 사람들보다 더 나을 것이 없는 것 같다. 바보든 똑똑이든 교회를 망치는 데에는 그다지 차이가 없다. 지력(知力), 재력(財力), 권력과 같은 속된 것이 아니라 하나님을 경외함이 없고 하나님을 영화롭게 함이 없는 것이 교회를 망치는 진짜 원인이다. 교회론적 차원에서, 가장 참 되게 하나님을 경외하고 하나님을 영화롭게 하고 그리스도의 교회주권을 성취하는 길이 무엇인가? 그것은 바로 교인을 대형교회를 구성하는 아랫것들에서 '회중'의 위상으로 회복시키고, 회중주의 통치(치리 방식)을 회복하는 데에 있다. 우리는 이것이 무엇인지, 우리가 어떻게 해야 할지를 논의하기 시작해야 하고, 또한 제대로 된 교회를 세우기 위해서는 기본 원리로 돌아가야 한다. 각종 경험과 시행착오를 성찰하고 참 되며 성경적인, 우리의 교회를 든든히 구축하기 위한 경륜을 쌓기 시작해야 한다.

한국교회가 직면한 위기상황에 있어서 필자는 '근본' 즉, '고전적 개혁주의'로 되돌아가야 한다는 입장이다. 그러나 신학서적을 탐독하고 각종 '명제'에 동의하는 것 이상으로, 개혁교회의 '실천'에 있어서도 '회복'이 필요하다고 본다. 회복을 위해서는 역시, 지금 우리가 붙들고 있는 각종 원리 및 실천을 철두철미하게 반성하고, 이탈한 지점을 찾아 되돌아가서 바른 방법과 방향으로 새 출발해야 한다.

한국에 맞는 교회론을 내놓아야 한다

필자는 그 노력의 일환으로 본서를 내놓는다. 본서는 한국교회가 성도들을 그리스도의 제자로 세우기 위해 노력을 기울여온 '제자훈련 프로그램'과 '교회건축'을 반성적으로 고찰하고, 교회다움의 가장 필요한 핵심요소임에도 불구하고 간과해온 '교회회의'를 거론한다. 종교개혁 신학은 신학자와 목사의 머리에서 가슴으로 내려올 뿐만 아니라 교회를 진정한 의미 및 차원에서 '성도들의 회(會)'로 다듬어 세우는 것으로 귀결되고 '성도의 회'에서 완성되어야 한다는 취지다. 우리는 이 숙제에 매달리지 않으면 안 된다. 우리는 산더미 같은 신학서적과 거대한 예배당만이 아니라 '교회다운 교회' 즉, 진정한 '성도들의 회'를 다음 세대에 물려줄 수 있어야 한다.

주후 2016년 10월

임원주 拜上

목차,

1부 한국교회의 실패

03 대형교회 건축물, 거대한 암 덩어리에 불과하다

04 대중화된 복음, 대형교회의 영업비밀?

2부 성경이 가르친 교회, 회중 82

3부 참으로 개혁된 교회, 좋은교회

부록 교회다운 교회, 회중의 노력

오라 우리가 여호와께로 돌아가자
여호와께서 우리를 찢으셨으나 도로 낫게 하실 것이요
우리를 치셨으나 싸매어 주실 것임이라

(호6:1)

1부

한국교회의 실패

신조가 없는 교회란 참된 교회의 이상도 지향점도 운영방식에 대해서도 깊이 있게 성찰하지 않았고, 자신들의 교파와 종교개혁에 대한 올바른 고찰이 없다는 증거다. 성경적 원리를 바르고 체계적으로 이해하지 못한 교회이다.

옥한흠 목사의 제자훈련, 교회론적 패착은 무엇인가?

01

'걷잡을 수 없이 밀려드는 교인들을 어떻게 해야 바른 신앙생활로 이끌 수 있을까?' 이 질문이 '평신도를 깨운다'로 함축되는 옥한흠 목사의 목회철학과 제자훈련을 직접적으로 관통하는 핵심적인 질문이다. 동시에, 이 시대 한국교회의 큰 흐름을 파악하는 강력한 관점을 제공한다. 옥한흠 목사의 사랑의교회와 목회활동에 '강남과 한국문화,' '평신도,' '제자훈련'이라는 세 가지 코드가 철저하게 드러나기 때문이다. 그리고 이 코드들에 주목하면 '제자훈련'을 교회의 본질적 사명으로 간주하는 현상과 그 문제점을 확인할 수 있다.

옥한흠 목사는 본문중심의 강해설교를 발전시켜 한국교회의 강단과 예배문화에 신선한 충격을 주었다. 차별화된 말씀과 훈련이 있는 '사랑의교회'에 밀물처럼 몰려드는 교인들을 예배의 수동적 방관자가 아니라 능동적 참여자로 전변시키고, 피동적 시청자가 아니라 하나님의 말씀을 품고 살아가는 진정한 그리스도의 제자로 세우는 것을 교회적 사명으로 파악했다. 그래서 옥한흠 목사는 이 사명을 감당하기 위해, 종래의 구역조직이 아니라 다락방으로 편제하고 말씀을 묵상하고 실천하는 데 역점을 둔 '제자훈련'을 적극적으로 실행했다. 그 결과, 사랑의교회는 한국교회의 역사 전체에서 독보적이며 획기적인 교회 혹은 목회 패러다임의 신기원을 이뤘다.

옥한흠 목사는 1978년부터 사랑의교회를 이끌었고 불과 6년 뒤인 1984년에 제자훈련 사역의 결정체인 『평신도를 깨운다』를 출간했다. 그리고 평신도를 깨우는 제자훈련 목회사역에 혼신의 힘을 다하고 2003년에 은퇴했다. 옥한흠 목사의 목회철학을 적나라하게 보여주는 『평신도를 깨운다』라는 이 책의 가치는 형언하기가 어렵다. 그러나 한국교계라는 '밭'에 '제자훈련'이라는 씨를 뿌린 것은 옥한흠 목사의 앞 세대였다.

김준곤 박사가 '학원복음화, 민족복음화'를 기치로 내걸고 1958년에 설립한 '한국대학생선교회'(C.C.C.)의 순모임과, 1966년 9월에 한국사역을 시작한 '네비게이토 선교회,' 그리고 여의도순복음교회는 한국 개신교 제자훈련의 모판이라고 간주될 만하다. 이들의 하부구조는 제자훈련에서 일반적으로 지칭하는 '셀'(cell)의 운용원리를 갖고 있었다. 1970년대 초반부터 한국교회가 양적으로 팽창하는 과정에서, '셀'과 제자훈련은 교회 밖의(파라처치) 운동으로 발전했고, 캠퍼스와 군대에서 성경공부와 제자훈련을 경험한 세대는 전통적인 교회 내부에 이질적인 분자가 되어갔다. 갈등은 깊어지고 해법은 쉽지 않았다.

옥한흠 목사는 교인화가 아닌 제자화가 목회적 및 교회적 사명이라고 확신하고 진력하여 괄목할만한 성과를 이뤘다. 정통교회 안에서 제자훈련이 성공적으로 안착할 수 있다는 가능성을 입증했다. 옥한흠 목사로 인해 제자훈련 사역의 방향성이 재정립되고 목회 패러다임이 획기적으로 전환되었다. 그 철학과 내용을 담은 『평신도를 깨운다』라는 책은, 목회자를 대상으로 한 제자훈련 세미나의 밑바탕으로써 한국교회에 교회갱신의 방향성과 방법론에까지 영향을 미쳤다.

옥한흠 목사의 목회철학과 방법론을 담은 『평신도를 깨운다』는 1984년에 출간된 이후 30년 세월이 흘렀다. 그 사이에 본질적인 개정이나 대체가 이뤄지지도 않았다. 여전히 한국교회의 목회 패러다임에 이런저런 모습으로 영향을 미친다고 볼 수 있다. 따라서 옥한흠 목사의 탁월한 업적과는 별개로, 옥한흠 목사의 제자훈련을 교회론적 관점에서 비판적으로 검토할 필요가 있다.

장로교회 교회론에는 왜 제자훈련이 없었을까?

'장로교회 교회론에는 왜 제자훈련이 없었을까?'라고 물어야 했다. 제자훈련의 기본모델 혹은 그 기초는 우리 사회의 곳곳에서 쉽게 찾을 수 있다. 군대의 편제, 공장의 분임조, 심지어 프랜차이즈 외식업체의 직원훈련 등등에서 제자훈련 원리가 철저하게 적용되고 있는 것을 발견할 수 있다. 하지만 살상과 파괴에 최적화된 조직체인 군대의 하위 기본조직 및 활동 혹은, 이윤 극대화를 추구하는 사업체의 영업 활동을 경건하고 거룩한 교회의 조직체계를 다듬기 위한 모델로 삼는다는 것은 결코 쉬운 일이 아니다. 위험한 측면도 있다. 그래서 제자훈련을 이론화할 때 교회사에서 모델을 찾아 연구해야 한다.

근대 교회의 제자훈련 연구에서 제시되는, 중요한 참고모델은 남미의 로마 가톨릭 교회들과 해방신학, 여의도순복음교회의 구역조직, 웨슬리의 밴드목회 등이다. 종교개혁 시대로 올라가면 독일 경건주의 운동가들이 있다. 웨슬리의 밴드목회와 독일 경건주의 운동의 공통점은 '교회 속의 작은 교회'(ecclesiola in ecclesia) 개념을 긍정적으로 수용한 것인데 종교개혁가들은 이 개념이 교회에 분열과 파당을 초래한다고 여겼다. 그리고 웨슬리의 밴드목회는 교구를 이탈한 극빈노동자들을 대상으로 한 특수목회에 해당되고, 체계적인 교회론을 확립하는 데까지 도달하지 못했다.

로마 가톨릭의 제2차 바티칸공의회는 1962년부터 1965년까지 네 차례 회기로 진행되었고, 로마 가톨릭의 교회론에 심대한 영향을 미치는 16개의 문서를 남겼다. 여기에 '평신도 사도직'에 관한 교령이 있다. 가톨릭의 평신도사도직은 평신도의 주체적 성경읽기와 토론과 해석, 그리고 평신도 교리교사를 허용했다. 놀랍게도, 이 교령은 종교개혁가들의 복음주의 원리를 16세기 당시에는 거부했다가 20세기에 부분적으로 채택한 셈이고, 사제주의와 교황주의를 고수한 채 복음주의적 요소에 대해 문을 연 셈이다. 이것을 남아메리카 가톨릭교회에서 적극적으로 개념화하고 체계화하면서 실천한 데서 소위 해방신학이라고 불리는 것이 나왔고 제자훈련이 배태된 것이다.

로마 가톨릭의 사제이며 신학자로서 튀빙겐 대학 교수 한스 큉은 이에 부응하는 교회론을 저술했다. 이 저서의 축약본이 『교회란 무엇인가』인데 로마 가톨릭의 사제주의적 교도권에 대해 비판적 입장을 견지했다. 한스 큉은 제2차 바티칸공의회에서 전문위원으로 활동할 정도로 탁월한 신학자였지만 10년간의 갈등 끝에 1979년에, 로마 가톨릭의 교리문제에 대한 최고 권위기관인 교황청 신앙교리성으로부터 최종 탄핵을 받고, 로마 가톨릭교회 교사직(missio canonica)을 박탈당했다. 그러나 로마 가톨릭의 최고 권위는 한스 큉이 로마 가톨릭의 사제가 아니라고 선언했으면서도 튀빙겐대학의 교수직과 사제직을 박탈하지는 않았다. 이것은 로마 가톨릭의 제2차 바티칸공의회 체제가 교회론에서 갖는 모순성을 함축적으로, 상징적으로 보여준다.

옥한흠 목사가 교회적 사명으로서의 제자훈련을 연구할 때 한스 큉의 교회론을 참고할 수밖에 없었던 것으로 보인다. 이것은 한편으로는 비극이다. 대부분의 제자훈련 이론서는 제자훈련 혹은 제자도의 역사를 신약성경과 초대교회에서부터 시작된 것이라고 지적한다. 교회의 존재목적과 제자훈련은 일맥상통한다. 제자훈련을 방법론이라는 좁은 시각이 아니라 넓은 개념에서 이 말 자체만 따져보면 지상교회의 역사는 그 자체로 제자훈련의 역사라는 의미가 된다. 따라서 초대교회와 그 전통은 언제나 제자훈련에 대한 노력의 유산이며 시대적 산물이라고 추론할 수 있다. 그렇다면 로마 가톨릭의 대표적인 신학자의 저술을 참고하기 전에, '왜, 장로교회는 제자훈련을 개념화하지 않고, 과연 참고

문헌이 없는가? 정말 없는가?'라고 물으면서 파고들었어야 했다.

종교개혁의 과제는, 교회론이다

종교개혁가들의 교회론적 과제는 본질상 제자훈련이었다. 16세기 스코틀랜드 교회개혁가들이 당시에 직면한 교회론적 과제는 사실상 옥한흠 목사가 제자훈련을 사명으로 삼는 교회를 세운다는 과제와 동일했다고 말해도 과언이 아닐 것이다. 스코틀랜드 교회는 16세기에 세워진 교회가 아니다. 이미 1천 년이 넘는 역사를 가지고 있었다. 스코틀랜드인들은 1560년부터 20년간의 지난한 과정을 통해 장로제도를 완성하여, 그 결과로 장로교회로 전변된 것이다. 장로제도는 제자훈련이라는 교회적 사명을 수행하는 하부구조로서 교회의 한 형태인 셈이다. 다시 말해서, 장로교회의 '노회제도'는 장로교 교회론 차원에서 제자훈련에 최적화된 구조이며 질서였다고 봐도 무방하다.

초창기 스코틀랜드 장로교회는, 교회지도자들과 교인들의 무지를 극복하고 말씀을 실천하는 삶을 파악하고 훈련하기 위해 주일예배 뒤에 '성경토론회'를 열었는데, 평신도 전반에게까지 확대했다. 이 성경토론회가 '노회'의 초기형태 혹은 원형질이라고도 볼 수 있다. 신학교가 없던 시절에 글을 읽을 줄 아는 사람에게 '성경봉독자'라는 직분을 부여하였고 이를 통해 목회자후보생을 발굴했다. 유식하고 유능한 목회자가 부족해서 목회자들과 회중들에게 설교와 교육을 제공하기 위해 순회감독제를 운용하기도 했다. 대략 20년간에 걸친 성경 및 신학 연구와 경험을 통해 교회의 직분을 장로(목회장로와 치리장로)와 집사로 단순화하여, 교회구조를 개인적 신앙 성숙과 연합 그리고 영속화에 알맞게 최적화 된 것이라고 확신하는 체제를 만들어 냈던 것이다.

장로교회 정치제도에서 하나의 '노회'(presbytery)가 하나의 지상교회이다. 가시적으로 확인되는 개별적인 지역교회들은 하나의 교회를 구성하는 지체(肢體)들이고, '완전하게 독립된' 하나의 개별적인 교회'(a particular church)가 아니라 불완전한 존재인 지교회(枝教會, 'a branch of a church')이다. 그래서 장로교회 체제에서 항존직은 지교회를 노회에 연결하여 교회답게 만들고 성립시키는 중심 요소이다. 따라서 항존직 임명은 노회가 결정적인 권한을 가지고 있으며 노회가 정한 규정과 절차에 따라야 한다. 여기에 회중의 동의를 결부짓는 방식으로 회중주의 요소를 첨가한 것이다. 지교회들은 외부에서 규정하는 통일된 체제와 법질서를 통해 하나의 지역교회인 지상교회(노회)로 통합된다. 항존직은 장로교회 정체성을 확립하고 확장하는, 지교회의 교회적 사명 즉, 제자화와 하나님 나라의 확장과 영속화를 추구하는 중심축이다.

장로교회 정치체제를 제자훈련체제로 인식하기 어려운 이유 가운데 하나는 '위에서 아래로'라는 방식을 취하고 분가(分家)라는 원리로 지교회를 세운다는 것에 있다. 반면 제자훈련은 일반적으로 '셀'(세포)을 강조한다. 그리고 셀을 최소 단위의 교회로 간주하고, 세포분열에 의한 증식을 추구한다. 제자훈련은 기본적으로 훈련과 성과 그리고 입증된 실력을 바탕으로, 밑에서부터 위로 '목자'를 세운다. 엄격한 신학 교육은 종종 간과된다.

셀의 번식은 셀 지도자의 배출과 불가분의 관계가 있다는 점에서 셀의 존재목적 및 존재방식은 셀 구성원의 증가와 셀 지도자 즉, 목자의 발굴과 양육에 있다고도 할 수 있다. 셀 지도자들을 혹은 그 상급지도자들을 목회자와 구별해서 '목자'라고 부르기도 하는데, 실은 목사직과 구별되지 않는 경우도 있다. 더군다나 셀 지도자가 교회의 성례전을 인도하고 안수기도까지 하는 경우는 더욱 구별되지 않는다. 이렇게 발전된 선례의 하나가 웨슬리의 밴드목회이고, 그 결과물이 감리교회이다.

상충하는 두 원리, 그 기준은 성경이다

장로교회의 항존직 직분과 '셀 리더' 직분은 교회론적으로 보면 상충한다. 장로교회에서 지교회의 본질 및 목회와 직결되는 직분은 반드시 노회와 관련을 맺으며, 지교회 안에서 '당회'라는 핵심기구를 구성한다. 반면에 셀 리더는 정치체제와는 상관없이 기능적으로 세워진다. 이처럼 상충하는 두 가지 종류의 직분을 장로교회 안에 공존시키는 목적은 교회성장에 있다. 셀 목회를 교회구조에 정직하게 반영하면 감리교회 정치제도로 갈 수밖에 없다. 더 올라가면 '켈트교회' 방식이 될 것이다.

성급한 분들은 셀 목회는 회중주의 쪽으로 발전할 것으로 느끼겠지만 이 느낌은 상향식 직접 민주주의 방식과의 유사성에서 느껴지는 단순한 유사성에 지나지 않는다. 회중주의는 가장 발전된 신학적 지성 및 훈련을 요한다. 역사적으로 비교적 늦게 출현한 것이 그 이유이다. 회중주의는 겉보기에는 '셀' 방식에 가까워 보이지만 실제로는 제대로 된 장로주의에 더 가깝다. 장로주의와 회중주의는 종교개혁 신학이라는 공통의 뿌리에서 자라나왔다. 신학적 근본이 같다. 그러나 셀 방식은 전혀 다르다. 웨슬리가 개혁주의에 반감을 가졌고 감독주의 정치제제를 수용한 것은 우연이라고 볼 수 없다.

셀 목회에 의욕을 보이는 목회자들 특히, 장로교 목회자들은 이런 교회론적 긴장, 모순을 간과한다. 오히려 충돌한다는 의식조차 하지 않으려 한다. 교회적 사명을 본질적으로 추구하면 말씀과 성령 안에서 다 해결된다고 여기는 것일까? 지금 내 눈앞에서 불꽃이 튀지 않으면 문제가 없다고 여기는 것일까?

이 모순을 진지하게 다루면, 결국 '교회란 무엇인가?'라는 문제로 회귀하면서, '교회'는 시대에 따라 양상을 달리할 수 있으며, 결과만 좋으면 되는가 혹은 교회의 '본질'은 어디에 있느냐와 같은 질문에 도달한다. 이런 질문을 혹시 한스 큉에게 한다면, 개신교 특히, 장로교 전통에 부합하는 좋은 답변이 나올까? 내가 볼 때, 전혀 아니다. 로마 교황청이 한스 큉을 어떻게 탄핵했든, 한스 큉은 평생토록 가톨릭 사제로 충성을 다했기 때문이다. 로마 가톨릭 교회가 아무리 문제가 많아도 어떤 형태로든 분열은 안 된다는 입장에 다름 아니었기 때문이다.

게다가 한스 큉은 16, 17세기 종교개혁가들을 충분히 따라잡지도 못했다. 한스 큉은 사제주의적 교도권에 저항했지만 로마 가톨릭의 주류에 머물렀다. 반면에, 16세기 종교개혁가들은 사제주의를 부정했고, 로마 가톨릭은 종교개혁가들과 그들의 신학을 철저히 부정했다. 개혁가들은 로마 가톨릭에서 축출되어 신학과 교회를 재정립해야 했다. 종교개혁 3세대, 4세대에 속한 개혁주의자들은 이 과업을 계승하여 성취했다.

그러므로 종교개혁 후예들의 조직신학에서 '교회론'은 '에필로그' 혹은 '부록'이 아니라 본질적이며 핵심적인 부분이다. 어쩌면 가장 중요한 부분이다. 조직신학은 모든 주제에서 삼위일체적이며 따라서 전체 주제를 삼위의 각 위격에 따라 구분하면, 창조론이 성부론에 속하고 구원론이 기독론에 속할 수 있듯이 교회론은 성령론에 속한다. 하지만 18세기 중반 이후에, 인간의 회심과 결단을 부각시키고 점차 '구원론' 쪽에 무게중심을 두는 경향이 나타났다. 이 경향은 마치 신학연구의 본령이 구원론에 있는 것인양 인식틀을 바꿔버렸다.

결국, 신론은 신학의 본령에 들어가기 위한 예비적 단계로 약화되고, 교회론은 기술적이며 방편적인 차원으로 격하되어 구원론의 부록처럼 되고 말았다. 개신교 신학에서 매우 중요한 요소인 '조화와 균형'이 깨진 것이다. 게다가 교회론에 관련되거나 의미를 지닌 논쟁들은 사장되고 교회개혁가들의 방대하고 심오한 통찰력은 무시되었다.

잘못 시작된, 한국교회였다

한국교회는 첫 등장부터 교회론적 왜곡을 피하지 못했다. 첫 장로교 선교사인 언더우드는 장로교 전통에서 배출된 인물이 아니다. 한국에 들어와 세운 첫 교회조차 감리교 선교사들과 연합하여 세운 예배공동체였다. 20대의 청년 언더우드뿐만 아니라 첫 세대에 속한 다른 선교사들도 신학교를 갓 졸업한, 교회를 세워본 경험이 없었던 청년들이었다. 이 경험 부족을 보충하도록 미국 북장로교 선교부는 안식년을 맞이하여 귀국길에 오른 중국 선교사 존 네비우스(John L. Nevius)를 한국에 들르도록 조치했다.

1890년, 제물포를 통해 입국한 61세의 존 네비우스는 2주일을 머물면서 주한 선교사들에게 자신의 중국선교 방법론에 대해 강론했다. 언드우드는 네비우스의 강연에서 들은 자전(Self-propagation), 자치(Self-government), 자급(Self-support) 즉, 삼자원칙을 핵심강령으로 채택했다. 이렇게 해서 삼자원칙은 한국교회의 DNA에 새겨졌고, 한국에 세워지는 개신교회들의 교회론이 되었다. 이 삼자원칙의 핵심은 선교본부가 보내온 선교자금은 선교사들이 사용하고, 선교지 (토착)교회의 재정적 필요는 각 교회가 스스로 해결한다는 것으로 귀결한다. 자본주의적이며 이기주의적이다. 자력생존, 각자도생, 적자생존이라는 이념을 축으로 하는 모순적인 교회들이 만들어질 단초는 이렇게 마련되었다.

사실상, 한국교회의 신학은 추상적 이상에 불과하고 물질만능적,

현세주의적, 기복주의적 종교집단화의 가능성을 크게 열어놓은 채 시작된 셈이다. 한국교회가 탄생할 때부터 겪은 역사적 질곡과 교회론적 왜곡은 일제 강점기와 한국전쟁을 거쳐 1970년대 강남 개발까지 이어지면서 심화되었다. 강남 개발은 강북 공동화를 만들고, 투기를 부추겨 토지가격을 50만배 급등시켰다. 70년대 후반에 강북의 명문학교를 강남으로 이전시켜 '8학군'을 만듦으로써 개발정책은 정점을 찍었다. 이 물결 위에 옥한흠 목사의 사랑의교회가 등장한 것이다. 산업화, 도시화, 개발 정책의 흐름에 편승하여 대형교회가 등장하기 시작했다. 그러나 교회의 대형화는 교회의 질적 측면, 진리의 체화를 희생시켰다. 종교개혁적 전통의 순전한 계승이 아니라 양적 팽창의 속도전을 벌인 것이다.

우리 시대의 과제, 교회론에 있다

옥한흠 목사와 사랑의교회에게 요구된 역사적 책무는 교회의 본질을 회복하는, '교회론적 돌파'에 있다. 옥한흠 목사가 일군 놀라운 업적에 만족하지 않고 '교회론적 돌파'까지 요구하는 것은 과욕인가? 옥한흠 목사에 대한 무리한 트집인가? 목사의 과업은 목회이며 교회의 성장에 있다는 말은 틀린 말이 아니다. 하지만 교회성장이 목회적 과업의 전부가 아닌 것이나 본질이 아닌 것 역시 분명하다. 시대적 과제라는 것은 틀림없이 존재한다. 게다가 옥한흠 목사도 시대적 과제를 명

교회론에 적극적으로 부합하는

교회 생활은

그 자체가 제자훈련이어야 한다

백히 인식했고 이를 수행하고자 적극적으로 노력했다.

1996년 3월에, 사랑의교회에서 장로교 4개 교단을 주축으로 '교회갱신을 위한 목회자 협의회'를, 1998년 11월에는 15개 교단 목회자들이 모여 '한국기독교목회자협의회'를 창립했다. 한국교회를 갱신하기 위한 이 두 모임에서 옥한흠 목사는 중핵이었고 정신적 지주였다. 그렇다면 옥한흠 목사가 바라본 한국교회 갱신의 돌파구는 무엇이며 어디에서 돌파구를 찾았느냐고 묻지 않을 수 없다. 옥한흠 목사는 마치 당연한 듯, 제자도와 제자훈련이 답이라고 보았다. 바로 이것이 옥한흠 목사의 교회론적 한계였고, 한국교회 갱신운동의 한계가 될 수밖에 없다.

원론적인 측면에서 말하자면, 제자훈련은 신자가 믿는다는 차원에서 멈추지 않고 그리스도의 제자도를 실천하는 삶을 살게 된다면, 그래서 교회가 그리스도의 제자로 가득 찬다면, 그만큼 교회는 건강해지고 하나님을 영화롭게 하는 기관이 되며 세상의 소금과 빛이 될 것이라고 간주한다. 이 관점에는 먼저, 제자는 태어나는 것이 아니라 훈련되는 즉, 만들어진다는 전제를 갖는다. 이 전제는 제자훈련을 옹호하는 입장에서는 불가피한 것이다. 하지만 종교개혁적 교회론에서는 이 입장을 가감없이 수용하기란 본래 지극히 어렵다.

제자훈련은 의식화와 양식화를 목표로 하는 프로그램일 수밖에 없다. 결국, 일정한 틀에 맞춘 길들여지고 만들어진 삶을 낳기 십상이다. 본래, 정통교회는 정통주의 신학을 통해 진리와 성령의 결과물이며 은혜의 산물로서의 성숙한 성도를 추구한다. 제자훈련은 이것까지도 셀

활동 및 훈련으로 된다고 가정한 셈이다. 전도용 셀이 성숙하면 신학자와 목사를 길러내는 셀이 될 수 있고, 신학자와 목사를 대체할 수 있다는 식인데 이것은 환상이다.

돌이켜 보면, 한국교회에 제자훈련이 절실히 필요하다고 인식하게 된 것은 교회의 건강성이 약화된 탓인데 이 건강성을 잃게 만든 근본원인들 즉, 무지의 일상화와 교회의 대형화 등과 같은 원인을 단 하나라도 제거하지 않은 채 강력한 약물을 주입해서 잠시나마 기력을 회복하는 것에 집중한 셈이다. 제자훈련은 사실상 '번식'을 목적으로 하고, 셀그룹은 구성원 개인의 내면적 성숙을 일정한 수준 이상으로 높여주는 데에 커다란 한계를 갖는다. 아니, 의도적으로 한계를 설정하곤 한다. 그러나 번식을 최대한 장려하면서도 모든 셀 그룹을 철저히 통제하여 거대한 집단을 만들려고 하지 독립적 분립을 적극적으로 허용하지 않으려 한다.

차라리 옥한흠 목사가 한국교회 갱신운동을 도모할 때, 사랑의교회를 2천~3천 명만 남기고, 나머지 교인들을 1천명 내외로 묶어 교회를 분가하여 분립시켰으면 좋았을 것이다. 이것이 제자훈련 프로그램이 정통교회 교회론에 조금이나마 부합하는 방식일 것이다. 즉, '번식에 의한 성장'이 아니라 '번식에 의한 분가'를 적극적으로 추구했다면, 교회의 본질적 사명에 조금이나마 충실했을 것이고, 제자훈련 프로그램은 훨씬 더 풍성해졌을 것이다. 제자훈련 이수자가 아니라 한국 사회에서 빛과 소금의 역할을 다하는 참 된 제자들을 많이 길러냈을 것이다.

홍정길 목사의 고백, 나의 목회는 실패했다

02

2013년 9월 14일, 홍정길 목사는 CBS 방송과의 특집대담 〈"교회는 세상의 밀알입니다" 홍정길 목사와 함께〉에서, 자신의 40년 목회생활을 "결론적으로 실패"했고 "후회한다"고 말했다.■ 이 자리에서 홍정길 목사는 미국의 대형교회를 모범으로 삼고, 대형교회를 세운 목사들을 모델로 삼은 것을 후회한다고 소회를 밝혔다.

홍정길 목사의 말에서 '대형교회'는 "거대한 예배당"을 가리켰고 한국교회의 교세가 하락하는 상황에서 "한 영혼을 귀히 여기는 그리스도인"이라는 열매가 없더라는 회고적 후회였다. 내용과 외형 양쪽에서 실패했다는 자인이다. 이 대담의 후반부에는, "하나님 말씀대로 살려는 세대가 등장해야" 한국교회가 산다고 보았고, "그러기 위해서는 목사들이 바뀌어야 한다고 충고했다." 목사들의 목회철학과 사명감이 쇄신되어 하나님의 말씀대로 살려는 세대를 등장시켜야 한다는 원론적 처방 즉, 원점으로 돌아가야 한다고 말했다.

그렇다면 이를 위한 구체적인 방안은 무엇일까? 홍정길 목사는 이

■ 이 대담 기사와 동영상을 http://sarangnet.org/archives/5304에서 확인할 수 있다.

진단과 해법의 중심 및 교회개혁의 추동력을 "제자훈련"에서 찾았다. 홍정길 목사가 해법으로 제시한 제자훈련은 "하나님의 말씀을 몸으로 실천하는 자세를 가져야 한다…… '내가 예수 그리스도를 따르듯 당신도 나를 따르라'고 자신 있게 말할 수 없는 목사와 제자훈련은 가짜라는 것이다"라는 그의 말에서 확인할 수 있는 것처럼 질적 성장을 담보하는, 본질적 제자훈련을 말했다.

위 대담에서 확인할 수 있듯이 20세기 후반 한국교회에 지대한 영향을 미친 복음주의 4인방(홍정길, 옥한흠, 하용조, 이동원)의 화두는 단연코 '대형교회'와 '제자훈련'이다. 현실적으로 '제자훈련'은 '대형교회'의 하부조직력이며 성장수단이었다. 한국교회를 제대로 진단하려면 한국교회의 제자훈련과 대형교회가 어떤 것인지 그 실상을 정확히 알아야 한다. 여기에서는 분석의 주안점을 대형교회에 두고자 한다. 그리고 '대형교회는 교회인가?' 혹은 '대형교회를 교회라고 할 수 있다면 어떤 의미에서 교회인가?'라는 질문을 다뤄야 하는데, 그렇다면 당연하게도 "대형교회", 그 정체부터 규명해야 한다.

대형교회란 무엇인가?, 단순하게 묻지 말라

대형교회란 무엇이냐는 식으로 물으면, 이렇게 단순하게 물으면, 단박에 '대형'이라는 단어에 시선을 빼앗기게 마련이다. 그러면 '교회'의 본질을 잘 갖췄는데 '너무 커서 문제가 되었다'라는 결론으로 직행할 여지가 크다. 대개 교회가 너무 커서 문제라면 그 해법을 교회를 둘 또는 셋 혹은 그 이상으로 나누는 것에서 찾지 않고, '관리 및 통제 기술'에서 찾기 십상이다. 그리고 제자훈련이 답이라고 말할 것이다. 질문 자체가 프레임이 되었고, 제자훈련 이외의 대안은 들어 있지 않은 질문이 되어버린다.

하나님의 말씀대로 살겠다는, 그리스도의 정신을 구현한다는 것은 제자훈련 그 이상이다. 이 이상을 꿈이나 구호가 아니라 실현가능한 목표라고 간주하면 제자훈련의 불철저함에 원인이 있다고 보게 된다. 당연히 더욱 철저한 훈련을 처방으로 제시할 수 있다. 하지만 역설적이게도, 제자훈련은 교회의 하부구조 체계화와 통제를 지향한다. 셀 즉, 소그룹의 형태와 운영방식이 귀결점이다. 그래서 G-12, 두 날개, 목장의 조직화에 더욱 매달린다. 결과적으로, 목회와 교회의 질적 '패러다임 쉬프트'를 선언하고 매진하지만 진정한 '패러다임 쉬프트'는 일어날 수가 없는 구조가 된다.

'대형'이라는 단어에 초점을 잡으면 장로교회, 성결교회, 침례교회라는 교파 구분이 흐릿해진다. 게다가 정통교회에 대한 억측과 반감은 전통주의로 돌아갈 생각을 처음부터 차단하게 만든다. 교회를 '크기'를 기준으로 대형교회, 중형교회, 소형교회로 나누든지 경제력을 기준으로 자립교회와 미자립교회로 나누든지 하게 되고, 집중된 물질적 부를 '하나님의 은혜와 능력이 역사하신 결과'로 간주하는 인식틀에서 벗어나기 어렵게 만든다. 결국, 교회를 이분법적으로 구분해서 대형교회와 기타 교회 혹은, 대형교회와 대형교회가 되려는 교회로 보게 된다.

'대형교회가 좋다'는 인식틀은 목사의 사명을 사람을 모으는 것, 돈을 모으는 것, 건축하는 것으로 바꿔놓는다. 여기에서 교회론 및 목회론에, 세상의 경영학, 성공학 따위가 침투할 여지는 매우 커진다. 그러면서도 대형교회는 하나님이 크게 역사하여, 작은 교회가 크게 성장한 것이며 은혜와 성장력이 있다면 앞으로도 더욱 커질 것이라는 허위의식(허상)을 갖는다. 대형교회를 출현시킨 성장동력이 어디에서 왔는지, 대형교회를 건축한다는 것이 무엇인지, 대형교회 건축과 유지를 통해 어떤 본질적인 것이 희생되었는지에 대한 반성은 매몰된다.

교회건축 부채?, **좋은교회는 그 본질을 묻는다**

홍정길 목사는 특별대담에서 "대형교회를 목표로 두었다……거대한 예배당만 남았고"라고 말했다. 우리의 시선은 여기에서 멈춰야 한다. 그리고 "거대한 예배당"에 주목해야 한다. 목회의 목표를 건물에 두었을 리는 없지만 건축물만 남았다는 점에 주목해야 한다. 실패의 결과물이라는 (스스로 인정한) 점도 있지만 '대형교회'의 핵심이 "건축물"이라는 점을 간과해야 한다. 대형교회는 신자수의 양적 팽창 그 자체보다 먼저, 이 수적 증가를 담아내는 그릇으로서의 건축은 무엇이며, 이 건축 행위와 결과를 통해 교회론적 왜곡이 일어나는 것은 아닌가 하는 고찰을 해야 한다.

교회의 본질을 그대로 혹은 더 잘 유지한 채 건축규모를 크게 한 것이 '대형교회 건축'이라고 생각하면 안 된다. 대형교회는 규모의 경제와 효율성을 잘 갖춘, 잘 성장한 교회라고 생각해서도 안 된다. 실상은 그렇지 않다. 규모가 일정 수준을 넘어서면 본질을 열악하게 만들기도 한다. 교회건축도 예외가 아니다. 교회를 '하나님의 집'이라고 정의하면 교회건축은 하나님의 집을 짓는 것이다. 무조건 큰 꿈을 꾸며 덤벼든다고 될 일이 아니다. 아담한, 작은 규모의 교회는 목사와 성도들이 직접 지을 수 있다. 꼭 필요한 경우에 전문가의 도움을 받으면 문제가 없다. 이런 수준에서는 하나님의 집이라는 본성을 유지하는 데 어려움이 없다.

그러나 건축 규모가 커질수록 성도들은 교회건축과정에서 배제된다. 특별한 전문가와 숙달된 솜씨가 건축현장을 지배한다. 수십억 원짜리 교회건축부터는 비즈니스 차원이 열리고 속화(俗化)의 물결이 들어오게 된다. 성도들의 체력으로 감당할 수 있는 수준을 넘어서면 더 이상 성전건축이라고 할 수 없게 된다. 한국교회는 이 점을 깊이 고찰하지 않았다. 다시 말해 다윗이 비축한 엄청난 자재와 재물, 그리고 솔로몬 성전의 화려함에는 주목했으나 광야의 성막 제작에 깃들인 신학적 통찰에는 주목하지 않았다. 한국교회의 중대형 교회건축은 성도들과 신앙경륜이 아니라 물질과 토건경제 특히 부채가 중심적인 역할을 한다. 본질과 사명 수행이 결정적으로 약화되고 변질된 신종 '교회'가 출현하게 된 것이다.

대형교회치고 부채 없이 건축하지 않은 교회가 없다. 게다가 그 규모가 막대하다. 부채에 의존하는 건축은 근본부터 잘못된 것이다. 단지, 원칙만의 문제가 아니다. 막대한 부채를 안고 교회건축을 수행하는 것은 부채를 감당하지 못해서 교회가 파산과 경매처분을 당할 때만 문제가 되는 것이 아니다. 토건경제를 작동시킨다는 사실 때문에 즉, 교회건축의 기본에서부터 '교회란 무엇인가' 하는 기초를 흔드는 심각한 문제를 야기한다. 간단히 말하자면, 교회가 대형예배당을 짓기로 결정할 때, 이미 교회론적 충실성을 버리고, 자본주의적 경제논리 특히, 부동산 투자논리가 교회 안으로 들어오도록 문을 열게 되는 것이다. 그리고 교회건축을 시작하면 이후로 수십 년에 걸쳐 빚을 갚느라고 허리띠를 졸라매게 되고 이는 교회의 사명에 소홀해지는 수순을 밟게 된다.

목사와 장로들은 교인수와 헌금수입의 증가에 매달리고, 물질을 축복의 본질로 간주하게 된다. 부채를 갚기 위해 재정지출을 줄일 수밖에 없다. 신자의 양육과 선교후원에 인색해진다. 이런 현상을 정당화하는 논리를 만들어 낸다. 신자들은 왜곡된 논리, 장기간의 건축헌금과 긴축예산, 허위의식으로 가득 찬 형식적 프로그램에 길들여져 자신들이 비정상이라는 것을, 자신들이 몸담고 있는 교회가 전혀 교회답지 않다는 것을 인식하지 못한다. 자아성찰, 자기 비판과 반성이라는 종교의 본령을 상실하고도 이를 깨닫지 못한다.

빚을 쓴 사람 갚는 사람 따로?, 불공평과 비정상

대형교회의 부채는 최소 수십억에서 수백억 원에 이르는 것이 보통이다. 이자만 연 60억 원을 내는 교회도 있다고 한다. 교인들도 모르게 당회원들만 알고 있는 교회부채가 60억 원이나 된다는 사실이 밝혀진 교회도 있다고 한다. 만일 중산층과 서민층이 대부분인 교회가 20년에 걸쳐 재적이 몇 천 명 규모로 성장했지만 여전히 부채가 수십억 원 가량 남았다면 이 부채가 그동안 교회의 생명력과 성도의 양육에 어떤 영향을 미쳤을지는 능히 짐작이 된다.

교회의 커다란 부채는 대체로 건축비 대출에서부터 시작한다. 여기에서 교회론적으로 중요한 질문은 '누가 이 빚을 갚을 것인가?'이다. 금융기관에서 대출을 받아 건축을 하기로 결의한 당사자들이 자신들이 죽기 전에 빚을 다 갚겠다는 책임의식을 갖고 대출을 받아 건축을 했고 스스로 부채를 다 갚는다면 문제가 없다. 건축규모가 문제가 아니라 빚을 지지 않고, 성도들의 헌신과 믿음으로 건축하는 것이 성경적으로 올바른 것이기 때문이다. 광야 성막도 솔로몬의 성전건축도 빚을 지지 않고 지었다.

찰스 스펄전은 런던에 대형교회인 '메트로폴리탄 태버내클'을 건축했다. 교인수를 늘리기 위해서가 아니었다. 스펄전의 설교를 듣기 위해, 스펄전이 목회하는 교회의 성도가 되기 위해 몰려드는 성도들을 수용하기 위해 런던에서 가장 큰 공회당을 빌려도 도저히 감당할 수 없었다. 런던 곳곳에 분리개척을 하고, 다른 교회에 출석하도록 유도해도 소용이 없었다. 결국, 안정적인 예배를 드리기 위해 건축을 하지 않을 수 없었다.

스펄전은 전혀 빚을 지지 않고 건축했다. 건축업자들에게 대금지불을 못하고 미룬 적도 없었다. 약속한 날짜에 약속한 금액을 정확하게 지불하였기에 건축관련 업자들은 불만이 없었다. 선교후원과 구제활동을 조금도 줄이지 않았다. 오히려 적극적으로 늘렸다. 이렇게 하면서도 스펄전은 건축헌금을 강요하지 않았다. 스펄전과 성도들은 열심히 기도하고 자발적으로 헌금했다. 이 교회는 지금도 모범적인 교회로 남아 있다.

다윗이나 솔로몬처럼, 스펄전처럼 대형건축을 멋지게 해내지 못하는 것은 흉잡힐 일이 아니다. 하지만 무리하게 건축을 하고 교묘하게 건축헌금을 강요하거나 건축부채를 타인에게 떠넘기는 것은 심하게 책망받아야 할 커다란 잘못이다. 하나님의 방법을 찾지도 않았고 종교개혁가들의 정신을 돌아보지도 않았다. 오히려 세속적 방법을 끌어들이는 것을 지혜로 간주했다. 한국교회는 이 점에서 실패했다. 전혀 신앙적이지도 않고 신학적 반성도 없기에 여전히 대안 없이 표류한다.

오늘날 한국교회의 건축은 정상적인 역량에 맞춰 적정한 규모로 건축하는 경우가 드물다. 오히려 과도하게 욕심을 부리는 것을 '큰' 믿음이라고 착각한다. 서울 일원동에서 급성장하여 재적교인수가 1만 명에 이른 어떤 교회는 신도시에 감정평가액 526억짜리 건축을 했다. 하지만 완공한 지 3년 만에 건축과정에서 생긴 부채를 감당하지 못해 2014년에 경매에 넘어갔다. 100~150명 쯤 되는 교인들이 즐겁고 신실하게 신앙생활을 하던 어떤 시골교회는 신도시 개발에 교회부지가 수용되면서 종교부지와 막대한 보상금을 받았다. 이를 성장 기회로 보고 그 신도시 아파트 단지에 입주가 시작될 시기에 맞춰 남부럽지 않게 건평 1300평, 100억 원대의 대형건축을 했다. 하지만 70억 원 가량의 부채 때문에 경매에 넘어가기도 했다.

이렇게 무리하게 대출을 받아 터무니없이 크게 짓는 것은 신학적 지성의 결여에 근본 원인이 있다. 신학적 무지는, 홍정길 목사 특별대담 기사에 나와 있듯이, "교회가 문을 열면 사람이 몰려들 때"의 일시적 현상을 지속적인 원칙으로 오판하게 만들고, 몰려드는 사람은 곧 수입의 증가라고 착각하게 만들었고, 교회는 짓는 크기만큼 채워진다는 거짓 교리를 추종하게 만들었다.

교회와 목회의 변질, 부채는 '가증스러운' 불의

금융권에서 막대한 부채를 빌려 대형 예배당을 건축하는 것이 어떤 행위인지를, 교회론적으로 정직하게 따져봐야 한다. 건축을 결의한 당사자들이 당대에는 도저히 갚을 수 없는 엄청난 부채를 끌어다 건축을 시행하기로 작정할 때, 그 건축비 상환을 아직 그 교인에 속하지 않은 사람들과 다음 세대의 교인들에게 '전가'시킬 작정인 것은 가증스러운 불의(不義)이다. 신학적으로, 새로운 교회를 세우는 것은 교회의 사명 가운데 하나이다. 즉, 교회개척은 교회가 해야 할 일이지 사명감이 충만한 개인들이 할 일이 아니다. 교회건축도 마찬가지다. 이미 설립된 교회들도 관심을 가져야 마땅한 일이고, 필요하다면 책임을 분담해야 한다.

그런데 한국교회는 네비우스의 삼자원칙을 들어, 잘못된 논리를 동원한다. 그 문제점을 두어 가지만 다뤄보자.

새신자도 교회건축비를 '분담'하라는 불의

첫째, 건축이 완료된 이후에 교회에 가입하는 새 교인들은 웅장하고 멋지며 각종 편의시설이 완비된 교회를 이용하는 대신에 기꺼이 교회건축비를 분담해야 한다는 논리.

이 논리는 성경에서 나오는 원리가 아니다. 따라서 교회론적이지 않다. 헌금을 하나님께 드리는 봉헌이 아니라 '시설사용료'로 격하시켰다는 비판을 피하기 어렵다. 헌금의 상당 부분이 선한 사업에 사용될 것이라는 기대를 배신하는 꼴이다. 사회적으로도 비판받을 수 있는 이런 논리를 동원해서, 교회건축을 결의하고 시행해서는 안 된다.

이런 잘못된 논리에 입각해서 교회건축을 결의할 때, 교회를 더 이상 교회가 아니라 종교클럽으로 변질시키고, 헌금을 예배시설을 비롯한 각종 편의시설을 이용하는 회비로 전락시키고, 교인자격(교회회원권)을 골프클럽 회원권이나 콘도 회원권과 다를 바 없는 것으로 만든 셈이다. 비성경적이며 비신학적인 논리를 끌어들여 대형건축을 추진할 때 '금전적 이익'을 중심으로 하는 이해관계가 얽히고설킨다. 믿음을 바탕으로 하는 건강한 관계 속에 비즈니스가 파고들기 시작한다.

과연 어떤 사람이 교회를 편의시설처럼 간주하여 교회의 부채상환에 기여하겠다는 생각으로 교회에 등록하겠는가? 대개, 대형교회는 개척교회와는 달리 필요한 모든 것을 다 갖췄고 따라서 신자의 헌금은 오롯이 신앙활동, 하나님의 나라를 위해 사용될 것이라고 생각하고, 부채가 남았더라도 자신의 신앙생활에는 지장을 주지 않을 것이라고 생각하면서 등록할 것이다. 어떤 누구도 자신의 헌금이 은행권의 이자수입계정으로 잡힐 것이라고 상상하지는 않는다.

이 때문에 부채가 과도한 짐이라고 느낀 대형교회 사역자들과 장로들은 교회부채와 이와 연관된 재정현황을 정확하게 공개하기를 꺼린다. 마치 아무 문제가 없는 것처럼 보이도록 기술을 구사하기 시작하는 것이다. 이 때문에 교회의 내부 상황을 알기 어려운 대부분의 신자들은 다양한 프로그램과 왕성한 활동이 이런 대형교회가 참된 교회인 증거라고 여기지만 자신의 헌금이 빚을 갚는 데 얼마나 요긴하게 사용되는지는 모른다. 이런 착각을 유발시키고, 복음전도라는 미명 하에 더 많은 신자들을 교회로 끌어들이도록 만들고, 온갖 방법을 동원해서 더 많은 헌금을 내도록 만들어서 빚을 갚겠다는 발상은 다단계 사기술에 가깝다.

기존 교인들조차 교회부채 문제를 모른 척한다. 모여라, 돈내라, 집짓자는 세 꼭지점을 무의미하게 순환하는 체계에 걸려들었다는 생각을 애써 외면한다. 부채상환이 힘겨워질수록 교회의 재정운영은 주먹구구식이 되고, 문제를 삼을 방법조차 마땅치 않다. 결국, 문제는 지독하게 곪아서 터진다. 세상 앞에서, 교회는 비리의 온상처럼 보이게 된다.

빚만 갚으면 다 되는가?

둘째, 대형교회 건축에서 발생한 막대한 부채는 비록 시간이 오래 걸리더라도 결국 갚으면 문제가 없다는 논리.

이 논리는 장래의 신자들, 장래 세대의 동의없이 장래 세대의 돈을 미리 가져다 쓰는 것을 합리화하는 잘못된 논리이다. 대형교회 건축을, 3년(혹은 5년) 거치 20년 상환으로 주택담보 대출을 받아 집을 사는 것과 같을 것이라는 착각을 이용한 악한 논리이다. 대형교회 건축은 처음부터, 빚을 지고 건축한 당사자들 이외에 훨씬 더 많은 익명의 다수로부터 돈을 거둬 부채를 상환할 생각으로 추진한다는 점에서, 일반적인 가계부채와는 성격이 다르다.

이 논리에 숨어 있는 물질주의적 동기와 이기주의적 책임전가를 간과해서는 안 된다. 미래 세대의 삶과 헌신을 저당잡아, 종교적 허세를 부리는 것일 가능성이 농후하다. 다른 식으로 생각해보자. 장차 2~3세대에 걸쳐 태어날 후손들과 배우자들의 최대 수입을 가정해서 무리한 대출을 받아 수백 억짜리 건축을 하는 꼴이다. 그런데 자손들의 수가 예상만큼 늘어나지 않고 돈벌이도 신통치 않으면, 그때는 어떻게 할 것인가? 건축해둔 주택을 팔아 빚을 갚으면 되고, 남은 돈으로 집을 장만하면 된다는 식의 변명은 과연 논리적일까? 이 궤변을 교회건축에 끌어들이는 태도는 하나님의 일을 하는 건전한 태도라고 볼 수 없다.

대형건축정당화의 궤변, 교회론을 뒤흔든다

놓치지 말아야 할 점은, 이런 발상은 부동산 투기논리를 차용한 점이다. 대형교회는 언론과 정책에 의해 부자연스럽게 부양한 개발경제의 부산물을 먹고 기괴하게 양적 팽창을 도모한 결과물이라는 비판을 피할 수 없게 만든다. 한마디로, 콘크리트 토건경제의 논리를 정도와 상식을 넘어서서 과도하게 추종한 것이 대형교회 건축이다. 교회가 투기와 다를 것 없는 방식으로 건축을 진행하면서도 하나님과 하나님의 축복을 들먹거리는 것은 불량한 짓이다. 저속한 궤변으로 대형교회 건축을 정당화할 때 교회론은 파탄난다.

교회재산은 과거와 현재의 교인들이 현재와 미래의 교인들을 위해 형성한 총유재산■ 이다. 현세대가 장래 세대에게 혜택을 주는 것이어야말로 교회론적 원리에 부합한다. 따라서 교회건축은 현세대가 하나님께로부터 받은 축복을 내놓는 것이며, 교회건축은 그 축복을 다음 세대들에게 물려주어 누리게 하는 것이다. 내 것을 내놓았더라도 내 것

■ 재산을 교인들이 형성하지만 공동소유처럼 개인의 지분을 허용하지 않고, 하나의 단체를 만들어 그 단체가 재산을 관리, 처분하는 방식이다. 개인은 그 단체 구성원의 지위에 있을 때만 총유재산을 이용할 권한을 가진다(민법 제275조)

대형교회 건축과 경영술이 만나

대형교회라는 괴물을 낳았다

이 아니라 하나님의 것이며 이웃의 것이며 장래 교인들의 것이라는 고백이다. 당연하게도, 자신들의 빚을 이웃이나 장래 세대에게 전가하지 않도록 해야 할 뿐만 아니라 장래 세대를 담보로 빚을 끌어다 써서도 안 된다.

대형교회 건축이 초래한 중대한 또 하나의 교회론적 왜곡은 '교회직원'의 개념에서 일어난다. 교회론을 다루는 신학서적에서, 교회에서 생활비를 지급받는 사역자는 '목사직'뿐이다. 엄밀하게 말하자면, 교회는 유급직 목사의 지휘를 받는 무급 헌신자, 봉사자의 조화로운 합주로 이뤄진다. 전도사는 목회훈련생이니 예외로 하자. 사무장이나 사찰도 유급직원이기는 하지만 중소형교회에서는 취업개념으로 일한다기보다는 봉사 차원에서 헌신하는 경우가 많다.

교회가 대형화되면 조직신학에서 전혀 다루지 않는 교회직원이 등장한다. 신학적 논거에 의해서가 아니라 현실적이고 세속법에 의해 고용된다는 점에서 질적으로 차원이 다른 직원이다. 대형교회는 전기기사, 영상기사, 운전기사를 비롯해서 식당조리사, 영양사, 그리고 경비원들을 포함하면, 그리고 사실상의 유급직원인 각 부서 혹은 프로그램 간사를 포함하면, 그야말로 최소 십 수 명에서, 수십 명이 넘는 유급직원이 고용된 직장이 되며, 생계 터전이 된다.

대형교회의 기막힌 꼼수는 유급직원을 둬야 할 일을, 헌신을 빙자해서 청년들과 집사들 그리고 권사들을 동원하여 인건비를 줄이는 데 있다. 중소형교회에서 신학생, 전도사, 부목사가 하던 일들이 교회규모가 커지고 예산이 늘어나니 유급직원으로 대체한 것에 불과하다고 간과하는 오류를 범한다. 대형교회에서는 목회사역자들조차도 세속적 직장인과 다를 것이 없는 행동양식을 몸에 익히게 된다. 교회의 대형화가 기묘하게 만들어내는 변질이 문화로 자리잡는 것이다.

교회의 대형화는 목회사역의 현장을 운영의 대상으로 만들어 놓았고, 경영논리를 적용하게 만든다. 경비를 절감하기 위해 경영논리를 악용해서, 용역업체와 계약하는 것과 직접 고용을 갈아타듯 번갈아 하면서 피고용자들을 부당하게 해고하는 사례도 빈번하다. 교인수 2만 명을 자랑하는 어떤 교회에서는, 2014년 3월경에 관리직 직원과 청소원과 경비원 등 30여 명이 노조를 설립하기도 했다. 교회노조가 생긴 것도 기괴하지만 교회에는 노조가 있을 수 없다면서 사실상 노조를 탄압한 것은 더욱 기괴하다. 신앙생활을 제대로 해보겠다고 교회를 출석했다가 10년 동안 화장실 변기청소와 각양 궂은 일을 열심히 하다가 좌절감에 빠진 이들이 많다. 도대체 성경을 제대로 배우지도 못한 채 헌신 혹은 봉사라는 미명으로 노동력을 착취당하며 뭐하는 짓인지 깊은 회의감에 젖어 뜨내기처럼 신앙생활을 하기로 작심한 신자가 결코 적지 않다.

목회가 경영인가?, 대형건축은 '그렇다'고 말한다

전통적인 교회론에서 교회의 유급직원을 목사직에 한정한 까닭과, 교회재정을 어떻게 운용해야 옳은지에 대한 통찰과 지혜를 얻기도 전에, '큰 것이 좋다'는 속된 철학에 의거해서 대형교회를 건축하고 목회자가 아닌 유급직원들을 두려고 할 때, 대형교회는 기업경영 원리에 따라 움직이는 기업형 종교업으로 전환된 셈이다. 복음주의 4인방 세대가 모델로 삼고 추종했던 로버트 슐러 목사의 크리스탈 처치가 2010년에 파산했다. 그런데 이 무렵 뉴스기사를 검색해보면, 교회 측은 모기지 대출금 3,500만 달러를 포함한 5,500만 달러의 채무상환을 유예해달라는 파산보호신청을 했을 뿐만 아니라 사무용 건물과 부지를 매각하여 현금유동성을 확보하고 더불어 여러 직원을 해고했다는 기사를 찾을 수 있다. 정말, 기업체와 다를 것이 없다.

교회를 기업화하면 목사는 무엇이 되는가? 당연히 목사는 기업가가 되고, 목회는 경영활동이 된다. 그리고 이 지위와 부를 세습하려 한다. 제대로 된 기업가정신도 윤리도 없이 기업가처럼 군림하며 주먹구구식 전횡을 일삼게 되는 것이다. 80년대에 개발을 시작한 어느 신도시의 중심부에 위치한, 한 교회는 1988년에 개척해서 놀랍게 성장하여 10년 만에 그 신도시 최대의 대형교회를 건축했다. 그러자 성장에 더욱 가속도가 붙었다. 하지만 그로부터 10년 뒤인, 2008년에 담임목사의 재정비리가 문제가 되었고 2014년에는 이자를 포함해 212억 원이 넘는 부채를 갚지 못해 교회 건물이 경매에 넘어갔다. 이 과정에서 담임목사는 전횡을 일삼는 불량한 기업가처럼 되었고, 32억 원을 횡령한 혐의가 유죄로 인정되어 법정에서 구속, 수감되었다.

오늘날, 한국의 대형교회는 참다운 교회론이 아니라 '제자훈련'과

'대형예배당 건축'이 만들어낸 종교적 기형물이다. 그리스도의 뜻을 추종함으로써, 그리스도의 자태를 멋지게 드러내는 것이 아니라 탐욕과 악한 꾀를 좇은 결과물이다. 자신만의 몸집만을 부풀렸고, 초-고도비만에 시달리며 온갖 병폐를 야기할 뿐만 아니라 부패의 온상으로 지탄을 받는다. 이것은 구조적인 모순이다. 이 모순적 구조를 내버려두고, 좀 더 열심히 하면 한국교회가 건전해질까? 암종 자체를 제거하지 않는다면, 암을 유발시킨 구조를 내버려둔다면 "나의 목회는 실패"라는 고백은 계속될 뿐이다. 제자훈련 프로그램과 대형건축이 진짜 교회를 만드는 것이라는 착각을 벗어내고, 그 악한 사고방식을 끊어내야 한다.

대형교회 건축물, 거대한 암 덩어리에 불과하다

03

지금까지 한국교회의 역사에서, 신학생들과 목사들에게 '대형교회'가 미친 영향은 실로 막대하다. 대형교회는 그 자체로 한국교회의 존재 목적이고 이 목적을 성취한 목사들은 업계(?)의 '신화적 존재'이며 '히어로'였다고 말해도 과언이 아닐 것이다. 교회론과 목회론을 비롯한 신학 전체가 대형교회 현상에 매몰되고 말았다. 처음부터 한국의 신학교는 '어떤 신학'을 표방했더라도 실제로는 신학이 붕괴된 미국 신학교를 어설프게 모방하여 옮겨놓은 것에 불과했다. 신학교를 갓 졸업한 20대의 미국 젊은이들이 부흥집회의 뜨거운 체험을 미지의 땅 한국에 옮기겠다는 열정만 가지고 왔으니 당연한 결과였다.

교회론 없는 교회, 원칙없이 성장만 추구하는 교회

초기 한국선교사들은 신학과 교회에 대한 깊은 통찰도 없었고 경륜도 없었고 선교지에 대한 이해도 없었다. 첫 선교사 세대의 한계가 곧 오늘날 한국교회의 한계로 이어진다. 한국 최초의 장로교 신학교는 알

렉산더 핫지의 『신학개요』를 그대로 전수하는 수준이었다. 1931년에 번역된 중국인 가옥명(賈玉銘, ChiaYu Ming, 1879~1964)의 신학저술과 루이스 벌코프의 조직신학 저서들이 한국의 목회자들에게 영향을 미쳤고, 지금까지 한국교회는 이 틀 안에서 맴돌았다. 교육은 백년대계라는 말을 그대로 적용한다면, 지금 드러난 한국교회의 부패와 난맥상은 첫 선교사 세대와 첫 신학교육 체계가 낳은 결과라고 볼 수도 있다.

존 웨슬리(1703~1791)와 조지 휫필드(1714~1770)가 서구교회에 미친 영향력은 단지 복음의 대중화에만 있는 것이 아니다. 대형집회를 통해, 교구제도로 상징되는 옛 교회론을 사실상 무력화시켰다. 이후로 영국 런던에 대형집회를 넘어 대형교회들이 등장했다. 스펄전이 1861년에 건축한 메트로폴리탄 태버내클 채플은 매주 1만 명이 넘는 사람들로 채워졌다. 미국도 다르지 않았다. 대형 천막집회는 미국의 2차 대각성운동의 두드러진 특징이었다. 1801년, 켄터키 주에서 2만 명이 참석하는 천막집회가 열렸다. 놀랍게도 이 수는 당시 켄터키 주 전체 주민수와 비슷했다고 한다. 켄터키 주에서 가장 큰 도시의 주민이 2천 명이 채 안 될 때였다. 대각성운동의 열기는 캠프에서 캠퍼스로 이어졌고 성결운동과 은사운동과 결부되어 20세기를 열었다. 여기에서 한국교회의 DNA와 체질이 마련되었다.

사람들이 '운집'하여 예배를 드렸다고 해서, 이렇게 모인 무리를 모두 다 공동체로 간주하고 교회라고 불러줄 수는 없다. '건물' 안에서 정기적으로 예배를 드린다고 해서 교회가 되는 것이 아니다. 이것은 마치 남자와 여자가 정기적으로 만난다고 해서 이 만남 자체만으로 부부가 되었다거나 하나의 가정이 생겼다고 말할 수 없는 것과 같다. '혼인관계'라는 부부의 '유대'로 결합하고, 그 결합상태를 유지해야 부부라고 말할 수 있고, 가정이 생겨났다고 말할 수 있다. 즉, 부부라는 관계성이 정상적으로 형성되어야 한다. 마찬가지로 성도들이 존재한다고 해서 교회가 그 자체로 존재하는 것이 아니라 특정한 성도들을 하나로 묶어, 함께 "그리스도의 멍에"를 메는 하나의 결합체가 되어야 비로소 교회가 된다.

교회란 성도들로 구성된 결사체(結社體)이다. "그리스도의 멍에"를 함께 짊어지고 그리스도의 사명을 함께 감당하는 결사체이다. 각 교회는 자신들이 어떤 결사인지, 행동강령이 무엇인지, 어떤 방식을 취하는지 등등의 답을 내놓아야 한다. 즉, 교회론적 틀을 갖춰야 교회라고 할 수 있는 것이다. 기독교계가 공유할 수 있는 것이 있고, 각 교파마다 고유한 것들도 있다. 각 교파의 고유한 특징들, 그 세부적인 것들을 각 교파의 정치체제-(감리교) 감독주의 정치체제, (장로교) 장로주의 정치체제, (침례교) 회중주의 정치체제 등-에서 찾아낸 요소들을 조화와 균형을 갖춰 정비해서 교회론을 구축해야 한다. 이 과제를 푸는 현장은 상아탑이 아닌 성도가 모인 교회여야 한다.

교회론적 원리들을 무너뜨리고, 정기적으로 예배에 출석한다고 해서 교인이라고 간주하고, 예배 참석자수를 '교세'로 간주할 때 그 교회는 이미 병들기 시작한 것이며, 이내 병증이 나타난다. 무질서한 생활습관은 결국 각종 질병을 초래하는 것과 마찬가지이다. 웨슬리와 휫필드, 그리고 스펄전 시대의 일시적인 야외 대형집회가 복음전도에는 효과적이었지만 교회론을 쇄신하는 데는 실패했다. 교회 문턱만 낮춰 명목상 신자를 양산하는 전도운동이 확산되었을 뿐이다. 이 운동은 일제시대의 부흥운동을 통해 한국으로 이식돼 '대형교회'라는 건축물 속으로 들어와 심각한 병통을 낳았다.

단순 출석교인은 진짜 교회구성원이 아니다

대체로 주일 낮 예배 출석수가 2천 명을 넘기면 '대형교회'로 분류하기도 한다. 그런데 이런 식의 발상과 분류 자체가 말이 안 된다. 근본부터 틀렸다고 해야 한다. 예배에 출석하는 인원을 도대체 어떻게 '교인'이라고 말할 수 있는가? '출석교인'이란 교회론적으로 볼 때, 그 예배의식에 참석한 사람들의 총수(總數)라는 의미밖에 없다. 단지, 예배 참석자수라는 무의미한 숫자일 뿐이다. 예배참석자수는 그 교회회원들과 기타 방문객들의 총합이다. 교회회원이란, 그 교회가 규정한 자격기준과 절차에 합당하다고 판단하여 그 교회가 교회회원권(church membership)을 부여한 개인 즉, 진짜 그 교회에 소속되어 활동하는 정식 교인을 가리킨다. 무엇보다도 그 교회에 대한 의무를 준수하고 있어야 하고, 이 준수에 입각하여 교회의사결정에 참여하여 발언권, 표결권, 선거권, 피선거권을 행사할 수 있는 사람을 가리킨다.

믿음과 고백의 진정성을 통해, 그리고 연합과 결속을 통해 '그리스도의 지체'가 된 이런 사람을 교인 혹은 입교인이라고 부르는 것이 교회론적 원칙이다. 따라서 교인이라고 불린다는 것은, 그 교회의 의사결정 규칙 및 절차를 숙지하지 않으면 안 되고, 교회의 의사결정을 위한 회의가 언제 어디에서 어떻게 개최되는지, 그 교회의 합법적이고 타당한 의사결정이란 어떤 것인지를 정확히 알고 그에 따른 책임을 감당하는 사람이라는 뜻이다. 당연하게도, 이런 교육을 받아야 한다. 그래서 하나님과 그리스도 앞에서, 그리고 동료 지체들과 함께 교회적 책무를 감당해야 한다. 이것이 신자이자 교인이다.

반면에 방문객은 그 교회의 사명에 대해 아무 책임도 부담도 없다. 그 교회의 운명에 아무 관계 없는 나그네일 뿐이다. 그런데도 단지 방문객에 불과한 예배참석자들을 '출석교인'이라는 미명을 붙이고 교회로 간주하겠다는 것은 망상이거나 다른 의도가 있는 것은 아닐까? 물량을 자랑하겠다는 헛된 욕망의 발로일 따름이다. 터무니없는 허영이다. 교회의 적정 교인수는 3백 명이니 5백 명이니 2천 명이니 하는 말조차 자칫, 수량과 물질에 대한 집착을 아직 털어내지 못했다는 반증일 경우, 마찬가지로 망상에서 헤어나지 못할 수 있다.

문제는, 교회를 평가하고 진단하는 기준이 외형과 물질에 치우쳤다는 사실을 인식하지 못하고 올바른 교정책을 찾는 노력을 하지 않는 것이다. 교인수가 5백 명을 넘으면 리더십과 조직장악력을 필요로 하기 시작한다. 속된 경영술, 정치술, 처세술 따위가 개입할 여지가 생긴다. 효율성을 이유로 이런 잡기술을 받아들이는데, 교회가 더욱 커지면 더 나아가 담임목사가 별도로 관리하는 특별한 그룹 즉, '인너 서클'이 존재하기 시작한다. 그렇게 하면 교회는 심장과 골수에서부터 썩기 시작한다.

대형교회에 알맞은, 성경적-목회적 리더십이란 없다

성경에 부합하는 교회상과 목자상을 유지하면서 교회라는 유기체의 생명력을 발전시키는 리더십은 과연 어떤 것인가? 어떤 신학체계가 특히, 교회론이 성경적 리더십을 진정 체계적으로 전개했는가 말인가? 영국의 찰스 스펄전은 2만 명이 넘는 야외집회에서 성공적으로 설교했고, 주일마다 1만 명이 넘는 예배를 이끌었다. 하지만 교인은 최대 5천~6천 명 정도였다. 매주 많은 사람들을 상담했고 수많은 선교활동을 통솔했고 많은 지역을 다니며 설교하고 설교집 출판에 신경을 썼다. 그러면서도 자신이 돌봐야 할 책임을 진 진정한 교인(교회회원)들을 끊임없이 파악하고 양육하려고 최선을 다했다. 수십 명의 장로들과 집사들이 헌신적으로 사역에 참여해서 교인들을 돌보고 양육하고 사역케 하는 데 허술함이 없도록 했다. 그럼에도 불구하고 스펄전은 건강을 유지하지 못했다. 나날이 신경이 예민해지고 탈진해갔다.

교인수가 6천~8천 명에 달하는 회중을, 천부적으로 리더십을 갖춘 사람이 아주 특별한 재능을 갖춘 보좌진의 도움을 받으면 감당할 수 있을까? ■ 예를 들어보자. 시민병으로 구성된 고대 로마의 군단(legion)은 정규병력이 6천 명이었고, 10개의 대대로 구성되었다. 전투에 투입될 때는 6천 명의 보조병력이 추가된다. 로마의 1개 군단 병력 1만~1만 2천 명은 오늘날 군대조직에서 '사단'(師團)에 해당한다. 사단장은 10~12개 대대를 핵심으로 하는 총 1만 명의 병력을 운용하여 '군단'의 전략 목적에 필수적인 기여를 할 수 있는 사람이다. 다시 말하자면, 장군(General)은 탁월한 리더십 이외에도 '전략'과 정세에 대한 안목과 통찰을 필요로 한다. 게다가 조직을 통솔하고 조직 내부를 결속하기 위해서는 고도의 정치력을 필요로 한다.

60만 한국군을 이끄는 장성의 수는 대략 400명 선이고, 육군은 2013년 기준으로 40개 사단이 이 가운데 전방의 전투사단은 22개이다. 1만 명을 단위로 할 때 23명~40명의 장군이 실질적으로 국방을 책임지고 있다. 1만 명을 담당하는 장성을 길러내기 위해 얼마나 많은 시간과 예산을 투입하고 교육 및 훈련 과정을 거치는지를 생각해봐야 한다. 목사와 장군을 단순 비교하는 것은 분명 무리이다. 하지만 이렇게라도 비교해봐야 '메가처치'라고도 불리는 거대조직을 효율적으로 통솔할 수 있는 대형지도자를 길러낸다는 것이 무엇인지, 얼마나 엄청난 과제인지를 조금이라도 파악할 수 있을 것이다.

■ 옥한흠 목사는 2009년 10월 9일, 국제제자훈련원 김명호 목사와의 인터뷰 〈나의 교회론과 제자훈련은 엇박자가 된 것 같다〉 중에서, 자신의 교회론에 부합하는 적절한 교인수를 2천 명이라고 보았다. 이 수를 넘어서면 "잘못하면 속빈 강정이 될 수 있는 위험성이 있습니다. 그렇다면 어떻게 할 것인가? 좋은 지도자를 세워 독립시켜 사랑의교회와 같은 교회론을 가진 제2, 제3의 사랑의교회를 뿌리내리도록 했으면, 지금과 같이 실패했다는 감정을 갖지 않았을 수도 있었을 것입니다"라고 밝혔다.
http://johnoak.sarang.org/sub07/sub03.asp

대형교회는

교회론의 균열과 파탄에서

자라난 변종이며 암 덩어리다

목사의 자질과 대형 조직체를 이끄는 능력은 전혀 별개이다. 목사의 기본 자질은 신학과 설교에 있다. 목회리더십은 전혀 다른 분야들과 관계된다. 본질적 자질을 연단하고 목회적 리더십을 함양하는 데 성공한다는 것이 반드시 큰 교회에서 성공적으로 목회할 수 있는 역량의 증대를 가리키지 않는다. 목사가 명민한 전략적 통찰력과 조직장악력 그리고 강력한 추진력 등을 겸비한다는 것은 대개의 경우 욕심이다. 목사로서는 성취하기가 불가능에 가까운 일이다. 여기에 성공하려면 상상을 초월하는 자기관리에도 성공해야 하는데 목회자적 심성과 역량이 강화되기보다는 세속적 책략가의 면모가 강화되기 십상이다.

자! 특별한 은사와 탁월한 리더십을 갖춘 목사와, 이 목사를 보좌하는 신실한 장로들과 집사들이 신실한 신앙과 열정적인 헌신으로 대형교회를 이루고 성공적으로 유지했다고 가정하자. 그렇다면 이만한 규모를 감당할 후임자를 어떻게, 어디에서 찾아낼 수 있단 말인가? 교회는 당대에 혹은 일시적으로 존재했다가 없어져도 되는 기관이 되어서는 안 된다. 교회는 담장 너머에 있는 사회에도 선한 영향을 미쳐야 하지만 뿐만 아니라 세대를 이어가면서 지속적으로 선한 영향을 미쳐야 한다. 세월이 아무리 흘러도 사회적 여건이 아무리 바뀌어도 교인들이 바뀌어도 초대교회적 순수성과 신실성을 유지하도록 해야 한다.

옥한흠 목사는 1984년에 목회를 시작해서 오직 제자훈련에만 전념했다. 교인수가 500명이 되었을 때, 2천 명이 예배를 드릴 수 있는 강남 예배당을 건축했다. 애초에 최대 6천 명 가량을 양적 성장의 한계선으로 잡았다는 뜻이다. 하지만 1992년에 1만 명을 돌파했고, 2003년에 은퇴할 때는 2만 1천 명에 달했다. 이 양적 성장은 옥한흠 목사의 뜻이 전혀 아니었다. 오히려 누룩과 같은 소수를 지향했다. "성경을 보면 다수는 허수이고, 무리는 허상이었다"며 "예수님이 제자들 열두 명을 위해 3년간 있는 힘을 다 쏟으신 것을 보고 나도 그렇게 해야지 하는 생각으로" 말씀과 양육에 평생토록 전념했다고 밝혔다.■

하지만 사랑의교회가 1만 명을 돌파하기 전인 1989년 무렵에 옥한흠 목사는 탈진했다. 도저히 설교단에 올라설 수 없을 정도였다. 겨우 설교단에 섰더라도 머릿속이 하얗게 되어, 그토록 치열하게 준비한 설교가 하나도 생각나지 않아 결국 한 마디도 못하고 설교단을 내려와야 했단다. 교회의 규모가 커질수록 담임목사에게 가해지는 엄청난 압박이 탈진을 야기한다는 것은 찰스 스펄전의 생애에서도 이미 나타났다. 옥한흠 목사, 찰스 스펄전 목사 이 두 분이 못된 장로들에게 사정없이 시달렸거나 비효율적인 교회행정 때문에 탈진했을 것이라는 생각은 아예 접어야 한다.

스펄전 목사의 전기를 살펴보면, 목회사역만으로도 감당할 수 없을 정도의 압력이 지속적으로 스펄전을 괴롭혔다. 과로를 도저히 해소할 수 없을 부담을 지속적으로 받아 심신이 피폐해진 탓에 집사들은 스펄전을 프랑스의 휴양지로 보내기도 했다. 결국, 스펄전은 프랑스의 휴

■ 2007년 12월 17일, 종교신문 이대웅 기자와의 인터뷰 〈옥한흠 목사 "사랑의교회 비대증 염려"〉 중에서, http://www.christiantoday.co.kr/view.htm?id=189436

양지 멍똥에서 소천했다. 그렇다면 이런 사역을 감당할 후임자를 어떻게 구할 수 있을까? 교회다움을 지속적으로 유지할 수 있는 후임 사역자를, 원한다고 해서 쉽게 구할 수 있을까? 정말, 자리가 사람을 만들까? 자리도 자리 나름이다.

회중의 교회에서, 기업형 종교단체로 전락하다

옥한흠 목사의 후임자는 사랑의교회를 비약적으로 팽창시켰다. 하지만 말씀과 제자훈련을 상당히 약화시키고 옥한흠 목사가 평생을 추구한 방향성을 포기한 결과라는 사실을 부인하기 힘들 것이다. 2천 석 규모의 예배당이 비좁다면서 2천억 원이 넘는 건축비를 들여 6천 5백 석 규모의 예배당을 신축했다. 이 규모로만 보면 교인수가 7만 명으로 늘어날 것을 기대한 것 같다. 하지만 사랑의교회는 지탄의 대상이 되었고 수치거리가 되었다. 옥한흠 목사가 잘 훈련시킨 교인들은 크게 실망했고, 교회는 많이 변질되고 말았다.

결론적으로, 2천 명을 넘어서는 규모의 대형교회는 어떻게 해서든 목회자와 교회라는 고유한 특성과 본질을 유지하려고 무진 애를 쓰겠지만 근본적인 변질이 발생하는 변곡점은 반드시 찾아온다. 신앙 전통은 단절되고 건전한 교회 문화는 사라진다. 여기가 끝이 아니다. 교회의 규모가 더 커지면 시스템이 지배하는 조직체가 된다. 교회는 신앙체계를 공유하는 '성도의 회'가 아니라 시스템이 된다. 그리고 이 시스템의 효율성을 위해 전략과 정치 그리고 경영의 원리들을 도입하여 관리하지 않으면 안 되고, 따라서 그 목회자의 마인드는 전략가, 정치가, 경영자의 것으로 바뀌지 않을 수 없다. 이런 변질이 일어나지 않도록 하는 영적 분투가 목사의 탈진을 초래한다.

이 영적 싸움에 실패할 때, 아니면 관리의 효율성을 위해, 대형교회 목사는 '장로'라는 타이틀을 가진 은행가, 기업경영자, 고위 관료 등과 같은 조직관리 기술자에 의해 최측근을 채울 수밖에 없게 되고 심지어 이들의 관리를 받는다. 부목사들마저도 이러한 장로들의 관리를 받으며 목회훈련생 혹은 목회보조자가 아니라 기업의 중간관리자처럼 길들여진다. 이쯤 되면 교회는 단순히 '커다란 교회'라는 차원을 넘어선 것이다. '메가처치'라는 괴물이 된 것이다. 메가처치는 여전히 교회라는 모양새를 보여주기는 하지만 그 내부조직에 불치의 암이 자라고 있고, 그 만큼 교회적 건강성과 활동성이 잠식되고 파괴되어가는 교회이다. 기획된 '쇼'를 관람하고 파편화된 신앙행태를 발견하고 익명의 인파에 파묻혀 밀려다니는 것에 만족하는 사람들이 다수를 차지하는 종교집단일 뿐이다.

착각해서는 안 될 것이 '대형교회' 혹은 '메가처치'는 하나님의 말씀과 은혜가 다른 어디보다 크게 임한 커다란 교회가 결코 아니다. 대형교회는 단지, 커다란 교회가 아니다. 양적 팽창이 질적 수준을 본질적으로 악화시켜, 속된 방식을 도입하지 않을 수 없는 기업체와 다를 바가 없는 것이다. 음향/방송 설비가 없이 2천 명이 넘는 교회에서 설교할 수 있는 목사는 과연 몇 명이나 될까? 사랑의교회가 신축한 SGMC의 커다란 예배당은 약 2천 평에 6,500석이며, 여기에 음향방송 시설에 약 85억 원이 들었다고 한다. 웬만큼 알려진 대형교회의 음향/방송 설비 비용은 수십억 단위가 쉽게 거론된다. 교회음향 설비업자들은 교회의 음향설계비용을 평당 10~30만원, 시공비용은 평당 150만원~600만원을 잡는다는 말도 있다. 한 마디로, 대형교회란 엄청난 돈을 빨아들여 먹어치우며 인력과 자원을 고갈시켜 교회의 본래적 기능을 심각하게 위축시키는 괴악한 건축구조물이다. 더욱 자라나 메가처치라는 괴물스러운 암 덩어리가 된다. 그렇다, 목회는 진실한 초심을 잃지 않을 정도로만, 평범한 사람이 리더십에 대해 고민하지 않을 딱 그만큼만 해야 한다.

대중화된 복음, 대형교회의 영업비밀?

04

다다익선(多多益善)은 설교자도 좋아한다. 주일마다 청중이 많을수록 힘차고 열심을 내는 설교를 하게 되는 것은 인지상정이다. 한국교회는 이 논리를 대형교회, 메가처치를 합리화하는 데까지 연장한다. 건축의 규모를 낼 수 있는 빚만큼 최대치로 키운다. 교회건축의 대형화는 철근의 양과 퍼붓는 시멘트의 양이 대단히 많다는 사실에서 끝나지 않는다. 막대한 비용의 고성능 방송설비를 갖추고 예배와 설교를 중계방송하는 것까지도 합리화한다. 주일예배를 아침 일찍부터 오후 늦게까지 대여섯 차례 반복하거나 두 성전 사이를 셔틀처럼 왕복하면서 설교하거나 멀리 떨어진 여러 지역의 예배처소로 송출해서 영상으로 예배를 드리게 하는 것까지도 합리화한다. 녹화한 설교를 인터넷 홈페이지에 차곡차곡 쌓아두고 언제든 누구든 막론하고 접근해서 시청할 수 있게 한다. 설교 패턴의 정형화와 영상 예배화를 합리화한다.

이 합리화를 심화시키는 과정에서 교회의 본질인 '영적 연합'은 어떻게 될까? 산술적 '효율성'을 '신비적 연합'의 중심원리로 대체한 것은 아닐까? 참으로 의심스럽다. 청교도들의 설교는 조직신학 특별강좌라고 할 만큼 신학적 무게가 있을 뿐만 아니라 무척 길었던 것으로 유명하다. 어려운 내용의 설교를 2시간씩 하는 것도 아주 짧은 설교였고 실력이 없다는 비난을 들었다고 한다. 청교도 설교는 본문의 깊은 의미를 찾는 해석과 설명과 논증 그리고 반박으로 가득 차 있다. 이런 식의 설교라면 사실 4~5시간도 짧다. 하지만 지금 한국교회의 예배 설교는 대체로 20~25분으로 짧아졌다. 대형교회가 미친 영향력이 분명한데 단순명쾌함과 심오한 깊이라는 두 마리 토끼를 다 잡았을까?

청중, 많을수록 좋은 것이 아니다

청중이 많을수록 좋다는 논리는 전도설교를 염두에 둘 때이다. 전도설교란 개혁주의 신학에서 말하는 '일반적 소명' 혹은 '외적 말씀'을 가리키는 것으로, 청중 속에 섞여 있는 다수의 불신자들 혹은 진정한 회심을 경험하지 못한 사람들을 겨냥한 설교이다. 전도설교는 기독교 신앙을 받아들이도록 자극하고 동기를 부여하고 감정을 일으키는 것과, 신앙생활을 하겠다는 결단을 내리도록 하는 것에 역점을 둔다. 이 지점에 강조점을 둘수록 설교의 무게중심이 바뀌고, 본문에 대한 깊은 분석 및 통찰을 담기는 그만큼 어려워진다. 결국, 설교가 가벼워진다.

게다가 어떤 특정한 목적에 유용한 본문을 집중적으로 다루는 설교, 그리고 기독교적 진리와 교훈을 가볍게 다루는 설교는 영적이며 균형잡힌 신앙을 함양하는 데 한계가 있다. 성경이 가르치는 진리를 깊고 폭넓게 다루기도 해야 하지만 진리를 인식하는 데 필요한 분별력을 함양해주는 설교와 훈련도 필요하다. 진리를 논증하고 거짓을 반박하는 지성훈련도 필요하다. 이런 여러 필요성들을 외면하고 전도설교라는 하나의 목적에만 집중한 가벼운 설교에 매달리는 것은 한국교회를 '부흥운동' 프레임에서 벗어나지 못하게 만드는 역효과가 생긴다.

20세기 초반 한반도를 휩쓴 부흥운동은 한국에서 자생적으로 발생한 것이 아니다. 하나님의 전적 은혜이며 성령의 주권적 강림이라고 주장하는데 원론적으로만 맞는 말이다. 세부와 정황을 면밀히 따져보면 의문점도 많고 문제점도 많다. 1907년 이전부터 한국 부흥운동을 주도하던 선교사들은 미국 교회들을 뒤흔든 부흥운동 즉, 제3차 대각성운동의 영향을 강력하게 받은 이들이었다. 미국의 대각성운동은 그 기원을 영국 청교도에 둔다고 하지만 미국 제3차 대각성운동 무렵에는 청교도의 영향력에서 상당히 이탈해 있었다.

진중하고 경건하게 말씀을 증거하던 청교도들이 무대의 전면에서 사라지면서 영적 교훈을 깊이 다루는 설교를 감당하지 못하는 세대가 등장했다. 존 웨슬리와 조지 휫필드가 등장할 무렵에 영국은 사회구성면에서도 격변한다. 극빈 노동자층이 형성되고 도시빈민층이 공장지대를 중심으로 자리잡기 시작했다. 조지 휫필드는 1739년 2월부터 영국 브리스톨 근교의 광부들을 상대로 야외집회를 열었고, 이로 인해 야외집회가 널리 퍼지게 되었다.

휫필드와 웨슬리의 설교는 당대의 일반적인 설교자들과 달랐다. 전통적인 청교도들의 설교에 비하면 신학적 무게가 상당히 줄었고, 언어가 단순하고 간결했다. 교육을 받지 못한 극빈 노동자들, 하루벌이 상인들과 광부들을 대상으로 할 때가 많았기 때문이다. 어떤 점에서는 청중의 지식수준 그 자체보다 청중의 유동성이 더 큰 문제였다. 웨슬리는 훨씬 더 단순하고 간결하게, 좀 더 감각적으로 정리된 언어를 구사했다. 이해와 깨달음을 파고들기보다는 결단과 의지적 노력에 무게중심을 둔 설교를 했다. 청중을, 계몽주의와 근대 철학의 인간 이해의 틀에 맞춰 접근했다.

광대한 영토에, 다양한 문화적 배경을 지닌 이주자들에 의해 건설된 미국의 상황은 또 달랐다. 영국의 부흥운동가 웨슬리의 영향력이 커질수록 미국 대각성운동의 성격도 점차 달라졌다. 결국 찰스 피니(Charles Finney, 1782~1875)가 29세에 회심하고 강력한 부흥방법론을 제시하면서 1930년대 이후의 미국 부흥운동은 더욱 달라진 것이다. 찰스 피니의 방법론은 신학자들 사이에서 찬반 논쟁을 야기했지만 점차 주도적인 영향력을 발휘했고, 피니는 1835년에 오하이오 주 오벌린 신학교의 신학교수가 되었다. 1851년부터 1866년까지는 오벌린 신학교 학장으로 봉직했는데, 이 기간에 언더우드(1859~1916), 아펜젤러(1858~1902), 윌리엄 스크랜턴(1856~1922), 로버트 하디(Robert A. Hardie, 1865~1949)와 같은 한국에 왔던 주요 선교사들이 태어나고 성장하고 회심하고 선교사로 헌신했다. 결국, 미국의 부흥운동은 한국 기독교의 첫 세대에도 직간접적으로 영향을 미쳤던 것이다.

찰스 피니의 오벌린 완전주의(Oberlin Perfectionism)은 16세기 유럽 종교개혁과 연속성을 갖는 미국 사회라는 맥락에서 발생했고, 정통주의 신학과 심지어 웨슬리와도 갈등을 일으켰다. 교회들도 찬반으로 갈려 논쟁을 벌였다. 신학자들이 중심이 되어 구원론과 성령론에 미치는 오벌린 완전주의의 문제점만 논쟁이 된 것이 아니라 찰스 피니의 방식을 따르는 외부 부흥집회에서 은혜를 받고 회심했다고 주장하는 사람들을 정식 교인으로 받아줘야 하느냐 마느냐는 실천적 교회론과도 관련이 깊은 논쟁으로 이어졌다. 간단히 말하자면, 구원이 뭔지 교회가 뭔지 모르고 성경을 제대로 읽어본 적도 없는 사람을 어떻게 함부로 교인으로 받아줄 수 있겠느냐는 주장과, 성령의 특별한 역사를 체험하고 교회에 제발로 찾아오는 사람을 무슨 권한으로 막느냐는 주장이 충돌한 셈이다.

평양대부흥운동, 영미권 부흥과는 맥락이 전혀 다르다

이와 다른 맥락에서 벌어진 사건이 한국의 평양 대부흥운동이다. 평양에서 시작된 대부흥운동은 언더우드와 아펜젤러가 한국에 첫 발을 디딘 1885년 4월 5일로부터 22년 뒤였다. 개신교 신앙이 전파된 지 아직 한 세대도 지나지 않은 신생기였다. 언더우드가 48세, 아펜젤러가 49세 때였고, 존 네비우스가 선교원칙을 강의한 지 불과 10여 년 뒤였다. 평양 대부흥운동이 일어난 1907년은 1901년에 평양에 세운 한국 최초의 신학교가 1회 졸업생을 배출한 해였다. 1907년은 이 첫 졸업생들을 (선교사들이 주축이 된 장로회공의회에서) 목사로 세웠고, '조선예수교장로회 대한로회'라는 이름으로 한국 장로교회가 공식적으로 출범한 첫 해였다.

한반도를 둘러싼 정세는 대단히 긴박했다. 일제에 의해 국권이 침탈되는 암울한 상황이었고 평양은 전쟁의 소용돌이가 지나간 곳이었다. 이때 선교사들은 19세기말 미국교회를, 기독교 전통이 전혀 없는 한반도에, 유교와 불교와 도교가 오랜 세월에 걸쳐 빚어온 문명전통 속에 그대로 이식한 셈이다. 미국에서는 침체된 영성에 성령의 기름을 부어 새롭게 활력을 일으키는 특별한 이벤트일 수 있고, 복음의 재발견일 수 있고, 조상들이 걸었던 옛 길을 되찾는 것일 수 있다. 하지만 당시 한국의 경우에는 교회를 세우는 첫 세대였다. 신학적 지성과 합리성의 토대없이 감정주의, 은사주의, 열정주의로 경도된 특별한 현상을 일상화, 표준화할 위험성이 매우 컸던 것이다.

한국의 1907년 대부흥운동은 1905년 11월 17일에 체결된 을사보호조약과, 1907년의 정미7조약, 그리고 이로 인해 1907년에 발생해 1910년까지 일어난 정미의병운동, 1910년의 한일병탄과 식민지화의 와중에서 일어난 사건이다. 부흥운동 지도자들과 성도들이 당면한 과제는 민족 복음화만이 아니라 교회론 정립을 포함한다. 이 험악한 질고를 겪는 한국 민중에게 교회란 무엇이며, 무엇이어야 하는지에 대한 신학적 반성을 담은 '교회론'을 정립하는 것은 수백 개의 예배당을 건립하는 것 이상으로 중요한 일이다. 그러나 이를 도외시했다. 그들이 집중할 수밖에 없었던 부흥의 열매는 교회수와 교인수 증가뿐이었다.

이 태도는 한반도 및 한국이라는 토양에 뿌리를 내리지 않아도 되는, 한국민들의 현실과 긴밀한 관련성을 갖지 않는, 현실도피적 한국교회에 만족하겠다는 발상과 진배없다. 유럽의 종교개혁, 청교도 종교개혁, 정통주의 신학의 근본정신에 충돌하는 방향성을 정책적으로 채택한 셈이다. 한국교회는 종교개혁 신학전통의 연장선에서 서구 교회론을 소화해야 하고 한국 민중의 경험과 요청을 담은 정통 교회론을 정립해야 한다는 당위성을 폐기한 셈이다.

역설적이게도, 장로교 선교사들과 감리교 선교사들은 한국선교와 부흥운동에서 긴밀하게 연합한 반면에 이들과 거의 동일한 뿌리를 가졌지만 성결운동 진영에 속한 이들에 대해서는 강력한 거부감을 가졌다. 미국인 카우만(Cowman)과 킬버른(Kilbourne)은 1901년에 일본 동경에 동양선교회(The Oriental Missionary Society)를 세우고 전도활동과 성경교육을 시작했다. 이들에게서 교육받은 정빈(鄭彬)과 김상준(金相濬)이 1907년에 서울 종로에 '복음전도관'을 열고 전도집회를 시작했다. 교회를 개척할 목적이 아니었다. 오직 전도가 목적이었다.

동양선교회는 웨슬리 신학과 정신을 분명하게 추종했기에, 복음전도관 사역자들과 이 집회에서 은혜를 받은 한국인들을 장로교 선교사들과 감리교 선교사들이 배척할 이유가 없고, 교회등록을 거부할 이유가 없었다. 하지만 거부했다. 그러니 '성결인'들은 갈 교회가 없었다. 결국, 1921년부터, '조선예수교 동양선교회 성결교회'라는 명칭을 사용하기로 하고 길보른이 감독으로 취임한다. 즉, '전도관' 체제(선교회)에서 '교회' 체제가 된 것이며, 한국 성결교회라는 자생교단을 형성했다.

평양대부흥, 부흥 모델로 삼아서는 안 된다

이처럼 1907년 평양대부흥운동은 '양적 팽창'이라는 점에서는 대단한 사건일 수 있지만 신학의 정립과 교회의 모태 형성이라는 측면에서 특히 '교회론'에서 대단히 커다란 취약점을 배태한 사건이다. 사실상 미완의 부흥이었다. 교회가 평양대부흥운동을 이상화하거나 그 한계점을 극복하지 못할 때, 그리고 그 흐름을 지속시키려고 애쓸 때 무기력과 불행을 면치 못할 것이다. 부흥의 단맛보다는, 우는 자들과 함께 울고 의를 위해 고난을 받고 피 흘린 발자취를 가진 교회가 훨씬 굳건하게 서고 아름다운 열매를 더 많이 맺는다. 옳고 그름을 냉철하게 분별하며, 악에 대항하는 영적 전투를 주도면밀하게 치른 교회가 진정 하늘과 땅에서 하나님을 영화롭게 한다. 이러한 교회적 경륜을 농축하고 이런 교회를 지향하도록 원리를 정립한 것이 교회론이라 할 때 아직까지 우리에게는 이런 교회론이 없다.

한국교회는 1930년대에 정절을 굽히고 신사참배를 받아들였다. 십계명을 어겼다는 그것만이 문제가 아니다. 신도(神道)는 불교의 일본식 변종이기도 하지만 창시자도 없고 경전도 없고 일정한 뿌리나 틀도 없이 이런저런 것이 뒤섞인 대중적 무속종교였다가 명치유신 이후에, 일본 왕을 신격화시키는 데 사용되었다. 사실상 종교인데도 종교적 논란을 피하고 국격을 높이기 위해 '도덕'이라고 했고, '국민의 예'임을 강조했다. 국왕을 살아 있는 신으로 인정하고, 국왕의 신격화를 거부하거나 국왕과 대등한 신의 존재를 주장하거나 국왕보다 자신의 신이 더 높다고 하는 것을 국가에 대한 반역 혹은 불충으로 간주했다.

신도를 사실상의 국교로 만들고 국왕 숭배를 조장하면서, 일본의 기독교인들은 신앙의 정절을 견지하는 반역자가 될 것인지 애국적 종교인이 될 것인지, 둘 가운데 하나를 선택하도록 강요한 셈이다. 신사참배, 신도의 침례의식인 '미소바라기,' 궁성요배, 그리고 〈교육칙어〉■를 향해 90도로 허리를 숙여 절하는 최경례를 행하면 신앙의 자유를 허용하겠다는 타협주의적 유혹 즉, 애국주의에 일본 기독교는 굴복했다. 우찌무라 간조가 이에 항거했으나 일본 기독교인들은 우찌무라 간조의 항거에 동조하지 않았다.

이것은 십자가를 짓밟고 예수 그리스도의 얼굴에 저주와 함께 침을 뱉은 댓가로 기독교 신앙생활을 허용받고 교회를 유지하는 셈이다. 하지만 교회에서 구약성경은 등한히 되고, 예수 그리스도의 왕권을 드높이는 성경 본문, 설교, 찬송가는 외면될 수밖에 없다. 재림과 심판을 강

■ 〈교육칙어〉는 일본 메이지 국왕이 1890년 10월 30일 발표한 일종의 강령 혹은 헌장이다. 국수주의와 군국주의를 강화하기 위한 일본 교육지표인 셈이다. 조선의 내선일체와 황국신민화를 위해 강제로 외우게 했다. 일본이 태평양전쟁에서 패전한 뒤인 1948년에 폐지된다. 그러나 한국은 1968년 11월에 국회 본회의에서 만장일치로 가결한 〈국민교육헌장〉을 12월 5일에 대통령이 반포한다. 그 내용과 목적은 일본의 〈교육칙어〉와 거의 동일하고, 1990년대 중반까지 한국 교육의 근본지침이 되었다고 할 수 있다.

조하면 불충과 반역으로 낙인찍히게 된다.■ 여기에 순응하고 순화된 교회는 어떤 교회일까? 배교하고 타락한 교회일까? 민족교회가 되는 과정인가? 현명한 처신은 무엇일까?

교회론적 과제는 이루 말할 수 없이 많아진다. 하지만 일본 기독교는 구약적 기독교와 신약적 기독교를 구분하고, 국왕의 신격화와 신사참배에 순응하는 자신들을 신약적 기독교라는 의식을 발전시킨다. 반항하는 기독교인들을 구약적 기독교라고 경멸한다. 기막힌 왜곡이다.

한국에서는 1932년에 안식교단을 시작으로, 장로교회와 감리교회가 신사참배는 종교가 아니며 국가의 의식이라고 하면서 신사참배를 결의하고, 신사참배를 적극적으로 권유하는 운동을 하기로 결의했다. 이후 한국교회의 강단과 교회는 급속히 변질되었다. 교회의 생명력은 고갈되었고, 이단의 발호에 속수무책이 되었다. 해방과 6·25전쟁 그 뒤를 잇는 독재정치에도 적극적으로 순응하고 협력했다. 그 댓가로 권력의 비호를 받으며, 개발독재의 단물 속에서 양적으로는 급속히 팽창했다.

거짓 신화, 미국 신학이 반드시 옳지는 않다

첫 한국선교사들이 가르친 '미국제' 신학은 이미 상당히 가벼워지

■ 실제로 성결교회는 핵심교리인 '재림' 사상이 일본 국체(國體)에 저촉된다는 이유로, 1942년에는 일본 성결교회 지도자들이 대거 검거되고 1943년 하순부터 한국 성결교회 지도자들 30여 명이 검거 취조를 받았다. 1943년 12월에 총독부는 한국 성결교회에 교단 해산명령을 내렸다.

대형교회의, 대중화된 설교는

성극(聖劇)의 흥행을 위해

복음을 묽게 만든다

고 균형을 잃고 있었고, 치명적인 누룩은 다른 어떤 주제보다 교회론에서 자라고 있었다. 일제의 식민지 정책과 강압적 수탈정책에 대한 순응, 황국신민화와 신사참배에 대한 굴복은 신학 그 자체에 대한 심각한 왜곡을 야기했고, 교회론은 무의미한 분야가 될 수밖에 없었다. 한국 사회는 외세의 수탈, 전쟁, 개발독재의 의도적인 차별과 불균형 발전, 도시화, 산업화는 한국 사회에 수많은 갈등요소를 만들었고 충돌을 야기했다.

이러한 온갖 사회적 문제들, 억압과 차별들, 불공평과 불의가 도드라진 사건들 즉, 신학적으로 정직하게 답변을 찾아야 할 각종 문제들을 외면한 채 오로지 외형적 교회성장만을 추구하는 목사들이 대형교회를 이루고 어른으로 존경받고 한국 기독교계를 주도하며 대세를 이뤘다. 일거리를 찾아 도시로 몰려드는 사람들의 기호에 맞도록, 복음 선포는 가일층 단순화되고 비할 수 없이 가벼워졌다. 설교자의 능력은 정직하고 경건한 삶과 복음에 충실한 메시지가 아니라 예배참석자의 수와 헌금액의 증가, 예배당의 규모 등과 같은 수량으로 바뀌었다.

세계 10대 대형교회에 한국교회가 몇 개씩 들어간다고 자랑하지만 세계적 수준의 질 좋은 설교를 자랑하고, 세계에 내놓을만한 성경공부 교재를 자체적으로 만든 교회는 얼마나 되는가? 미국제 복음주의와, 미국제 성경공부에 매몰되어 피상적인 지식만 자랑할 뿐이다. 여의도순복음교회, 영락교회, 사랑의교회 등이 세계적 규모를 자랑하지만 어떤 구조를 갖췄고 어떻게 했기에 이렇게 외형적이나마 거대하게 성장할 수 있는지를 체계적으로 연구하여 '모델'로 제시한 것은 여의도순복음교회도 한국인 신학자도 아니다. 한국교회는 여전히 이단에 속수무책이며, 자정능력을 거의 완벽하게 상실했고, 심각한 부패와 타락으로 인해 온갖 비난을 받는다. 목사의 설교로 가장 먼저 구원해야 할 사람은 다름 아닌 목사 그 자신이어야 하는 경우가 너무나 많다. 특히, 대형교회 목사들에게 문제가 많다.

사고방식과 가치관이 다르고, 교육수준과 이해력이 다른 수천 명의 사람을 동시에 만족시킬 수 있고 하나로 만들 수 있는, 논리와 설명을 제시할 수 있는 재능을 충분히 갖춘 설교자는 흔치 않다. 매주 동일한 강단에서 서서, 수천 명의 회중에게 복음을 깊이 있게 제시하고, 꾸준히 영적 성장을 할 수 있도록 자양분을 제공하는 설교자는 희귀한 존재다. 기독교 문명의 장구한 역사를 토대로 한 유럽에서도, 근대 부흥운동사 전체에서도 흔치 않다. 그럼에도 불구하고 한국교회는 대형교회를 이룩한 사람은 틀림없이 하나님의 위대한 사역자일 수밖에 없고, 대형교회에서 무난히 설교할 수 있는 사람은 틀림없이 하나님이 대단한 설교능력과 행정능력을 부어주시고 특별한 영적 권세를 주신다는 '신화'를 꿈꾼다. 대형교회 목사의 화려한 언변과 '쇼'를 통해 복음의 생명력은 질식당하고 신학은 난도질당한다.

한국교회는 예배집단의 대형화를 이루기 위해 설교를 무의미하다고 할 정도로 피상화, 단순화, 파편화했다. 막대한 부채는 메시지의 질을 희생시켰다. 맘몬이 왕 노릇하고 배금주의가 신학을 대신했다. 교인들은 인파에 파묻힌 군중이 되었고 예배는 1시간짜리 쇼가 되었다. 적절한 교회회의는 폐기됐다. 세속적인 경영술은 리더십과 비전으로 포장되고, 고객관리기법은 목회를 대체하고 예배참석자수와 헌금수입의 극대화가 지상과제가 되었다.

약화된 메시지를 무대의 극적 효과와 방송장비 그리고 부수적인 프로그램들로 보완했다. 예화와 속된 처세훈과 설교자의 입담으로 뒤범벅된 설교는 더욱 짧아져 일반적으로 20~25분을 넘지 않는다. 화려한 볼거리, 흥미로운 예화, 단순명쾌하면서도 추상적일 뿐인 주장, 낙관주의적이며 긍정주의적인 희망을 제공하는 설교를 복음이라고 생각하는 청중이 등장했다. 이런 청중에게 익숙한 복음은 탁월한 개혁가들이 성경에서 발견한, 그리고 목숨을 희생하며 치열하게 따르던 그런 복음이 아니라 값싼 복음주의가 길거리에 아무렇게나 뿌려대는 가라지, 윤리적 처세훈의 변종, 이질적인 것들을 지나치게 많이 섞고 광택을 낸 값싼 복음인 경우가 너무나 많다. 결코 금이 아닌 것을 금처럼 반짝거리게 만들었을 뿐이다. 물을 너무 많이 타서 짠 맛을 잃은 소금물처럼, 이질적인 것이 지나치게 많이 뒤섞인 잡탕처럼, 도저히 복음이라고 말하기 어려운 것이 되고 말았다.

너희를 박해하는 자를 축복하라 축복하고 저주하지 말라
즐거워하는 자들과 함께 즐거워하고 우는 자들과 함께 울라
서로 마음을 같이하며 높은 데 마음을 두지 말고
도리어 낮은 데 처하며 스스로 지혜 있는 체 하지 말라

(롬12:14~16)

2부

성경이 가르친 교회, 회중

교회의 주인은, 하나님의 아들 예수 그리스도이시다. 교회를 다스릴 권세는 오직 예수 그리스도께만 있다. 그리스도의 교회주권이 어떤 식으로 작동하여 신자 개인에게까지 미치는지를 나름대로 정립한 것이 교회정체이다.

좋은교회의 시작, 회의를 제대로 하는 것부터

05

'좋은' 교회의 기준을, 예배 분위기가 좋고 목사의 됨됨이가 좋아 보이고 설교를 은혜롭게 잘 하는 것처럼 느껴지는 것에 두는 것이 일반적이다. 하나님의 안목(眼目), 성경적 시각, 신학적 지성, 탁월한 영적 분별력을 갖춘 소수를 제외하고는 거의 대부분 이런 방식으로 교회를 판단하고 선택하는 실정이다. 하지만 이렇게 해서는 좋은 교회를 식별하기란 불가능에 가깝다. 토저(Aiden W. Tozer, 1897~1963), 아더 핑크(Arthur W. Pink, 1886~1952) 같은 이들이 이미 1백 년 전부터 영미와 유럽 기독교의 타락한 신학, 쇼가 되어버린 예배, 언변만 자랑하고 복음의 실체는 없는 거짓된 설교에 대해 준렬하게 공박했다.

우리는 토저 혹은 핑크가 비판한 세대들의 족적을 그대로 밟아가면서도 그보다 훨씬 퇴보하고 심각하게 부패하고 무기력한 세대 속에서, 거칠게 표현하자면, 썩을 대로 썩은 시궁창에서 태어나 성장한 셈이다. 그러니 영적 분별력이 남다르다는 것은 착각일 때가 많다. 게다가 엇비슷한 성장배경을 지닌 동류들의 감각을 의지해서 판단하는 것은 사실상 무의미하다. 우리 주변의 다른 사람들보다 우리가 좀 더 양심적이고 좀 더 개혁적이라는 비교우위는 부질없다. 우리 세대의 영성을 다른 세대의 뛰어난 영성과 비교해서 안목을 얻어야 한다. 우리 자신을 종교개혁가들과 비교해서 생산적인 교훈을 얻어야 한다.

신앙의 열매, 관념이 아니라 행동이다

무엇보다도 우리 자신을 어떻게 바로 잡고, 어떻게 처신하고, 어디에서 시작해서 어떻게 행동해야 종교개혁적 영성과 추동력을 획득하고, 그들이 겪은 성공과 실패 경험들을 활용하여 우리도 성과를 이룰 수 있는지를 알아야 한다. 다른 사람들에 비해 양심에 조금 더 예민하고 거룩을 조금 더 생각한다고 해서, 청교도들의 유산을 애지중지한다고 해서, 150년이 넘도록 가혹한 핍박을 받으며 신앙의 정절을 지킨 청교도 세대를 그만큼 닮아가고 있다고 생각해서는 안 된다.

신앙은 '관념'이 아니고 '생각'도 아니다. 청교도들의 실천을 살짝 들여다보자. 영국 비국교파는 1688년에 관용령에 의해 신앙의 자유를 허용받았다. 하지만 국왕이 그리스도를 대신하여 지상교회를 다스린다는 취지의 국왕수장권(royal supremacy 혹은 royal sovereignty)을 인정할 수가 없어서 어린 자녀들을 학교에 보내지 않고 공직에도 취임할 수 없는 길을 스스로 택했다. 이들 비국교파 청교도들의 실천, 우리의 '관념적 신앙'은 비교 대상이 될 수 없다.

청교도들은 교회에 대한 국왕의 통치권을 인정하지 않은 탓에 각종 불이익을 당하고, 가난과 고난의 옛 길을 따라갔다. 가난과 핍박과 천대 그리고 각종 불이익을 기꺼이 대물림했다. 이런 사람들에게 교회와 신앙은 결코 '관념'일 수 없다. 1643년의 웨스트민스터 신앙고백, 1561년의 벨지움 신앙고백, 1563년의 하이델베르크 교리문답과 같은 역사적 신앙고백서들은 '관념'의 산물이거나 '상아탑의 유산'이 아니다. 대를 이어가며 흘린 피로 세운 교회들의 실천과 고백이며 증언이다. 이러한 신앙고백서들의 신학에 전적으로 동의하고 감격에 겨워 가르친다고 해서 자신이 '청교도 신학과 정신을 계승한 교회,' '개혁교회'라고 자부하는 것은 낯부끄러운 일이다. 언어도단일 뿐이다.

교회의 실상, 회의에서 드러난다

신학은 유산이며 전통이다. 좋은 신학은 훌륭한 유산이며 최선의 전통이다. 그러나 유산과 전통으로만 남아 있는 것이라면 이미 죽은 것이다. 죽은 유산을 입으로만, 관념으로만 붙들고 열심히 읊어댄다고 해서 좋은 교회가 출현할 수가 없다다. 설교가 정말 좋더라도 입술과 귀에 걸려 있는 그 모습이 온전한 모습이 아니다. 교회의 외형이 아닌 목회자와 교인들의 삶과 실천에 나타난 그 모습이 실제 모습이다. 그 실상의 단초는 예배당과 예배 시간보다는 교회 입구와 주차장에서 더 잘 드러난다.

말씀에서 참 생명을 발견하고 참 삶을 시작하지만, 경건과 거룩을 어느 정도로 실현했는지는 '마주침'과 '부딪힘'에서 드러나기 시작한다. 그 반응은 '하나'의 구심점을 지향하여 '하나 됨'을 지향하는 운동성을 갖든지 혹은 그 반대성향 및 운동성을 갖든지 한다. 즉, 타인과 함께 할 줄 모르고 타인을 배려할 줄 모르고 타인을 존중할 줄 모르는 사람을 못 배웠다, 교양이 없다, 심지어 망나니라고 손가락질한다. 생명이 생존을 지향할 때는 무례해지고 폭력적이 되기가 쉽다. 좋은 교회를 세우기 위해서는 좋은 교리 이외에도 생명이 삶이 되기 위해서는 타인과 함께 하는 법, 타인과 연합하는 법, 그리고 그 이상으로 신비로운 연합체를 이루고 유지하는 법을 배워야 한다. 교회 없는, 교회에 매이지 않는 신앙생활이 유행처럼 확산되고 있다. 하지만 그리스도의 신부는 신자 개인이라기보다는 '교회'라는 신비적 연합체이다.

교회의 본령은 '예배'와 '경외'에 있다지만 그 시작과 지속은 언제나 '모임'에 있다. 그렇다면 모임이란 무엇인가? 의견을 주고받는 자리가 모임의 핵심이다. 즉, '회의'에 교회의 본령이 담기는 것이다. 따라서 어떤 교회의 진짜 모습은 놀랍게 은혜받고 성령충만한 개인에게서가 아니라 '교회회의'에서 찾아야 한다고 말할 수 있다. 교회회의가 예배와 행함, 가르침과 실천이 아름답고 질서정연하면 교회는 건강해진다. 교회에 문제가 생기고 분규와 송사로 엉망이 되었을 때는 이미 교회회의가 엉망진창이 되어 있다. 교회회의가 엉망이 되니 교회 내 문제가 갈등이 되고 상처를 일으키고 곪아터져 분란과 분규가 되는 것이다.

얼굴에 한껏 미소를 지으며 예배에 들어가서, 은혜와 사랑과 관용이 충만한 설교에 눈물을 흘리며 감동했다가도 교회주차장에서 차를 빼다가, 함께 예배를 드렸던 이들과 씨근덕거리며 다투고 욕을 해대기가 일쑤다. 한국교회들은 이런 문제를 단지 교양의 문제로 치부하고 방관 방조해왔다. 교회답고 신자답게 해결하기 위해 머리를 맞대지 않았고, 그 다툼의 밑바닥에 무엇이 도사리고 있는지 애써 찾아보지 않았다. 이렇게 방임된 사람들이 갈등이 격심한 교회분규 사태에서 어떻게 온건하고 합리적으로 문제를 풀거나 건전한 대안을 찾을 수 있겠는가? 불가능하다. 자정능력은 진즉에 사라졌기 때문이다. 예배 때 은혜를 잘못 받았다고 생각해야 할까? 삶 전체가 예배라고 생각하면서도 실제로는, 가시적인 예전으로서의 예배만 중시하고 방치되어 훈련이 없는 것이 가장 큰 원인이다. 가시적 예배에서 비가시적 예배를 잇는 접점, 보이지 않는 예배의 시작, 선한 행함 및 실천의 시작 지점이며 결산 지점 즉, 교회회의가 생략되거나 부실해진 것이 근원적 원인이다. 올바른 예배와 올바른 교회회의는 좋은 신앙생활과 좋은 교회를 지탱해주는 두 축이다. 자전거의 두 바퀴에 해당한다. 그러니까 한국교회는 언제부터인가 곡예사처럼 두 바퀴 자전거에서 바퀴 하나를 빼놓고 타고 다닌 셈이다.

교회의 건전성, 좋은 회의와 회의록이 지킬 수 있다

좋은 교회는 성경, 신앙고백서, 회의규칙서(총회법, 노회법, 교회정관), 회의록, 회원(교인)명부까지 다섯 가지를 항상 건전하게 유지한다. 예배

드릴 때만이 아니라 교회회의를 할 때 발언과 절차 그리고 결의와 집행이라는 이 다섯 가지에 '충실하고 적합하게' 하면 좋은 교회는 이상이 아니라 실제로 구현될 가능성이 커진다.

교회는 이 다섯 요소를 명확하게 갖춰야 한다. 이 다섯 요소가 적절하게 관련을 맺으며 작동하는 교회가 좋은 교회, 살아 있는 교회이다. 이 중에서 '(교회)회의록'은 그 교회가 무엇을, 어떻게, 왜 지금의 모습을 갖추고 있고 장차 어떻게 될 것인지를 보여주는 생생한 1차 자료이다. 회의록에 나타난 모습이 그 교회의 진짜 모습이다. 누군가의 참 모습을 아는 데는 정직하고 충실하게 작성해둔 일기장 이상 좋은 것이 없는 것처럼 말이다. 후손들에게 조상의 삶과 행적을 정확하게 각인시켜주는 데에도 가장 귀중한 자료 가운데 하나가 일기장이다. 교회도 마찬가지다.

일기(日記)나 일지(日誌) 혹은 어떤 형태로든 정확한 기록은 과거행적을 반성적으로 고찰하고 현재를 평가하고 미래를 설계하는 데 가장 기본적인 참고자료이다. 기록은 기억보다 위대하다. 기록은 정확하고 치밀한 만큼 거짓을 몰아내고 혼란을 바로잡는 확실한 근거가 된다. 기록을 정확히 남기는 교회는 정직한 교회이고 분란이 생길 때 문제가 심각해지기 전에 간단히 해결할 가능성이 크다. 이런 면에서 필자는 목사가 유능하게 설교하고 목회 잘하는 것보다 양심적이며 정확한 기록을 남기는 것이 더 좋다고 본다.

교회의, 그리고 교회에 대한 기록은 공적 기록이다. 공개하는 데에는 기술과 세심한 배려가 전제되어야 하지만 어쨌든 공적인 것이다. 따라서 정직하게 기술되어야 하고 솔직하게 공개되어야 한다. 기록의 공개는 정보 공유를 의미하며, 어두운 그늘을 없애주고, 이해와 협력을 증진해준다. 무엇보다도 교회의 건강성을 어떤 특정한 개인 혹은 직분에게 의존하지 않게 만들어준다. 이런 점에서, 분란의 소지를 줄이고 소란을 해결해주는 힘은 양심보다 정확한 기록이 더 크다. 한국교회에 분란이 많아지고 송사가 많아지고 해결하기가 더욱 어려워지는 것에는 부실한 기록이 큰 몫을 차지한다. 이와 관련한 사례를 길게 인용해 보겠다.

사례 1 | Y교회 청산 사건

지방의 어떤 작은 교회가 신도시 개발로 수용되고 보상금을 지급받았다. 이 교회의 재산은 총회유지재단 명의로 되어 있기에, 이 교회 담임목사는 교회재산을 청산하고 교회를 해체하기로 최종합의를 했다는 교인총회 결의서를 총회유지재단 이사회에 제출했다. 재단이사회는 제출된 서류에 명시된 그대로 집행하기로 결의했다. 따라서 통장에 입금된 몇 억 원의 보상금은 그 교회에서 10년간 사역한 늙은 담임목사의 퇴직금으로 지급되고, 2억 원은 총회임원회에 넘겨졌다. 총회장은 이 돈으로 교단채무의 일부를 상환했다.

이즈음에 이 교회 교인 7명이 보상금을 돌려달라고 총회유지재단을 상대로 소송을 제기했다가 패소했다는 소식이 필자의 귀에까지 들렸다. 교회를 없애고 그 돈으로 퇴직금을 주고 총회 부채를 상환했다는 것이 못마땅하던 차에 뭔가 잘못되었다는 느낌이 들었다. 수소문 끝에 교인대표와 통화를 하고 교인들을 만나 자초지종을 듣기로 약속을 잡았다. 교인 7명을 한 자리에서 만났다. 하나같이 못 배운 티가 역력했다. 나는 교인들에게, 내가 듣기로는 보상금을 500만원씩이라도 나눠달라고 소송을 제기했다가 패소했다는데 그게 사실이냐고 물었다. 교인들은 그게 아니라고 강하게 부정했다. 자신들이 원하는 것은 그 보상금을 돌려받아 어떻게든 교회를 유지하는 것인데, 보상금을 나눠달라고 한 것은 변호사가 자신들도 모르게 그냥 써넣은 것이라고 했다. 700만원에 수임계약을 한 이 변호사는 재판 날에 법정에 나타나지도 않았단다.

나는 교회회의록이 혹시 있냐고 물었다. 그러자 서툰 손 글씨로 작성한 허름한 회의록을 내밀었다. 다행히, 회의록을 갖고 있었던 것이다. 특별한 내용은 없어 보였지만 교회청산을 결의했다는 날짜를 전후로 훑어보니 교인들의 말이 진실에 가깝다는 생각이 들었다. 이 무렵부터 교회회의에 출석한 이름들은 분명히 이 일곱 명이었다. 보상금 전액으로 신도시에 땅을 사는 것도 어렵지만 이들 일곱 교인들의 헌금으로는 재건축은 고사하고 담임목사의 생활비를 드리지 못할 상황에 처했다. 여기에서 우여곡절이 생겼다. 교인들은 건물이 없는 다른 교회와 통합하는 줄로만 알았다. 그러나 교회재산(보상금)을 청산하고 자신들은 각자 다른 교회로 옮기겠다고 결의했다는 문서가, 자신들도 모르는 사이에, 총회유지재단 이사회 앞으로 제출되었고 그대로 처결되었던 것이다. 교인들은 날벼락을 맞았다. 비록 재정이 어렵다고 하지만 평생을 오직 이 교회만 알고 지내왔는데 어떻게 교회를 없앨 수 있냐고 눈물을 흘렸다. 자신들은 그런 결의를 한 적도 서명날인한 적도 없다고 내 앞에서 말했다.

나는 집으로 돌아와 민법의 비영리재단 청산과 재산처분에 관련한 법조항과 〈유지재단법〉을 자세히 살폈다. 그 다음날 총회에 찾아갔다. 총회유지재단 이사장에게 Y교회 청산에 대해 이는 원칙적으로 잘못된 처분이라고 말했다. 재단이사장은 이 문제는 아무 문제없이 합법적으로 처리했다고 주장했다. 재단이사장은 가난한 교인 일곱이 자신들은 더 이상 교회를 유지할 수 없으니 청산해 달라고 직접 결의하고 서명했다는 말과 함께, Y교회가 보낸 문서들과 회의록 사본을 내 눈앞에 늘어놓았다. 순간, 두 장의 교인총회 결의서(사무처리회 결의서)가 보였다. 내 눈을 사로잡은 것은, 교회청산을 요청하는 결의서에 기명날인 된 여섯 명의 이름과, 다른 서류에 있는 교인들의 이름 일곱이었다. 즉, 제출된 서류에 등재된 교인 명단은 모두 13명인 것이다.

나는 두 장의 결의서를 이사장에게 내밀면서, "분명히 이사장님은 이 교회 교인은 7명뿐이라고 하셨습니다. 저도 어제 확인했습니다. 그러면 이쪽에, 교회를 청산해달라고 요청하는 이 결의서에 기명날인 된 이 6명은 어떻게 된 것입니까? 이쪽 서류의 이름과 합하면 모두 13명의 이름이 나옵니다. 그렇다면 이 가운데 6명은 가짜라는 말이 되는데, 그

6명이 진짜 교인이라면 교회회의록에는 이름이 나와야 합니다. 이 6명이 언제부터 교인자격을 가졌는지 회의록을 통해 확인해 보셨습니까?" 라고 물었다.

재단이사장은 당황한 얼굴로 서류를 서둘러 거두면서, 재단이사회는 그런 걸 따질 능력이 없고 밑에서 서류를 올리면 회의를 할 뿐이라고 얼버무렸다. 말이 안 되는 변명이고 유지재단 청산절차에 관한 하자도 있지만 더 이상 따질 필요도 없었다. 나는 빨리 Y교회를 회복해주는 것이 옳은 것 같다는 말을 남기고 돌아왔다.

Y교회는 젊은 담임목사를 청빙하여 교회를 지속할 의지를 밝히면서 변호사를 바꿔 항소했다. 재단이사회는 1심에서 승소했기에 2심도 이길 것을 기대하면서 버텼으나 패소하고 보상금을 돌려줬다. 유지재단 명의로 등기된 재산처분에 관한 절차에 하자가 있었고 무엇보다도 회의록이 있었기 때문에 승소와, 교회 회복이 가능했다. 자신들의 가난과 무지를 한탄했지만 맞춤법조차 틀렸더라도 꼼꼼히 남긴 기록의 승리이기도 했다.

반면에, 최근에 담임목사와 교인들 사이에 분란이 발생한 서울 S교회는 사안의 심각성에도 불구하고 담임목사는 무혐의가 되었다. 담임목사는 교활하게도 교회회의, 교회행정, 재정지출에 관련한 기록을 하나도 남기지 않았다. 재정장부가 있더라도 재정지출에 관련한 회의록 및 관련 문서가 없었다. 이 경우, 주변의 목사들이 협력해주면 횡령혐의를 벗기는 아주 쉽다. 성추행의 경우는 법정에서 유죄를 입증하기가 더욱 어렵고, 더구나 공소시효라는 것이 있다. 검사는 증거불충분 등의 이유로 공소를 포기하기 십상이고 목사는 무혐의, 무죄라고 떠벌리며 하나님의 은혜에 감사한다고 자랑한다.

담임목사가 회의기록, 행정기록을 남기지 않도록 해서, 교회행정에 참여한 집사들마저 기록을 남기지 않는 것은 잘못이다. 공적 기록을 남기지 못하는 상황이라면 개인적인 기록이 어떻게 하면 공적 신뢰성, 증거능력을 갖출 수 있을 것인지에 대해 고민할 때 교회의 건강성을 지킬 수 있다. 이것이 직분자로서 책임있는 처신이다. 교인의 기본적인 자세이다.

사례 2 | K교회 송사

2003년 무렵부터 담임목사와 불화를 겪으며 수많은 법정 다툼을 이어온 K교회의 경우, 2009년에 서울고등법원이 내린 결정에 의거해 임시 교인총회를 열었고, 결의해 시행했었는데, 이 임시 교인총회 결의(사무처리회)가 2016년 초에 무효가 되었다. 임시 교인총회를 개최한 2009년 6월, 출석교인 95%가 찬성했고 교인명부 전체 인원 대비 75%에 달하는 찬성률을 보인, (담임목사 반대쪽)교인 측의 승리라고 할 수 있는 결의가 7년이 지나 무효로 판결된 것은 다름 아닌, 임시 교인총회 소집통보에 관련된 '기록의 불철저'에 있었다. 게다가 세월이 쌓일수록 담임목사와의 길고 긴 송사에 반대증인으로 나서기를 한사코 거절하는 사람들뿐이니 달리 해결책이 없었다.

K교회와 관련된 또다른 최근 소송건을 보자. K교회 담임목사가 반대교인 측에게 제기한 100건에 가까운 고소고발 건 가운데 〈교인지위부 존재확인〉 건이 있다. 2009년 6월경에 담임목사 해임을 '의결한 교인'들은 해당 교회 교인 자격이 없기에 그 결의는 무효라는 취지로 담임목사가 제기한 소송이다. 교인 자격이 박탈된 근거는, K교회가 소속된 K지방회가 징계위원회를 열어 이 교인들을 '제명처리'하였다는 데 있다. 하지만 교인들은 애초에 K교회 문제가 법정으로 비화될 때 제출된 'K지방회의 지방회규약'에는 지방회가 소속 교회들의 교인들을 징계할 수 있다는 규정이 없었고, 이번 송사에 원용할 수 있는 총회규약 규정은 2009년 9월 정기총회에서 채택된 것이다. 무엇보다도 회중주의를 정치원리로 한다는 교단의 정치원리가 법원에서 인정된 전례가 있다고 생각해서 그다지 걱정하지 않았다. 하지만 교인측이 패소했다.

교인측은 항소했다. 사건은 서울고등법원 민사 제○부에 계류 중이다(2016년 7월 현재). 담임목사는 총회장과 총회임원회의 도움을 얻기 위해, 재판장 명의로 〈사실조회 신청서〉를 교단총회에 보냈다. 총회장은 재판장에게, 총회규약에 부속된 〈지방회 표준규약〉은 "제86차 정기총회(1996.9.17.)"에서 정식으로 채택된 강제규정으로, 각 지방회는 산하 각 교회의 교인들을 징계할 고유권한을 가지고 있다는 취지의 답변서를 총회장 직인을 찍어서 서울고등법원에 회신했다.

재판장은 교단 정치체제를 해설하는 공식 출판물이 있으면 제출해 주고, 평신도를 징계한 실제 사례를 제출해달라고 요청했는데 이에 대해 총회장은 그런 공식출판물이 없다고 답변했다. 실제로도 없다. 그런데 이 '없음'은 교인측에게 절대적으로 불리하다. 상식적으로, 개교회의 독립성과 회중주의를 천명한다는 사실을 모두가 알고 있지만 이를 증명하는 공식적인 증거물은 없다. 반면에, 교단 최고 유권기관이 회중주의는 이상으로 천명했을 뿐 현실적으로, 총회와 지방회에는 개교회의 목사와 교인을 징계할 권한이 있다는 취지의 주장을 하고, 1996년 제86차 정기총회 제2일차 규약개정을 통해 채택했다면서, 공식적으로 발간한 〈정기총회 의사자료집〉의 총회규약 뒤에 수록된 〈지방회표준규약〉을 복사해서 제출한 것이 훨씬 강한 증거능력을 가질 것은 명약관화하다.

핵심 관건은, 1996년 9월 17일에 결의되었다고 날짜까지 박힌 〈지방회 표준규약〉이 구속력이 있는 규정이냐는 것이다. 따라서 문제의 열쇠는 총회회의록에 있다. 1996년 9월 16일에 시작한 제86차 정기총회의 회의록은 그 이듬해인 1997년도(제87차) 정기총회 〈의사자료〉 맨 앞부분에 수록되어 있다. 그런데 총회규약 수·개정안은 해당 연도 총회임원회가 총회규약 수·개정안으로 상정하기로 결의해야 한다. 그러니까 제86차 의사자료에 수록된 총회임원회 회의록 전체에서 〈지방회 표준규약〉 상정을 다룬 부분을 찾아서 검토해야 하는 것이다.

1996년 9월에 배포된 〈제86차 정기총회 의사자료〉는 앞부분에 그 전년도인 제85차 정기총회 회의록이 수록되어 있고 그 뒤쪽에 제86차 정기총회에서 다룰 총회규약 수·개정 상정 안건이 정리되어 있다. 따라서 제86차 의사자료집에서, "규약 수·개정 상정 안건"과 총회임원회 회의록 전체, 그리고 제87차 의사자료집에서 총회대의원들이 제86차 정기총회에서 토의 및 결의 내용이 담긴 "회의록"을 찾아서, 비교 검토를 해야 하는 것이다. 20년 전에 발간된 제86차, 제87차 의사자료를 평신도들이 어디에서 찾을 수 있을까?

더군다나 제86차 정기총회 의사자료에 〈지방회 표준규약〉이 실렸다는데 도대체 이 규약·규정이 어떤 취지로 실렸는지, 어떤 배경을 갖고 있는 것인지, 이 규약·규정들을 작성한 사람은 어떤 정당한 결의와 위임을 받아 이런 문서를 작성해서 정기총회에 공식적으로 제출했는지를 알려면 적어도 그 이전의 정기총회 의사자료부터 검토해야 한다. 도대체 어떤 평신도들이 어떻게, 어디에서, 이 근거자료들을 찾아내서 법적 대응을 할 수 있을까?

만일 K교회 교인측이 이 소송에서 패소하면 이것은 교인들만의 패배로 끝나지 않는다. 개교회 담임목사들을 총회집행부가 마음대로 임명하고 제명할 수 있는 권한을, 그리고 말을 듣지 않는 교인들을 목사들끼리 모여 앉아서 (지방회) 마음대로 제명하고 출교할 수 있는, 그래서 목사직을 종교권력으로 만들고 결국 교회재산을 독차지할 합법적 방법과 권한을 대한민국 고등법원의 판결을 통해 확보할 수 있는 길이 열리는 것이다. 종교권력가들의 승리이며, 순진한 목사들과 교인들 전체의 패배이다. 회중주의 정치방식의 중요한 부분이 무너지면서 그 자리를 감독주의적 정치방식이 차지하는 변절이라는 점에서, 교단 전체의 패배이다.

이 때문에 필자는 총회장이 서울 고등법원 민사 제○부에 보낸 〈답변서〉를 입수해서 몇 주에 걸쳐 분석하고, 제84차에서 제107차까지의 모든 의사자료를 수 차에 걸쳐 면밀히 분석했다. 그리고 비록 개인자격이지만 자발적으로, 〈의견서〉를 작성해서 고등법원 재판부에 제출했다.■

이 의견서의 핵심은 셋이다. 첫째, 제86차 정기총회에서 총회대의원들은 〈지방회 표준규약〉을 채택한 사실이 없다. 둘째, 〈지방회 표준규약〉은 각 지방회가 반드시 그대로 따라야 하는 '표준'이 아니며 단지 참고사항일 뿐이라고 총회대의원들이 명백하게 발언한 사실이 있다. 셋째, 총회장이 총회가 징계권을 행사한 사례라고 재판부에 제시한 3건은 오히려 총회에 징계권이 없다는 증거이다. 당연하게도, 이 셋을 입증하는 회의록을 복사해서 제출했다.

이 〈의견서〉를 제출할 때 필자의 개인적인 저술 2종을 첨부했다. 회중주의 정치체제를 해설한 공식적인 출판물이 있으면 제출하라는 재판부의 요청에 따른 것이다. 나는 2004년부터 약 6년간 교단 정기간행물의 편집위원으로 있으면서, 교단 정체성과 회중주의에 관련한 역사자료들을 찾아 정리해서 연속적으로 실었다. 미욱한 이 자료들을 묶어 발간한 것이 『순수교회의 회복』(누가출판사, 2006)이다. 또 2007년에 교단정체성에 혼란이 생겼을 때 나는 교단신문에, 우리 교단이 실천하고 있는 회중주의 정치체제가 무엇이며, 왜 그리고 어떻게 해야 하는지를

■ 이때 제출한 의견서를 [부록]에 전재한다.

구체적으로 다루고 비판하기도 한 특별기고를 연재했다. 2006년 9월 15일부터 2008년 9월 5일까지 33편의 글을 기고했는데, 이 연재 글을 모아 출간한 것이 『종교권력을 버려라』(가나다출판사, 2009)이다. 교단 명의로 회중주의를 공식적으로 출간한 해설 자료는 없지만 교단의 공식적인 매체에 연재한 글들을 통해, 우리 교단은 회중주의 정치체제를 실천하고 있다는 증거로 삼아달라는 취지였다.

K교회 (담임목사 반대)교인측은 고등법원 재판부에 제출한 필자의 〈의견서〉를 보고, 재판장을 경유하여 총회장에게 〈반대질의서〉를 보냈다. 핵심취지는 제86차 정기총회에서 〈지방회 표준규약〉을 채택한 사실이 있다는 총회장의 주장을 입증하는 명확한 근거자료를 제시하라는 것이다. 하나 더 말하자면, 지방회에서 개교회의 교인들을 징계한 사례를 찾아서 제시하라는 것이다. 물론, 이 두 가지에 대해 총회장은 실증적 근거자료를 찾지 못하리라는 것을 필자는 이미 확인한 뒤였다.

재판부는 이 반대질의의 답변기일을 2016년 3월 초순으로 정했다. 총회장 및 총회임원회는 〈반대질의〉에 답변기일까지 아무런 답변을 못했다. 당연하다. 다만, 답변기일이 다가왔을 때 재판기일을 미뤄달라고 요청하여 이 사건의 재판기일이 6월 16일로 미뤄졌다.

구원 사건은, 개인이 '지상교회'의 지체가 되는 사건이다

이제 우리의 주제를 돌아보자. 성경은 그리스도의 몸, 그리스도의 신부는 '교회'라고 명백하게 가르친다(엡 5:23, 골 1:24). 즉, 하나님의 은혜와 그리스도의 구속은 신자 개인에게서 시작하고 끝나는 사건이 결코 아니다. 개인의 구원 사건이 교회와 상관없이, 교회 밖에서 일어날 수 있으며 교회에 얽매이지 않고도 경건한 신자로 존립할 수 있다는 생각이 영향력을 발휘하는 것은 근세의 개인주의적 사고방식이 파고든 탓이다. 이 경향에 대해서는 이미 초대교회의 교부들이 '교회 밖에는 구원이 없다'(Extra ecclesiam nulla salus)라는 말로 경고했다.

교부들이 이 명제를 말할 때에는 말씀과 성령에 의해 유기적으로 연합된 회중을 염두에 두었을 것이 분명하다. 하지만 이 명제 특히 '교회'라는 말은 중세시대로 접어들면서 교회를 부패시켜 사제주의를 구축하고 옹호하며, 자연주의적 및 제도주의적 종교로 변질시키는 데 이용되었다. 교회회의는 사제들이 독점하는 회의가 되었다. 종교개혁기에 이 오류를 바로잡기 위해, '교회'를 '성도의 회'와 '성도의 교제'로 보강하려고 했지만 충분치 않았다. 결국, 충분한 통찰력을 갖춘 교회론은 잉글랜드 청교도들의 '회중주의'(congregationalism)라는 이름으로 등장했고, 침례교인들의 특수주의 교회론(particularism 혹은 associationalism)에서 완성되었다. 하지만 특정 교파의 유별난 노선으로 치부되고 말았다.

교회론을 학구적 담론, 바람직한 이상형으로 간주하는 순간, 종교개혁가들이 뜨거운 피를 흘리며, 땀과 눈물로 세운 교회를 하찮은 것으로 격하시키고 그리스도의 신비적 몸을 박살내기 시작한다. 개인주의와 이기주의 그리고 편의주의라는 세균으로 오염시키기 시작한다. 곪아터진 상처마다 경건주의로 덮고, 겉만 반짝거리는 사이비 복음주의로 치장하고, 화려한 건축물을 교회로 간주하기 시작한다. 결국, 비본질적인 것들로 가득 채워진 허상을 진짜 모습으로 착각하게 된다.

이쯤 되면 교회론은 '교회 개척하기'와 '예배당 건축하기'의 초보적 관념을 제시하고 '교회경영기술'로 재빨리 대체된다. 사실상, 교회론은 목사가 성도들을 다루는 목회기술과 목사가 기술을 거는 대상인 성도들에 대한 논의를 정당화하는 담론으로 축소된다. 수많은 교회문제, 분규사태에서 교회론적 원칙은 이상적인 원칙으로 되뇌어지다가 내팽개쳐진다. 목사의 권한을 독재적 권력으로 정당화하는 데에만 활용될 뿐이고, 사안을 정리하고 근본을 바로잡는 기준을 제공하는 경우는 거의 없다. 이것이 한국교회의 실상이다.

교회론은 구원론만큼 학술적인 동시에 현실적이며 구체적인 것이다. 구원론이 신자에게 신앙의 신비를 체험하도록 이끌어주는 체계적-실천적 담론인 것처럼 교회론도 그렇다. 구원적 신앙은 신자 개인이 하나님의 존재와 능력 그리고 그리스도의 구속을, 성령의 은혜로 말미암아, 믿는 것으로 끝나는 것이 아니다. 그렇게 활용되어서는 안 된다. 그렇다고 다가올 재림사건과 하나님 나라를 대망하는 것으로 즉각적으로 도약해서도 안 된다. 이렇게 건너뛰면, 이원론적 세계관을 끌어들여 현실도피를 정당화하고 현실의 악과 불의를 외면하는 비겁한 종교로 전락하기 십상이다.

구원적 신앙은 실질적 구원 사건의 시작점인 동시에 실질적 교회의 시작점이다. 구원적 신앙은 하나님의 영광이라는 목적을 지향하는 추동력, 그리스도의 지상적 몸인 신비적 연합, 함께 몸 된 교회를 구성하는 다른 성도들과 더불어 교회적 사명 실행의 참된 출발점이다. 그러므로 구원론 특히, 성화론과 교회론은 병행하면서 성도의 삶이 똑바로 일어서도록 그리고 달려나가도록 서로 균형을 잡아준다. 성화는 삼중적 동심원처럼 개인의 차원, 교회적 차원, 사회적 차원을 갖는데, 이 차원들을 실현할 때 본질적 교회는 가시화된다.

성도는 건전한 교회문화, 지위고하를 막론하고 차이에도 불구하고 함께 어우러져 일하는 방식, 빈부귀천에도 불구하고 주 안에서 서로를 용납하고 존중하는 태도, 의견충돌을 그리스도 안에서 발전적으로 해결할 능력뿐만 아니라 서로의 인격에 손상을 가하지 않는 예의범절 등을 함양하고 발전시키고 보존하고, 다음 세대에 계승해주는 책임을 이행해야 한다. 이 책무는 성도 개인의 책무인 동시에 그리스도와 성령에 의해 하나로 묶인 성도, 개인이 아닌 공동체가 '회중'이 되는, 즉, 하나의 유기체인 교회가 완수해야 할 책무이다. 마치 소들이 한 멍에에 함께 묶여 밭을 가는 것처럼, 낯선 타인들이 부부가 되어 함께 가정을 꾸려가는 것같은 공동의 의무이다.

교회의 책, 성경과 교회회의록은 어떤 의미인가?

성경은 하나님의 말씀을 정확무오하게 전달해주기 위한 기록물인 동시에 정확무오한 기록물이다. 성경은 하나님의 말씀을 그대로 전달하기에 신적인 책인 동시에, 신적 권위에 의해 정확무오함이 보증된 책이다. 하나님에 의한 창조의 '좋음'과, 하나님에 의한 종말의 '좋음' 사이에 놓인 하나님의 교회는 어떻게 이뤄져야 마땅하고 어떤 일을 어떻게 수행해야 하는지, 하나님을 어떻게 경외하고 영화롭게 해야 하는지에 대한 하나님의 생각을 드러내는 신성한 기록물이다.

하나님을 알고 싶지 않고 섬기고 싶지 않고 사랑하고 싶지 않은 것이 죄라면, 죄를 씻어낸 성도는 하나님 알고 섬기고 사랑하기를 간절히 원해야 한다. 이 '자발적 염원'은 일차적으로 하나님의 자기 계시, 그 계시의 기록물인 성경을 지향해야, 의미있는 염원이 된다. 성경에서 창세 전부터 예비하신 모든 축복을 찾아낼 뿐만 아니라 '교회'를 진정 하나님의 교회로 만들어줄 기준을 찾아내고, 그 기준에 철저하게 부합하여 "하나님의 보시기에" 좋은 교회를 이룩하고 유지하는 능력을 오직 성경에서만 찾아내야 한다.

죄인이 성령의 은혜로운 역사에 의해 그리스도와 연합하고 성도들과 연합하여 말씀의, 말씀에 의한, 말씀을 위한 교회가 될 때, 그리스도가 주권을 가진 교회를 이룰 때, 하나님과 그리스도는 참으로 영광을 받으신다. 이런 교회를 이루고, 교회적 사명을 성취하는 것이 지상성도의 사명이다. 죄인이 성도가 되어 땅 위에서 이런 교회를 이루고 교회적 사명을 완수해나갈 때 하나님의 말씀은 그 목적을 성취한다.

이 과정에서, 교회에 진정 필요한 신학이란 무엇일까? 성경적 신학

본질적 교회를 추구하고 있다고

확신할 때까지는

마음을 놓지 말라

이라는 답변은 대개의 경우 목사가 추종하며 연구하는 이상적인, 학술적인 신학을 가리킨다. 이런 의미에 가까운 신학일수록, 그 신학이 아무리 참되고 좋은 것이더라도, 목사의 신학으로만 머물면 그만큼 비실제적인 신학이 될 여지도 커진다. 교회라는 회중 전체가 설교와 기도와 실천을 통해 매일 추구하고 연단하는 '신학'이 교회의 실제 신학이다. 이런 의미에서 보면 대개의 한국교회의 신학은 '기복신학'이다. 무속적 기복신학은 한국교회의 출발점이라고 해도 과언이 아닐 것이다. 그런데 이 무속적 기복신학을 극복할 책임은 '한국교회'라는 전체만이 아니라 각 교회들에게 있다. 각 개인보다도 각각의 '교회'라는 그리스도의 몸에게 가장 큰 책임이 있다.

교회라는 유기체에 물들어 있고 달라붙어 있으면서 교회를 육적인 공동체로 만드는 죄악들을 극복하여 교회다운 교회의 모습을 견지할 책임, 기복신학을 극복하고 참된 신학을 회복하는 과정, 그 치열한 역사를 확인할 수 있다면 정말 도움이 될 것이다. 그렇다면 어디에서 확인할 수 있을까? 자신이 몸담고 있는 교회가 이런 교회로 발돋움하고 있는지, 성도들이 이런 회중으로 성장하고 있는지, 아니면 돌이켜 퇴보하고 있는지를 반드시 확인해야 한다면 어디에서 확인해야 가장 정확할까? 바로 교회회의록이다. 교회회의록에서 이런 모습이 나타나는 교회가 본질적 교회이다.

교회회의록은 하나님 앞에서, 천사들과 성도들 앞에서 풀어놓을, 영적 전투의 생생한 기록이며 증거물이며 간증이어야 한다. 교회회의록은 그리스도의 몸 된 교회의 행적에 대해, 하나님의 법정 앞에 제출될 기록물이다. 그러므로 교회회의록은 그리스도의 것이며, 하나님의 것이다. 그런데 이 땅의 교회들이 가지고 있는 교회회의록은 성도들이 하나님과 그리스도를 위해 흘린 피와 눈물과 땀의 기록으로서의 회의록이 아닌 경우가 대부분이다. 그래서 문제가 점점 걷잡을 수없이 터져 나오지만 해결은 요원하다.

참된 교회의 징표, 종교개혁 신학이 지향한 세 가지

종교개혁 전통을 잇는 신학서적은 '참된 교회의 징표'라는 항목을 다루고, 참된 교회임을 가시적으로 나타내는 표식은 (1) 하나님의 말씀을 올바로 선포하는 것, (2) 올바른 성례전, (3) 올바른 권징, 이렇게 셋이라고 가르친다. 조직신학의 교회론은 이 셋이 있으면 참된 교회라고 정의하는 셈이다. 그렇다면 우리는 조직신학 책에서 배운 대로 이 셋만 올바르게 하면 되는가? 이 세 가지만 올바르게 시행하는 교회는 참된 교회인가?

머리로는 어떻게 정의하고 개념화하는지는 몰라도 실제로는 우리는 이 세 가지 징표만 올바르게 시행하는 교회를 찾는다. 결과적으로, 말씀대로 설교하며 실천한다고 주장하고, 복음주의를 표방한다고 주장하는 정통교단에 속한 교회들을 찾는다. 은혜를 사모한다지만 영적 분별력이 없고 진짜 좋은 교회를 경험해 본 적이 없으니 '올바르게'라는 말의 진짜 내용은 모르고 그럴듯한 교회를 선택하게 되는 것이다. 그러면서도 자신이 택한 교회가 어떤 신학노선을 따르는지, 어느 교단에 속했는지, 어떤 역사를 배경으로 하는지, 그 진짜 뿌리가 무엇인지, 전혀 알지도 못하고 알아볼 생각도 하지 않고 관심도 없다. "쇼"에 목숨과 운명을 건 꼴이다.

"인자를 천대까지 베풀며……아비의 악을 자여손 삼 사대까지 보응하리라"라는 말씀을 간과해서는 안 된다(출 34:7, 민 14:18, 신 5:9). 이 말씀은 개인뿐만 아니라 민족과 나라에게까지 적용된다면 당연히 '교회'에도 적용된다. 그렇다면 교회도 개인처럼, 그리고 민족처럼, 지난날의 과오를 청산해야 한다.

삭개오가 "만일 뉘 것을 토색한 일이 있으면 사배나 갚겠나이다"라고 말한 것처럼 교회도 자신의 행적을 청산해야 한다. 이렇게 하기 위해서는 교회의 역사기록물이 있어야 한다. 교회회의록이 있어야 한다. 그래야 교인들은 자기 교회의 옛 기록에서, 하나님을 부끄럽게 한 일들을 일일이 찾아내 바로잡기 위한 유의미한 시도를 할 수 있다. 젊은 세대는 옛 세대의 과오를 자신들의 눈으로 살펴보고 지금 무엇을 할지를 알 수 있다. 이렇게 하는 교회가 본질을 추구하는 교회이며, 그나마 안심하고 다닐 수 있는 좋은 교회이다.

성경적 교회 전통 세우기, 올바른 교회회의

06

교회는 기본 즉, 근본원칙으로 돌아가면 문제가 없다. 그렇다. 이 명제는 옳다. 그러나 이 명제는 그 근본원칙이 무엇이냐는 질문과 도대체 이 근본원칙은 어디에서, 교회의 어떤 장면에서, 확인할 수 있느냐는 질문에 대해 명확하고 정확한 답변을 하기 전에는 추상적인 선언일 뿐이다. 확정적으로 말하자면 무지한 성도 앞에 불순한 의도를 드러내는 말일 뿐이다. 교회의 기본인 근본원칙이 무엇인지를 구체적으로 확인하고, 그 원칙을 벗어난 지점과 이유를 찾아서 바로잡아야 한다. 어떤 점에서는 이것이 종교개혁의 실천적 적용이라 할 수 있다.

근본원칙을 어긴 탓에 발생하는 부작용은 쉽게 확인된다. 그러면 그 부작용을 제거하면 근본원칙은 회복된 것일까? 발가락에 물집이 생겼을 때 물집은 원인이 아니라 결과이다. 일반적으로, 원인은 여럿이다. 무좀 때문일 수도 있고, 신발 때문일 수도 있고, 양말이 문제일 수도 있고, 너무 많이 걸었기 때문일 수도 있다. 분명코, 이미 생긴 물집을 제거한다고 해서 장차 물집이 생기지 않는다는 보장은 없다. 물집을 제거하는 것과, 물집이 생긴 원인을 제거하는 것은 별개의 일이다.

물집을 제거하려다가 그 물집이 염증으로 발전하면 또 다른 문제가 된다. 더군다나 만일 발가락 물집이 염증으로 도졌는데 이 사람이 당뇨병을 심하게 앓고 있는 경우라면 근원적 치료를 위해서는 혈당관리, 식단조절, 운동량 등도 점검해서 처방하고 그대로 실천하도록 하지 않으면 안 된다. 이처럼 기본적인 것은 손쉽고 간단한 것이 아니다. 본질적인 것 혹은, 본질에 관련된 것이 바로 그렇다.

오늘날 한국교회에서 흔히 분쟁이 없고 재정을 투명하게 공개하고 목사가 권위주의적이지 않으면 좋은 교회로 간주된다. 그러나 이것은 한국교회가 너무 부패해지고 불량스러워진 탓이다. 세속적인 관점에서 볼 때에 지극히 상식적인 행정을 하는 정도에 불과하기 때문에 정말로 좋은 교회라 할 수 없다. 상식적인 교회가 좋은 교회라는 평가는 말이 맞지 않는 언어도단이다. 세상의 소금과 빛의 역할이 아니라 세상을 따라잡기에도 버겁다는 뜻이기 때문이다. 행정은 외형일 뿐이니 복음만 들으라고 말해줄 수도 없다. 삶이 실종되기 때문이다. 예배는 교회의 존재이유 가운데 핵심이며, 가시적 종교의식이 아니라 비가시적인 예배, 삶으로 드리는 예배가 더욱 본질적이기 때문이다. 그러니 교회의 사명은 말씀과 은혜가 충만한 예배의식에서 완성되는 것이 아니다. 하나님께 합당한 영적 예배로서 하나님의 의와 거룩이 더욱 충만한 삶을 살아가는 성도로 양육할 수 있어야 한다.

정말 참되고 좋은 교회를 어떻게 하면 만들 수 있고, 어떻게 하면 그 좋은 상태를 다음 세대에 그대로 전해줄 수 있고, 다른 교회들도 이렇게 만들 수 있는가? 가장 기본적인 방안은 무엇일까? 좋은 교회를 만들 수 있는 현실적인 실천방안 가운데 반드시 회복해야 할 것은 무엇일까? 이러한 문제에 대한 해답은 바로 '교회회의'에 있다.

교회회의, 좋은 교회의 바로미터

종교개혁가들은 교회회의를 어떻게 진행해야 옳은지에 대해 거론하지 않았다. 아니, 그렇게 보일 뿐이다. 누군가가 보여주는 것을, 그대로 수용하는 데 익숙해진 탓에, 우리는 가장 기본적인 것은 당연히 무시해버리고 아주 특별한 것들만 보기를 바라다가 진짜 중요한 측면을 간과한 것 같다. 기독교의 역사는 교회의 역사이며 '회의'의 역사이다. 서구문명이라는 것도 회의에 의해 사회를 유지하고, 회의에 의해 법과 절차를 만들고, 회의에 의해 재판을 하는 전통 위에 세워졌다. 게르만족이 유럽에 이주하여 로마제국을 대신하는 수많은 부족공동체를 만들어 중세봉건사회를 만들었지만 '회의'라는 전통을 근본적으로 제거하지는 못했다. 봉건사회가 계급사회이며 군주권과 영주권을 인정하고 주민들을 예속시켜, 사회를 수직적으로 통합하는 회의는 거의 사라졌지만 수평적 회의는 사회와 교회에서 면면히 유지되었다.

16~17세기 종교개혁도 무수한 회의와 회담, 토론회의 연속이었다. 종교개혁적 조치들은 단지, 목사가 강대상에서 이것이 옳고 저것이 틀렸다고 선포하고 영웅적으로 추진해서 이뤄진 것들이 아니다. 독재권

을 가진 누군가가 앞장서서 교회를 휘어잡고 주도한 것도 아니다. 루터 특히, 칼빈을 이런 식으로 묘사하는 것은 영웅사관에 물든 부정확한 이해의 소치이다. 종교개혁의 주무대였던 곳들의 국체(국가체제)는 여전히 '연방제'라는 것도 시사하는 바가 크다.

종교개혁은 시민권의 부상 및 확대와 맥을 같이 한다. 종교개혁가들이 사제주의를 거부한 것은, 교회의 본체가 사제집단이고 사제들만이 교회회의에 참석하여 발언하고 투표하고 선거할 권한이 있다는 입장을 거부한 셈이다. 종교개혁은 변방의 들러리 신세였던 평신도를 교회의 주역으로 되돌려놓는 작업이었다. 교회회의에 참여할 권한, 자신이 몸담고 있는 교회문제에 직접 참여할 권한을 돌려주기 위한 노력이었다. 평신도는 비록 목회직에 대한 직접적인 피선거권에 대해서는 제한적으로, 그 외의 사안에 대해서는 발언권, 투표권, 선거권을 가져야 하고 교회의 중요문제를 결정하는 데 적극적 참여가 보장되어야 한다는 입장의 천명이 곧 종교개혁이었다. 감리교회의 당회, 장로교회의 당회(공동의회, 교인총회)와 제직회, 공동의회, 침례교회의 교인총회(사무처리회)는 모두 개교회의 본체인 평신도들의 의사결정권과 자치권을 온당하게 보장하기 위한 방편이었다.

교회는 고유의 회의법을 통해 규칙을 개정하고 직분자를 임면하고 업무를 규정하고 분장하고 처결한다. 교회회원 명부와 회의록을 철저히 기록하고 보존하면 혼란을 최대한 방지할 수 있다. 그렇다면 오늘날 한국교회가 이처럼 부패하고 자정능력조차 상실하게 된 것은 각 교파별 교회가 쌓아온 회의전통을 상실한 것도 주요한 원인이다. 교인이 되고자 한다면 그 교회의 정관(교회규약)과 그 교회가 속한 교단 헌법을 살펴보고 더불어 그 교회의 과거 회의록을 보유하거나 열람하도록 해야 한다. 그러나 현실은 달랐다. 교인의 거의 대부분은 자신이 몸담은 교회 및 교단의 역사와 현안에 대해서 전적으로 무지하다.

당연하게도, 모든 교회는 자기가 속한 교파의 신조와 강령을 철저히 해석해서 가르쳐야 한다. 이런 신조 교육 이외에 각 교파의 원리와 정신에 부합하는 회의법을 가르치고 실행하며, 그 회의록을 보존하고 공개해야 한다. 이 전통을 확립하고 물려주는 것이 21세기 한국 개신교의 종교개혁이라고 단언해도 과언이 아닐 것이다. 회의를 할 줄 알고, 회의를 아름답게 진행할 역량을 길러줄 수 있는 교회가 사실은 진짜 교회이다.

자신이 다닐 교회를 물색하는 평신도 입장에서는 그 교파의 신조와 역사에 무관심할 수는 있다. 하지만 이 무관심은 정말 잘못된 선택이며 지독한 무지와 무책임이다. 과거도 묻지 않고 지금 어떤 가치관을 가지고 사는지도 모르면서 무작정 결혼부터 하겠다는 철부지 같은 처사이다. 아침에 출근하고 저녁에 귀가해서 밥 먹고 잠만 자면 충분하고, 살다가 임신하면 낳고, 낳아놓으면 아이들은 저절로 성장하는 그런 일이 벌어지는 곳이 가정이라고 생각하는 격이다. 좋은 가정처럼 좋은 교회도 구성원들이 함께 만들고 가꿔야 하는 것이다.

좋은 교회인지 나쁜 교회인지를 확인하려면, 그 교회 교인들 혹은 교역자에게, 적어도 지난 수년간의 교인총회(공동의회) 회의록을 열람할 수 있느냐고 물어보고, 그 답을 들어보면 된다. 교인총회 회의록에는 당연히 교회의 중요한 정책과 예결산, 교인관리 문제 등에 관한 처리절차들이 수록되어 있다. 반대의견을 제기할 자유와 이에 대한 처결이야말로 이 교회와 교인들의 영적 수준을 한눈에 파악케 하는 척도이다. 회의록은 그 교회역사의 핵심적인 사실과 목회철학 그리고 가치관을 그대로 보여주고, 장차 발생할 중대한 문제를 어떤 식으로 해결할지를 예시해준다. 입에 발린 미사여구가 아니라 실제 역사를 들여다봐야 하는 것이다.

회의록이 없는 교회는 미래가 없다. 언제든 순식간에 난장판이 되고 해결책을 찾지 못할 교회가 될 가능성이 크다. 회의록을 공개할 수 없는 교회는 떳떳치 못한 점이 많은 교회일 가능성이 크다. 1년에 1차씩 개최되는 교인총회(공동의회 혹은 사무처리회) 혹은, 매월 1차씩 개최되는 제직회에 참석해서 회의가 어떻게 진행되는지를 보라. 회의를 진행하는 의장의 수준을 확인해보라. 회의에 참석한 구성원들의 표정과 태도를 보라. 무표정하고 무기력하게 앉았다가 거수기 노릇을 하고 있는 교회라면 이 회중의 영적, 도덕적 수준에 대해서는 더 생각할 여지가 없다.

회의법 익히기, 종교개혁을 완성하는 방편

교회의 직분자라면 자신의 직분이 교회 체계 안에서 어떤 의미가

교회가 세상보다 못한 것은

교회회의를 상식 이하의 수준으로

하기 때문이다

있고 어떤 일을 어떻게 해야 하는지를 잘 알아야 한다. 교회의 지도자들이 필요해서 가르쳐주는 것을 수동적으로 받아들이는 것으로 만족해서는 안 된다. 직분자가 아니더라도 자신이 소속된 분과, 구역 혹은 선교회의 목적과 사업 그리고 회의규칙을 적극적으로 배우고 숙지해야 한다. 이 과정이 교회생활을 익히는 것이다. 이 과정을 통해 기독교인답게 살아가기를 배우고, '다른 이들과 함께 하기'를 익히는 것이다. 한국교회는 이 과정을 생략하고 성경공부 프로그램과 각종 활동 프로그램으로 건너뛴다.

개척 교회의 교인은 어쩔 수 없이 교회의 온갖 일에 참여하게 된다. 그래서 교회가 어떻게 돌아가는지 몸으로 익혀서 알게 된다. 물론 그렇다고 해서 교회론적 원칙에 부합하는 방식대로 돌아가는 것이 무엇인지에 대해 올바로 배우지 못하는 것은 아니지만, 교회론적 원칙에 부합하게 교회사무를 처결하는 그런 것이 무엇인지에 대해 눈을 뜨기도 전에, 온갖 잡일에 휘둘리다가 지쳐서 도망치듯 대형교회로 달려간다. 대형교회의 미덕은 '익명의 크리스천'으로 머물 수 있는 넉넉한 그늘을 제공해준다는 점에 있다. 그러다가 다시 상처를 받고 결국, 교회 출석을 중단한다. 교회 밖으로 떠돈다. 소위 '가나안 성도'를 자처하기까지 한다.■ 이것이 한국교회의 비극적 현실이다.

하나님은 예수 그리스도에게 죄인의 죄를 전가하고 예수 그리스도

■ '가나안 성도'라는 신조어에서 '가나안'은 '안 나가'라는 말을 뒤집은 것이다. 기독교 신앙과 구원의 확신을 유지하면서도 교회에는 '안 나가'는 성도라는 뜻이다. 여러모로 옛 '무교회주의'와 유사하다.

의 공로를 죄인에게 전가하여 의롭게 하여 성도로 세우고 교회에 합하게 한다. 그러나 교회는 교인에게 부채를 전가하고 노동을 착취하고 비인격적으로 다뤄 교회 밖으로 내몬다. 내몰린 교인은 알갱이처럼 흩어져 세상 속에 파묻힌다. 이대로 두면 소금이 짠 맛을 잃고 빛을 잃어버린 신자들만 남을 판이다.

한국의 종교개혁은 기독교 신앙인들이 다시 교회로 돌아와 교회를 함께 붙들도록 만드는 것이 핵심이어야 한다. 이것은 종래의 전통적인 교회를 뒤엎자는 말이 아니다. 중단된 교회개혁을 재개하여 16세기 종교개혁을 완성하자는 것이다. 평신도가 교회의 주역이 되는 회중주의를 충분히 실현하자는 말이다. 성경이 가르치는 회중주의는 목사와 평신도들의 권력 관계를 규정하는 그런 차원이 아니다. 각자의 직분이 하나님 앞에서 어떤 책무를 가지며 서로 어떻게 협력해야 하는지에 대한 선명한 가르침이다. 목사가 권력자가 아닌, 위임받은 목양자로서 주님의 양떼 사이에서 어떻게 처신하는지에 관한 원칙을 회복하고, 신자들 상호간에 어떻게 격조 높은 인격성을 확립하느냐 하는 방법론이다.

교회회의, 바르게 구현하기

이 방법론을 몸에 익히는 과정을 시작하는 것이야말로 종교개혁의 시작이다. 회의는 회의를 통해서 배우고 회의로 모여야 실천된다. 회의를 통해서 각자의 개성과 의견을 존중하고, 토의를 통해 각자의 차이

점을 발견하고 그 차이점을 좁혀가는 역량을 키울 수 있다. 무엇을, 왜, 어떻게 해야 할 것인지에 대한 '생각'을 제안하고 공유하는 그것에 예배와 삶과 교회의 본질이 닿도록 해야 한다. 한국교회는 참된 교회의 이 방법론을 버리고 군사독재의 원리, 효율성과 성과주의를 내면화하고, 이기적 경쟁에서 승리하는 것을 지상목표로 삼아왔다.

하나님의 영광을 이기적 자아성취와 동일시해왔다. 하나님의 말씀, 기본교리로 돌아가야 한다는 외침을 통해 '설교'의 개혁이 교회의 개혁의 전부인양 간주해왔다. 머릿속을 개혁하면 삶이 개혁된다고 가정하고 있다. 이것은 잘못이다. 머릿속을 개혁할 뿐만 아니라 어떻게 하면 그 개혁적 사고방식에 부합하는 교회적 실천을 모색하는 토의와 합의를 끌어내고 이어갈 것인가를 바르게 추구해야 한다.

회의를 올바로 할 줄 아는 역량을 제대로 확보하면 회중주의 및 종교개혁의 완성에 더욱 다가간다. 반면에, 잠자코 있으면서, 뉴스기사를 보면서 종교개혁이 필요하다고 아무리 개탄한들 이뤄지는 것은 하나도 없다. 구원 얻는 믿음이 있고 구원의 은총이 임해서 천국에 간다 한들 성도의 가장 중요한 책무에 대해서만큼은 빈손이다. 내가 속한 교회에서 나는 어떤 사람인가를 생각해보고, 내가 참여하는 소그룹을 바로 세울 정당한 절차는 무엇이며 올바른 합의에 도달해야 하는지를 깊이 생각해야 한다. 구성원들과 함께 고민하고 방안을 찾고 함께 실현하도록 해야 한다.

다수결이라는 속임수, 성경에 부합하지 않는다

07

최근 한국교회의 부패에 크게 한 몫을 하는 것이 '다수결'이라는 민주주의 표결방식이다. 교회가 의사를 결정할 때 성경의 정신에 부합하는 합의를 도출하려는 노력을 정직하고 성실하게 하지 않고 인본주의적인 '다수결'에 의존한 탓에 교회가 신속하게 속화(俗化) 즉, 타락했기 때문이다. 그나마 '다수결'을 제대로 했다면 인본주의적 화합이라도 이뤘을 것이다. 하지만 엉터리로, 속임수와 거의 다를 바 없이 운용한 탓에 다수결이 갖는 기본 취지와도 다르게 오히려 갈등이 깊어졌다. 한국교회의 부패는 교회회의가 타락한 데에서 원인을 찾을 수 있다면, 교회회의는 다수결 원칙을 엉터리로 휘둘렀기 때문에 부패했다고 봐도 무방하다.

우선 신자는 하나님 나라의 백성인 동시에 대한민국 국민이라는 점에서 이중국적자 신분이다. 준수해야 할 법률체계가 두 가지인 셈이다. 땅에 속한 법 체계 하나만 준수하기도 힘든 것이 자연인으로서의 인생이다. 그런데 예수 그리스도를 구주로 영접하여 하늘에 속한 신분을 추가할 때, 하늘에 속한 법 체계를 하나 더 준수하는 삶을 살아야 하는 인생이다. 평생토록 어렵고 힘든 삶의 방식을, 모범적으로 실천해야 한다는 자체만으로도 어떤 점에서는 그리스도의 '멍에'이다.

교회의 생명력, 법 아래 있는 회중

세상 법이 그리스도를 섬기는 법을 저해하지 않는 한 기독교인은 이 두 법 체계를 모두 준수해야 한다. 비록 이 두 법 체계를 조화와 긴장으로 설명할 수도 있지만 창조주 하나님의 법을 엄격히 준수한다면, 세상 법이 창조주 하나님을 반대하기 위해 만든 법이 아닌 한 대체로, 갈등은 크게 벌어지지 않는다. 문제는, 교인들이 세상 법 체계의 기준에도 못 미치게 될 때이다. 이런 상태라면 교회는 세상으로부터 지탄을 받고 하나님을 영화롭게 하지 못할 가능성이 대단히 커진다. 교회 안에서의 삶뿐만 아니라 교회의 생명력에도 부정적인 영향을 미친다. 오늘날 한국교회는 이런 부작용을 겪고 있다.

세상 법은 모조리 반기독교적이며, 하나님의 법에 무조건적으로 상극이라는 생각으로 이 이중적 상태를 벗어나려고 해봐야 소용이 없다. 대단한 착각이며 오류이다. 대한민국의 법은 상고시대는 말할 것도 없고 조선시대의 경국대전, 조선경국전 등의 법맥을 잇고 있지 않다. 대한민국의 헌법뿐만 아니라 법률체계는 기독교 문명에 뿌리를 둔 서구의 근대 법 체계를 도입해서 만들었기 때문이다. 그러니 갈등은 생각처럼 크지 않다.

한국은 자유민주주의를 천명하고 민주주의는 다수결에 의한 의사결정을 기본원리로 채택하고 있다. 반면에, 성경은 교회의 의사결정을 만장일치로 할 것을 요구하는 셈이다. 최소한 압도적 다수로 찬성 결의되어야 맞다. 따라서 교회가 만장일치 혹은 만장일치에 가까운 압도적 다수에 의한 결의를 한다면 민주주의적 사회 질서에 전혀 저촉되지 않는다. 대한민국 민법과 사법 체계에 호소할 이유가 없게 된다. 세상에서 법률이 요구하는 기준보다 도덕과 양심의 요구가 훨씬 더 높고, 종교는 세상보다 훨씬 더 높은 도덕적 기준을 가지고 있기 때문이다. 그러므로 하나님이 성경을 통해 우리에게 요구하는 미덕을 갖추고 이에 상응하는 행동양식으로 산다면 교인들이 세상에 해를 끼치지 않을 뿐더러, 교인들 상호간에 벌이진 (교회) 문제를 해결하기 위해 세상의 사법 체계에 의존할 일도 없을 것이다.

교회는 그리스도의 몸이며 교회의 머리는 그리스도이다. 그리스도는 하나님의 뜻에 철저히 순복하여 하나님을 영화롭게 하고자 하며, 성령을 보내 성도들을 진리로 깨우쳐 하나로 결속시킨다. 진리와 성령으로 하나 된 회중은 한 마음으로, 그리스도의 멍에를 멘다. 거꾸로 말해도 된다. 그리스도의 멍에를 함께 메기 위해 하나가 된 성도들을 회중 즉, 본질적 측면에서의 교회라고 말해도 된다. 이때 진리와 성령으로 하나 됨을 이루는 과정과 체계를, 신학적으로 정립한 것이 회중주의이다. 따라서 당연하게도, 회중(하나가 된 성도)은 하나님의 말씀과 성령을 따른 만장일치를 지향한다(롬12:6, 15:5, 엡1:10, 4:3~4). 회중주의는 교회의 머리이신 그리스도의 직접 통치를 구현하는 제도이며, 따라서 복음주의의 교회론적 완성이다.

교회는 말씀 앞에서, 양심적으로 하나 됨을 추구한다

교회(회중주의)는 제도적 측면에서 평등성과 자발성, 양심과 언론의 자유, 권리와 의무를 하나님 앞에서 보장하고자 한다. 이것은 개혁주의의 '코람데오'(Coram Deo, Before God) 정신을 실체적으로 구현하는 하나의 유기체가 되자는 정신이다. 당연하게도 만장일치를 추구해야 마땅하다. 현실적 한계로 인해 어느 정도 양보하더라도, 어떤 사안에 대해 과반수를 넘어선 75~90%의 찬성을 의결정족수로 해야 맞다. 나아가 규칙 혹은 중요 사안은, 이중결의를 해야 맞다. 즉, 의결정족수를 넘긴 결의를 했더라도 다음 회기에 한 번 더 가결시켜야 효력이 발생되도록 해야 한다. 이런 제도적 측면을 지향할 때 비로소 회중주의라 할 것이다.

의결정족수를 회원의 2/3(66.6%)로 한다는 것은 반대자의 1표는 찬성자의 2표에 해당하는 비중을 부여한 셈이다. 반대자는 동조자를, 찬성자 전체의 절반만 끌어 모아도 의안을 부결시킬 수 있다. 반면에 의안 찬성자들은 반대자들보다 동조자를 2배나 끌어 모아야 한다. 이것은 의안 찬성자들은 의안에 대해 그만큼 치열하게 연구하고 동기를 부여하고 설득력을 높여야 한다는 뜻이며, 반대자의 의견을 그만큼 존중한다는 뜻이다. 다수파의 횡포가 염려되면, 혹은 1백년 가까이 오래된 교회들이 그렇듯이 혈연과 지연에 매인 교인들이 많은 지역교회에서 다수를 차지하는 특정 인사들의 몰표가 염려된다면, 그만큼 의결정족수를 더 높여야 소수파가 합리적 균형을 잡을 수 있는 가능성이 그만큼 더 커진다. 이렇게 할 수 있는 교회가 좋은 교회이다. 성경이 만장일치를 말하는 이유를 돌아보아야 한다.

대부분의 교인들이 서로를 너무나 잘 알 수밖에 없는 지역공동체를 기반으로 할 때에는 교회회의에서 안건을 놓고 표대결을 벌일 사안은 별로 없었다. 70년대 이후, 한국사회가 급격하게 산업화, 도시화, 이농, 신도시 개발과 집단주거 환경의 발달로 인해 대형교회가 양산되면서 왠만한 교회의 교인총회(공동의회, 사무처리회)는 양적으로 비대해져서 의안에 대한 전체 토론 및 심의가 불가능해졌다. 전권을 위임받은 위원회 혹은 당회의 권한이 비정상적으로 커진 이유이기도 하다. 한국의 대형교회는 익명성과 형식주의를 담보로 비대해졌고, 분절된 예배공동체로서의 상징성만 커졌고, 회의체로서의 소통과 화합은 비정상적으로 약화될 수밖에 없는 시대흐름처럼 보이는 부분이다.

본래적으로, 교인수와 교회회원의 수는 일치해야 하고 주일예배 출석자수와 교인총회 참석자수는 동일해야 맞다. 그러나 현실 세계에서 이런 수준의 교회는 거의 없다. 그렇더라도 마음에 드는 교회를 골라서 예배를 드리면 된다거나 교인총회는 참가해야 할 이유가 있을 때만 가고 골치 아픈 문제로 시끄러워질 것 같으면 안 가도 괜찮게 여기게 되는 부작용을 낳은 것이다. 이것은 정말이지, '우리 교회'라는 관념은 내가 고정적으로 출석하고 잘 적응해서 그럭저럭 어색하지 않게 잘 지내는 교회라는 의미만 남게 되었다. 교회를 움직이는 실세인지, 주류인지, 비주류인지는 또 별개의 문제인 셈이다.

결과적으로, 교인총회는 교회회원권을 가진 즉, 예수 그리스도를 구세주로 고백하고 몸 된 교회를 구성하는 지체가 된 회원들의 총회이므로 원칙적으로, 모든 교인이 참석해야 할 의무가 있다. 현실 여건을 감안해도 90% 이하의 교회 회원이 참석한다는 것은 부끄러운 일이다. 그럼에도 불구하고, 회의소집에 응하여 교인총회에 참석한 수 그 자체를 개회정족수로 규정을 바꾼다. 이 관행이 갖는 심각한 문제를 외면한다. 사랑의교회(담임목사 오정현)는 교회 신축에 관련한 안건과 예산안 등을 처리하기 위해 2014년 1월 12일에 공동의회를 개최했다.■ 어떻게 했을까? 주일 1부~4부 예배 때마다 공동의회를 개최했고, 연인원 2만 3천여 명이 참석하여 주요 안건 당 96% 이상의 찬성으로 통과시켰다. 2014년도 예산안의 경우, 2만 2772명(96.8%)이 찬성하고 429명(1.9%)이 반대하고 311명(1.3%)가 기권했다. 안건에 대해 장로의 설명을 듣고 '기립'으로 표결을 했는데 비디오로 판독했단다. 여기에는 몇 가지 문제가 있다. 2014년도 예산안 찬성률이 96.8%라고 하지만 기준은 예배 참석자수인 것이 분명하다. 일설에 의하면 당시, 사랑의교회 예배참석

■ 사랑의교회 2014년 공동의회에 관련해서는, 세 기사를 비교분석하면 충분할 것이다.
http://www.newspower.co.kr/sub_read.html?uid=23983,
http://www.christianstandard.co.kr/news/articleView.html?idxno=114,
http://christian.nocutnews.co.kr/show.asp?idx=2749109

자수는 약 3만 5천 명이라고 한다. 만일 3만 5천명이 맞다면 2014년도 예산안은 의결정족수 2/3(23,333명)를 넘기지 못했으므로 부결되었다.■ 그렇다면 문제는 사랑의교회의 공동의회를 구성하는 지체들의 정확한 수는 얼마나 되며, 회원명단을 확인했느냐에 있다. 공동의회를 주일 1~4부 예배 때마다 모였는데, 각 회원은 양심적으로 1회씩만 공동의회에 출석해서 표결했을까? 모를 일이다.

장로회 합동측에 속한 또 다른 대형교회인 왕성교회의 공동의회를 살펴보자. 2012년 10월 7일 왕성교회 공동의회는 길자연 목사의 아들 길요나 목사를 후임(담임) 목사로 결정했다. 당시 공동의회는 1530명이 참석하여 1035명이 찬성하고 441명이 반대했다. 의결정족수인 2/3(1,020표)를 15표 넘겨 의안을 통과시켰다. 아슬아슬하게 통과했다. 그런데 당시 왕성교회 교인수는 1만 명을 넘었다고 한다.■■ 보통, 입

■ 사랑의교회는 이날 공동의회에서 의결정족수를 개정하는 안건을 통과시켰는데, 종전의 모든 안건의 의결정족수를 2/3로 규정했다가 일반 안건에 대해서는 과반수 찬성으로 가결하는 것으로 개정하자고 요청하는 안건을 통과시켰다고 한다. 그러므로 2014년 1월 12일 당일의 의결정족수는 2/3 찬성이다. 여기에 두 가지 문제가 있다. 하나는, 참석자의 2/3가 의결정족수라면 장로교 헌법의 입교인 자격을 갖춰야 하는데 어떻게 정확하게 확인하느냐의 문제가 남아 있다. 또 하나는, 장로교회 공동의회에서 다루는 안건은 먼저, 당회의 의결을 거치고, 1주일 이상 공시하는 것을 전제한다. 만일 당시, 사랑의교회 당회원 52명 가운데 20명이 연대해서 공개적으로 반대할 경우라면 비록 당회원 과반수가 찬성할지라도 재고하며, 합리적으로 의견을 조절해야 교회다운 것이다. 의결정족수를 과반수로 낮추고, 기습상정을 시도하여 강행하는 악폐가 교회회의에 들어오는 것은 교회의 대형화가 야기한 결함이다.

■■ http://www.hani.co.kr/arti/society/religious/554751.html, 이 한겨례 기사에 따르면, 왕성교회 공동의회는 엄격하게 통제되고, 반대의견을 묵살하고 강압적인 분위기에서 진행된 것이 분명하다. 왕성교회는 신림동 왕성교회(길자연 목사)가 과천 왕성교회를 지교회로 개척했다가 다시 합병하는 안건을 놓고 2012년 7월 15일에 과천 왕성교회 공동의회에서 4백여 명이 참석하여 합병안을 부결시켰지만 9월 9일에 공동의회를 열어 합병안을 재상정하여 참석자 127명 중 68명 찬성, 58명 반대, 기권 1명으로 통과시켰다(이에 대한 기사는, http://craaha.com/board_1137/3948 참고).

교인수를 교인수라고 말하는 관례를 따른다면 이 공동의회는 최소한 6,500명 이상이 참석하여 만장일치를 해야 재적교인 2/3 찬성으로 통과되는 것이니 1530명이 참석한 공동의회는 아예 성립되지도 않는 회의라고 봐야 한다. 당시 왕성교회 당회원(장로) 수는 99명이라고 하는데, 이 가운데 90명이 시무장로라고 가정하고 세례교인 25인당 1인의 장로를 세울 수 있다고 해도 입교인은 최소한 2250명이다. 따라서 1,500명 이상이 찬성해야 의결정족수를 채운다. 따라서 당시 참석한 1530명이 전원 찬성해야 했다. 당시 왕성교회 표결방식은 이 원칙론을 비껴갔다.

엉터리 다수결, 과반수 결의에 만족하지 말라

민주주의를 실현하는 방법론으로 '과반수 의결'을 채택하는 까닭은, 회의체 구성원의 절반이 찬성하는 동의안이 무엇인지를 찾아서 그 방향으로 회의체가 움직여 나아가자는 취지이다. 의견이 다르고 갈등을 벌이더라도 회의체의 절반이 넘는 구성원이 찬성한다면 중도에 좌초되지 않고 '안정적으로' 진행할 수 있다고 보는 것이다. '안건'에 대한 안정성은, 안건에 대해 반대할 기회를 공정하게 주고도 찬성자가 회원의 절반을 넘는다는 것에서 찾자는 것이다.

교회가 성경에서 요구하는 수준으로 하나가 되려면, 정말이지, 재적교인의 과반수가 회의에 참석해도 부족한 것이다. 참석자의 전원이 찬성

교회가 다수결을 고집할수록

성경적 기준에서 멀어진다

해도 재적교인의 과반수에 불과하거나 못 미치면, 의안 반대자들의 저항이 만만치 않기 때문이다. 성경적 교회가 되려면, 어떤 경우라도 재적교인을 기준으로 2/3 이상이 찬성해야 맞다. 이 기준이 지나치게 엄격하다고 느낀다면, 이 기준이 지나치게 이상적이어서가 아니라 그 반대로, 교회론이 지나치게 퇴락하고 저열해진 탓이다. 왕성교회의 경우, 1만 명이 넘는 대형교회의 담임목사직을 세습하는 데 불과 1/10이 참석한 공동의회에서 참석자의 과반수 의결로 가까스로 통과시켰다. 이것은 담임목사의 권위와 교회의 안정성이 매우 위태로운 현실을 초래한다. 그래서 왕성교회는 장로교회임에도 불구하고 장로교 헌법에 정면으로 위배하는 규칙들을 담은 교회정관을 채택하여 물의를 일으켰다.■ 장로교회의 공화정체제와, 당회-노회-총회의 3심제를 훼손하여 독재정을 추진한 셈이다. 본질적으로, 중세적 주교제도로 회귀하는 중이다.

결론적으로 말하자면, 한국교회는 교회의 규모를 떠나 교회론의 성경적 원리를 짓밟고 있다. 그러면서도 교회의 안건들을 '다수결'이라는 민주주의 방식으로 처결했다고 스스로 기만하고 있다. 반대의견을 압살하고, 적극적인 반대자들을 이러저러한 방법으로 몰아내거나 교회를 떠나게 만들어놓고 찬성자를 중심으로 겉보기만 과반수를 만드는 편법을 동원한다. 이것은 속임수일 뿐이다. 그래서 교인수 1백여 명 정도의 교회를 목회하던 아들 목사가 아버지 목사가 목회하던 1만 명이 넘는 교회를 물려받는다. 그리고 반대파 교인들을 손쉽게 제명할 수

■ 이에 대해서는 http://www.dalang.tv/sub_read.html?uid=416에서 확인할 수 있다.

있고, 교회재산을 손쉽게 처분할 수 있도록 교회정관을 만들거나 개정한다. 대형교회의 위세에 교단 행정이 압살되어 교단 차원에서도 변변히 대응하지 못한다.

한국교회가 대형화되고, 중요 안건들이 이처럼 어처구니 없이 통과된 이면에는 교회가 본질적으로 회의체(성도의 교제)라는 점을 이해하지 못하고, 교회회의 규칙과 예절이 얼마나 엄정해야 하는지에 대해 숙지하지 못한 탓이다. 부패한 한국교회를 개혁하려면 종교개혁 신학에 매달리는 것만으로는 절대적으로 부족하다. 먼저, 민주주의 회의방법론을 적절하게 구현하는 교회 질서를 회복해야 하고, 그 다음에는 회중주의 정신(진리와 성령으로 하나 되는 과정과 체계)을 충분히 구현하는 투쟁을 해야 한다.

결론적으로, 한국교회를 개혁하고자 한다면 교회에서 각종 회의가 열릴 때 충분한 토의를 통해 그 안건의 내용과 여파에 대해 충분히 숙지한 뒤에, 또한 표결을 하기 전에 '이 안건은 찬성표가 몇 표가 나와야 정당하게 의결되는 것인지'를 먼저 확인, 공표해야 한다. "의장님, 이 안건은 동의안이 몇 표가 되어야 채택되는 것입니까?"라고 묻고, 의장은 몇 표가 나와야 결의된다고 명확하게 확인해주어, 회원들에게 왜 그 숫자가 합법적인지를 분명하게 이해시킨 뒤에 표결에 들어가야 한다. 이는 회원의 확인과 참여로 시작된다.

만일 왜 그 숫자가 의결정족수인지 납득이 되지 않는 회원은, 의장에게 왜 그 숫자가 의결정족수냐고 물을 수 있도록 해야 한다. 말씀과 신앙의 양심에 부합하지 않는다면, 사실에 부합하지 않거나 정확하지 않다면, '아니오!'라고 말할 수 있어야 한다. 이제 한국교회는 '엉터리' 과반수 결의 방식에 대해 '아니오! 그렇게 해서는 성경적 합일에 도달할 수 없습니다!'라고 말해야 할 때가 되었다. '아니오! 비록 만장일치라고 해도 하나님의 명백한 말씀에 거슬리니 불법결의입니다. 이렇게 결의해서도 실행해서도 안 됩니다!'라고 말할 수 있어야 할 때가 되었다.

하나님의 총회, 진짜 민주주의를 하라

08

'대의민주주의'(representational democracy)는, 직접 민주주의를 천명하는 한 교단(침례교)을 제외한 개신교 교파들의 기본적인 정치원리이다. 대체로 기독교인들은 대한민국의 헌법이 '민주주의'를 채택하고 의회민주주의를 실행한다는 사실 때문에 대의민주주의와 의회민주주의를 동일한 것으로 간주한다. 그리고 자신이 속한 교파는 민주주의적이라고 생각한다. 아니 그렇게 믿고 싶은지도 모르겠다. 하지만 이것은 심각한 착각이다. 게다가 한국 문화에 만연되어 있는, 정치는 아무나 하는 것이 아니라는 엘리트 의식과 정치는 더러운 것이라는 정치혐오증이 더해져서 회중의 권리는 목회권이라는 괴악한 관념에 짓눌리고, 종교개혁의 근본이념은 파괴되었다. 결과적으로, 교회는 자정능력과 구심점을 그리고 무엇보다도 역동성을 상실하게 되었다.

진짜, 민주주의를 하라

대의민주주의는 주민이 선출한 '대표자'에게 주민들의 권한을 위임하는 방식으로 민주주의 이상을 구현하는 체제를 가리킨다. 의회민주주의는 주민들이 선출한 대표자들로 구성한 의회를 통해 입법활동이 이뤄지게 하고, 행정부와 사법부를 견제하도록 하는 시스템이다. 오늘날 대의민주주의는 사회체제의 기본 원리처럼 되었다. 반면에 의회민주주의는 의회제도에 국한된 구체적 방식이다. 한국도 지방자치제도를 시행하면서 여러 단계의 의회가 생겼다. 국가행정, 도행정, 시행정, 구행정이라는 각급 단위에 걸맞은 중요사항에 대한 최종의결권과 규칙제정권(입법권)을, 행정수반에게서 분리하여 의회에 두도록 했다. 각급 의회가 결의하고 그 집행을 감시하고, 각급 행정수반은 의회가 결의한 것을 집행하는 이원체제인 셈이다.

대의민주주의를 개별교회 안으로 가져오면, 교회행정 담당자들을 교인들의 총회에서 교인들이 만들고 개정하는 규칙에 의해 교인들 가운데서 뽑는다는 뜻이다. 간단히 말하자면, 목사를 포함한 모든 직분자들을 교인들이 직접 선출하고, 선출된 이들에게 교인들의 권한을 위임하는 것이다. 만일 교인들이 선출한 직분자를 그 교회 외부의 기관에서 검증을 하고 인준을 하는 경우라면, 엄밀히 말하자면, (대의)민주주의라고 할 수 없게 된다.

의회민주주의를 개별교회 안으로 가져오면, 그 교회에 적용되는 일체의 법을 그 교회의 구성원들이 자신들 가운데서 선출한 "의원들"로 구성된 입법부에서 제정하고 인준하여 시행토록 하는 것이다. 어떤 교회의 대표자들이 그 교회 밖으로 나가서 다른 교회들의 대표자들과 별도의 연합체를 형성한 뒤에 그 연합체 안에서 대표성을 인준받고 그 연합체 안에 참여해서, 함께 법을 만들고, 그 법을 자기 교회에 가져와서 적용시키는 것은 엄밀히 말하자면, 의회민주주의가 아니다. 사실상, 교인들의 주권과 정치참여를 근본적으로 차단하는 것이다. 간단히 말하자면, 입법부가 어디에 있느냐 하는 것이다. 자기 교회 안에 입법부를 둬야 민주주의적인 것이다.

어떤 한 교회를 구성하는 정당한 구성원들이 '그 교회의 이름으로,' 교회 목적을 위해, 공식적으로 모인 것을 가리킬 때 명실상부한 교회인 것처럼, 그 교회의 교인들이 적법하게 선출한 대표자들이 입법기관을 구성하고 입법활동을 할 때 의회민주주의를 한다고 말할 수 있다. 단지, 대표자들을 교인총회에서 선출하는 것만 가지고 민주주의를 시행한다고 말할 수는 없다. 개별교회의 교인들은 총회헌법, 노회법과는 별개로 자신들만의 교회정관(교회규칙)을 만들 수 없다면 더더욱 민주주의가 아니다. 총회법 혹은 노회법에 충돌하기 때문에 개교회 정관을 허용할 수 없다는 답변이 나온다면 더더욱 민주주의와는 거리가 멀어진다.

감리교회는 헌법에 해당하는 '장정'을 입법총회에서 개정하는데, 우선 입법의회는 총회회원의 1/3로 구성하여 행정총회가 모이지 않는 연도에 개최한다. 감리교회는 총회와 연회를 비롯하여 모두 5단계의 의회를 둔다.■ 이처럼 감독정치와 의회정치를 제도적으로 결합하여, 나름대로 민주적 정치질서를 구현하고자 한다. 감리교회가 국왕을 정

■ 2012년판 『교리와 장정』, 제4편 의회편, 제 1장, 제2조.

점으로 한 주교정치체제를 시행하던 앵글리칸(영국 성공회)에서 분리한 것에서 출발하여 조금씩 수정해왔지만 비민주적 요소들이 여전히 남아있다.

장로교회는 총회, 노회, 당회 이렇게 삼단계 의회제도를 둔다. 총회는 노회의 대표자(총대)들로 구성하여 '노회가 상정한' 헌의만 다룬다. 노회는 노회가 인준한 노회원(목사장로와 치리장로)들로 구성한 회의체가 노회의 입법, 사법, 행정을 모두 장악한다. 이 때문에 개별교회(지교회)의 대표자들이 대의적 회의체를 구성하여, 토론하고 민주적으로 결정한다는 점에서는 민주적 방식을 실행한다고 말할 수 있다. 하지만 민주주의를 충분히 시행하고 있다고 생각한다면 착각이다.

감리교회와 장로교회에서 반드시 상회가 인정하는 담임교역자가 교인총회를 소집하고 주재해야 한다. 담임교역자 유고시에는 상급회의(기관)에서 파송하거나 인정한 자가 소집해야 한다. 그런 면에서 교인총회는 자치권을 충분히 갖추고 있지 않고, 개별회중은 사실상 독립적이지 않다. 따라서 신학적으로, 장로교회와 감리교회는 회중의 권리를 충분히 보장하지 않는 비민주적 체제이다. 정책결정권, 집행권, 회의소집권을 회중으로부터 분리해서, 회중 밖에 있는 감독자에게 강제로 위임한 셈이니 충분히 민주적이지 않다. 원래, 이 방식은 교리와 신학을 임의로 변경하지 못하게 하고, 교회 재산의 임의 처분을 방지하고, 교단 고유의 질서를 유지하려는 목적 때문이었는데 이 점에서는 효과적이다. 그러나 교리와 신학의 변경 이외에, 자치적으로 수립하고 집행해야 마땅한 행정의 경우에도 무차별적으로 적용하고 외부로부터의 지배와 간섭을 정당화는 경우라면 잘못이다.

2015년 6월말 현재, 서울시의 1개 행정동의 인구는 평균 2만 4천 명이 넘는다. 동단위에서조차 직접 민주주의를 실행하기가 어렵다. 겨우 반상회 정도로 만족할 수밖에 없는 규모이다. 이처럼 모든 사람이 한 자리에 모여 회의를 할 수 없는 경우에 대의민주주의라는 간접적 방식을 채택할 수밖에 없다. 그러나 교회의 경우, 매주 예배로 모이는 입교인 수가 2~3백 명이라면, 5백 명이라면, 1천 명이라면, 예배당에 모두 들어가서 전체 회의를 적절하게 진행할 수 있다면 당연히 직접민주주의를 실행해야 한다. 그러면 거꾸로, 직접민주주의를 실행하지 못할 정도로 교인수가 많다고 느끼면 어찌 해야 하는가? 몇 부로 나눠 예배드리는 건 별도의 문제이다. 당연히, 교회를 분립해야 한다.

성경적으로 볼 때, 개별교회는 직접민주주의를 시행해야 마땅하다. 개별교회 성도는 교회의 정체성과 진로 그리고 사역을 결정하는 최종 권한을 갖고, 그 교인은 각종 회의에 적극적으로 참여해야 옳기 때문이다. 하물며 교인총회(공동의회)는 말할 나위가 없다. 구약성경 시대에는 신자들이 참여하는 정기적인 예배의식이 없었다. 유대교 회당(시나고그)은 바벨론 포로시대(605~432 B.C.)에 생겨난 제도이다. 성막의 제사장들은 매일 아침과 저녁에 번제를 드렸지만 일반 백성이 예배를 드리기 위해 제사의식에 의무적으로 참석하지는 않았다. 하지만 중대한 문제가 발생하면 이스라엘은 '총회'로 모였다. 따지고 보면, 예배 회중 이전에 총회 회중이었던 것이다.

총회로 모인 전체 즉, '회중'은 회막 앞에서 사안에 대해 논의하고 문제에 대한 의사를 결정했다. 사사기 20장에서 그 예를 찾아볼 수 있다. 이처럼, 하나님의 뜻을 찾아, 하나님이 선하게 보시는 방식대로 하겠다는 취지로 한 자리에, 함께 모인 자들이 하나의 회중이며 하나의 총회이다. 신약적 개념으로 말하자면, "각자 그리스도의 멍에를 메고" 그리스도의 발자취를 따라야 진정한 신자이다. 각각의 신자는 자기 십자가를 져야 한다. 자기 십자가를 져야 할 이 책임을 다른 신자에게 넘겨줄 수 없다. 그러므로 신자의 책무는 각자가 하나님 앞에서 짊어져야 할, 양도불가능한 책임인 동시에 권리이다. 다시 말하자면, 구원받아 신자가 되었다는 것은 '회중'에 연합하여 그 일원이 된다는 것이며, 이 회중과 함께 그리스도의 멍에를 짊어진다는 뜻이다.

엘리트에 의존하는 체제는 안 된다

복음은 구원받아 천국에 가는 데에만 목적이 있지 않다. 세상에서 신자다운, 소금과 빛의 삶을 가능케 하는 원리이며 능력이다. 개인적으로만 그런 것이 아니라 하나로 묶인 회중에 대해서도 마찬가지이다. 개인만이 아니라 회중이 하나가 되어 복음을 실천할 때, 하나님은 영광을 받으시고 하나님의 나라가 도래한다. 그렇다면 개별교회를 향한 하나님의 뜻을, 교인총회에서 확인하고 그 실행방안을 구체적으로 결정

개별교회에서

직접 민주주의를 배제하기 위한

대의민주주의는 독약이다

하지 않으면 하나님의 뜻을 어떻게 이룰까? 교인들 각자가 가진 생각을 모두 앞에서 풀어놓고 화합의 정신으로 정리하지 않는다면 어떻게 하나가 될까? 교인 전체가 의사결정에 직접 참여하지 않고, 소수의 엘리트에게 위임시켜놓고 교인총회(공동의회)에서 거의 형식적으로 비준하여 책임을 전가시키는 것은 공평한 처사일까?

회중이 하나님 앞에서 총회로 모일 때, 복음의 정신에 부합하는 회의규범은 분명히 존재했고 존재해야 마땅하다. 하나님의 말씀과 성령이 주권을 발휘하고 인간적 권위를 억제하는 데 도움을 주는, 일반은혜의 범주에 속하는 규칙을 갖춰야 한다. 따라서 교회는 직분자의 역할과 말투와 결의방식 등을 나름 상세히 규정하여, 복음의 내용과 정신을 드러내고 실천하도록 했다는 사실을 지금도 확인할 수 있다. 작금의 한국교회는 교회회의의 전통을 무너뜨려 목사의 독단과 독직을 가능케 했다는 점에서 죄를 범한 것이다. 목사가 그 직분을 더럽히고 사리사욕을 추구할 수 있었던 이면에, 교회회의 전통의 붕괴가 있다면, 교회 구성원 전체에 죄과가 있는 것이며, 교회개혁은 교회회의 규범과 전통을 회복하는 것과 다르지 않다.

교회야말로, 성경적 직접 민주주의를 해야 한다

회중주의를 하라는 말을 침례교회가 되거나 침례교회식으로 하라는 말로 받아들이면 안 된다. 회중주의란 직접 민주주의를 행하라는 뜻이다. 물론 역사적으로 볼 때, 침례교회는 회중주의의 적장자였다. 하지만 근대 교회사에서도 정치체계가 곧 교파교회를 뜻하지 않는다. 장로주의 정치체제를 채택한 교회들은 '장로교회'가 되고 회중주의 정치체제를 채택한 교회가 반드시 '침례교회'로 이어지지 않았다. 오늘날 한국에서 교파명칭은 그 교회 목사들의 출신 신학교가 어디냐는 의미에 다름 아니다.

교단 총회는 목사들의 신학교 동문회에 돈 많은 장로들을 더한 것에 불과하기 때문이다. 이 상황에서 '회중주의를 하라'는 말은 '침례교단이 혹은 침례교회처럼 되어라'라는 말처럼 여겨질 수 있다. 그러나 교회론에서 진위는 이것이 아니다. 회중주의는 복음주의 원리에 입각해서, 직접 민주주의를 하라는 뜻이다. 교회의 직접 민주주의(회중주의)는 복음주의를 철저히 실행할 때 도달하는 개념이며 실천적 모델이다. 복음주의는 하나님과 사람 사이에는 하나님이 세운 예수 그리스도밖에는 없다는 것, 죄인은 오직 말씀과 성령을 통해 하나님을 대면한다는 원리를 천명한다. 따라서 복음주의는 '대리신앙'과 사제계급을 거부하고, 전신자 제사장 교리를 고수한다. 모든 참된 신자는 믿음과 성령을 통해 하나님과 대면하고 소통한다. 회중을 구성하는 다른 신자들은 말씀과 성령을 통해 성도의 교제를 나눈다. 그렇다면 신앙의 선후, 강약, 대소를 떠나 함께 예배하고 소통할 수 있다.

하나의 회중을 구성하는 이들이 한 자리에 모여, 말씀을 앞세우고 성령을 의지하여 토론하고 대다수가 동의할 수 있는 사업 및 실천방안을 찾을 수 있는 것은 지극히 당연하다. 그러한 연합체, 유기체를 조직하고 유지하려고 노력하는 공동체가 회중이며, 그 원리가 직접 민주주의(회중주의)라는 것이다. 회중주의를 철저히 구현해야 하는 것은 교회의 머리는 예수 그리스도이시며 예수 그리스도 안에서 체계성을 갖춰 하나가 된 것이 회중이기 때문이며, 회중의 각 구성원은 직접적으로 하나님의 부르심을 받아 회중에 참여했고 하나가 되어 하나님을 경외하며 하나님의 뜻을 이루어야 하기 때문이다.

정리하자면, 어떤 교파에 속하든, 어떤 교단에 속하든 다음과 같은 원리를 구현하여, 회중 전체가 하나님을 경외하고 하나님께 복종하는 쪽으로 다가가도록 교회의 규칙과 관행을 바로잡아야 한다는 뜻이다.

첫째, 교회가 하는 모든 것에 그 책임은 모든 교인이 하나님 앞에서 져야 한다. 둘째, 교회가 하는 모든 것에 그 사정과 내용을 모든 교인이 알아야 한다. 셋째, 교회가 하는 모든 것에 모든 교인이 말씀과 신앙과 양심에 따라 결의해야 한다. 넷째, 교회가 하는 모든 것에 특정인 혹은 일부 교인의 지배력에 좌우되지 않도록 한다. 다섯째, 교회가 하는 모든 것에 교회 외부의 간섭과 지배를 허용하지 않는다.

평안의 매는 줄로 성령이 하나 되게 하신 것을 힘써 지키라
몸이 하나요 성령도 한 분이시니 이와 같이
너희가 부르심의 한 소망 안에서 부르심을 받았느니라

(엡4:3~4)

3부

참으로 개혁된 교회, 좋은교회

민주주의란 사람을 사람이라는 인격체로 대하는 정치원리를 구현하는 것이다. 회중주의는 사람을 죄인이지만 하나님의 권속으로 대하고, 하나님의 나라를 교회에서 실현하는 정치원리를 구현하는 것이다. 준비되었을 때가 아니라 처음부터 시도하고 노력하고 성취해야 하는 것이다.

목회권의 본질, 회중이 부여한 만큼 합법적!

09

흔하고 정상적인 모습이 아니고 괴이쩍어 뭐라고 규정할 수 없는 물체를 괴물이라고 한다. 목회권, 담임권이라는 용어는 어렵지 않게 들을 수 있지만 실상 어느 신학서적에서도 엄밀하게 그 근거와 내용을 밝히거나 입증되지 않은 채, 그렇지만 뚜렷한 용도로 통용된다. 영어표기인 '시니어 패스터'(Senior Paster)와 '담임목사'는 단지 어감만 다르고 뉘앙스만 다른 것이 아니다. 그런데도 어떤 교회론에서도 혹은, 목사론에서도 '담임목사'의 목회권 혹은 담임권이 무엇인지, 어떻게 성립되고 어떻게 철회할 수 있는지를 분명하게 설명하지 않는다. 담임목사직의 세습, 담임목사의 전횡, 청빙과 임면 등으로 혼란이 빚어질 때마다 담임목사는 목회권, 담임권이라는 말로 자신의 처신을 정당화하고 기득권을 방어하는 경우가 많은데도 도대체 이게 무엇인지 정확하게 규정되지 않는다.

성경적으로 볼 때 교회는 하나님의, 하나님에 의한, 하나님을 위한 그리스도의 몸이며 그리스도의 신부이다. 하나님과 그리스도를 향한 교회의 순결을 위한, 목사의 책무를 가리키는데 목회권, 담임권이라는 용어가 사용되는 경우라면 그 개념을 이해하기가 결코 어렵지 않다. 그러나 담임목사가 자신의 신자들과 갈등을 일으키는 상황에서 신자들을 내몰 때, 공권력을 동원하고 목사의 지위와 특권을 유지하고자 할 때 등장하는 목회권, 담임권은 정말이지 난해한 개념이다. 이쯤되면 막연하게 존재성을 인정받지만 정체가 규명되지 않고, 그러면서도 '기득권'으로서 위력을 발휘하니 '괴물'이라고 불러도 손색이 없다. 이들이 말하는 목회권의 본질이 권력에 있지 않다는 것을 알기 때문에 '괴물'이라고 부르는 것이다.

너절하고 오래된, 목회권이라는 개념

침례교회와 장로교회는 설교권, 목회권, 담임권이라는 개념을 없애 버리거나 '책임'을 중심으로 개념을 재정립해야 한다. 종교개혁의 후예들이며 회중주의를 천명하기 때문이다. 하다못해 민주주의적인 교회가 성경적이라는 생각을 한다면 인습적인 목회권 개념을 파기해야 옳다.

종교개혁 이전의 교회 즉, 중세유럽의 교회는 사제주의와 봉건적 교구체제가 결합된 방식이었고, 그 정점은 주교였다. 모든 것을 버리고 출가한 수도사의 경우도 사제와 사제가 아닌 자로 구분된다. 사제는 사회적 신분을 반영한 특권계급이었고, 그 정점은 주교였다. 중세시대에 주교는, 빈부귀천과는 상관없이 신앙심이 좋은 신자가 신학대학을 나와서 목회경력을 쌓아서 도달할 수 있는 자리가 아니었다. 이런 신분 상승은 거의 불가능했다.

주교가 되기 위해서는 먼저, 유력한 귀족이 되거나 귀족 가문과 결탁되어야 했다. 다시 말해, 평민출신이 독자적인 능력으로 주교 지위에 올라감으로써 귀족의 일원이 되는 경우는 사실상 없다. 주교직은 유력한 왕가 혹은 귀족 가문의 전유물이었다. 이러한 주교를 임명할 권리는 반드시 교황에게 있었던 것이 아니다. 예를 들어, 주교임명권을 놓고 독일 국왕과 교황이 다툰 적이 있었다. 국왕권이 극도로 쇠약해졌을 때였고, 반면에 무척 제한적이었지만 교황권이 안정되었을 때, 잠깐 동안 다퉜다. 국왕측은 주교가 차지하고 있는 교회 영토는 국왕의 봉토이므로 주교는 국왕에게 충성할 봉건적 의무가 있고, 주교선출권은 국왕에게 있으며 국왕이 임명한 자 이외에는 주교가 될 수 없다는 입장이었다. 이에 맞서서 교황측은 성직임명권을 평신도인 국왕 혹은 영주가 가질 수 없고 오직, 베드로의 후계자만이 가질 수 있는 독점적 권리라는 입장을 전개했다. 따라서 로마주교(교황)가 인정하지 않는 주교의 교회는 교회가 아니며 구원을 공급받을 수 없는, 거짓교회라는 주장이었다.

독일 지역의 주교직에 대한 서임권 다툼은 독일 국왕이 추천한 후보자를 교황이 반대하지 않는다는 중재안으로 타결되었다. 이 경우, 목회권은 형식적으로 교황이 부여하지만 실질적으로는 국왕이 부여했고, 따라서 주교는 국왕의 종복이었다. 역사적으로, 샤를마뉴 시대로 돌아갔다.

잉글랜드교회의 주교서임권은 로마교황을 국외세력으로 간주하는 잉글랜드 국회 입법, 국왕의 재판에 반해 국외(사실상, 교황) 법정에 탄원하는 것을 금지하는 입법, 국외에 본부를 둔 수도회를 불법화하고 재산을 몰수하는 절차를 거쳐, 국왕수장권을 거부하는 것을 반역죄로 규정하는 법규를 확립하여 교황권과 그 옹호세력을 잉글랜드에서 완전히 퇴출하는 것으로 끝났다. 이로써 잉글랜드 국왕은 국회를 통해 세속영역에 대한 통치권을, 대주교구회의(Convocation)을 통해 교회 영지와 교회 재판에 대한 통치권을 확보한다는, 잉글랜드 전체를 통치하는 두 날개 구도를 완성했다. 이 경우 역시 목회권은 국왕의 하사품이다. 잉글랜드교회는 국왕의 이익에 반하는 주장을 할 수 없다고 아예 법으로 못박는 것으로 그치지 않고 과거의 교회회의 결정사항 가운데 국왕의 이익에 상치되는 것을 모두 폐기했다. 물론, 헨리8세는 교회회의가 직접 찾아내 폐기하도록 만들었다.

중세유럽에서 주교임명권(서임권) 다툼이 치열했던 것은 봉건체제에 기반한 사회였기 때문이다. 중세유럽 사회는 땅을 지배하는 사람(영주계급)과, 영주로부터 봉토를 받는 대가로 충성을 바치는 사람(기사계급), 그리고 땅에 예속된 사람(농노, 피지배계층)으로 나뉜다. 다시말해, 국왕이 하사한 땅을 매개로 지배권을 가진 사람과, 땅에 예속된 피지배층으로 나뉜 세상이다. 이 체제에 순응한 교회체제가 중세 교구제도이다. 중세 교구체제에서 교회는 누구의 것인가? 그리스도의 것이며, 교황이 대리 통치를 한다는 것은 명목일 뿐이었다.

실제로는, 교회가 속한 봉토의 주인 소유이며 교회는 영주에게 봉건적 의무, 봉신으로서의 충성을 바쳐야 한다. 이런 식으로, 말단 교구교회는 지방 영주의 소유물이며, 이 교회의 성직자는 영주의 농노 혹은 예속민 신분이었다. 영주가 자신의 예속민 가운데 하나를 임의로 선정해서, 상급교회의 사제에게 데려가 사제로 서임시켜 임명한 것이다. 교구사제와 교구교회는 어떤 식으로든 누군가에게 봉건적으로 예속되어 있었고, 봉건적 책무를 짊어지고 있었다. 이런 의미에서 볼 때, 중세 교구교회에서 목회란 봉건 영주의 행정과 통치의 일부분이라고 해도 과언이 아니다. ■

유럽 중세의 봉건-교구 체제에 부응하는 교회체제 지배논리가 "사제주의"이다. 그러니까 사제주의는 단순히 구원론에만 관련해서 복음주의에 대립되는 개념이 아니었다. 교구체제라는 하부구조를 포괄한 통치론이었다. 이 체제에서 철저하게 배제된 것은 평신도 계급이었다. 봉건적, 사제주의적 교구체제가 중세교회를 지배한 것은 이것이 신학적으로 옳기 때문에 확립한 것이 아니라 게르만족이 유럽에 도입한 사회체제의 부산물이었을 뿐이다. 정복자인 게르만 전사집단이 자신들이 정복한 유럽 각지를 분할통치한 방식에서, 봉건체제-교구체제는 더욱 확고하게 발전했다.

■ 이 때문에 중세시대 교회의 생명력은 봉건체제로부터 상대적으로 자유로운 '수도회'에서 나왔다. 거의 언제나 교회 개혁은 수도원운동과 관련되었다. 중세시대에 가장 중요한 개혁운동은 10세기 초반에 시작된 '클루니 수도원'의 개혁운동이다. 클루니 개혁운동의 결과로, 유럽교회는 일신되고 명실상부한 교황체제가 수립된다. 교황주의를 밑바탕으로 해서 13세기에 탁발승단들이 교회 개혁에 일정한 역할을 한다.

피정복민들은 땅에 예속되어, 땅의 부속물로 취급되었다. 예속민들은 땅에 속박되어 있어서, 거주 이동의 자유가 없었다. 중세의 땅은, 행정적으로는 교구체제로 편제되어 있고, 예속민들은 행정적으로 교구민이었다. 교구교회는 영주의 행정청 역할을 했다. 아이가 태어나면 교구교회의 교적부에 올리고 영세를 받아야 했고 사망하면 교구교회에 신고하여 매장세를 내고 장례를 치러야 했다. 오늘날 출생신고와 사망신고에 해당하는 행정을 교구교회가 한 것이다. 국가의 행정체계가 정착된 시기는 근대 시민사회의 성립 이후였다. 근대사회에는 교구교회의 영세(세례)와 입교는 그야말로 종교적 의미만 남게 되었지만 그 이전에 교구사제는 미사를 집전할 때 이외에, 평상시에는 영주의 종복으로서 영주법정의 서기 역할을 했다. 주교조차 대영주 혹은 국왕으로부터 봉토를 증여받았을 때, 그 군주에 대한 봉건적 책무의 일환으로 '군대'를 제공해야 했고, 경우에 따라서는 국왕 혹은 황제의 행정관료의 임무를 감당해야 했다.

농노 신분인 이들에게는 타 지역을 여행할 기회가 거의 없지만, 타 지역을 방문해야 할 때에는 반드시 교구사제의 허락을 받아야 했다. 교회가 무슨 대단한 권세를 가졌기 때문이 아니다. 교구민은 엄밀하게는 영주의 재산이며, 이 인적 재산을 관리해야 할 책임이 있기 때문이다. 만일 타지방을 여행하다가 중병이 들거나 해결하기 어려운 일이 생기면 이 사람이 속한 교구교회가 책임을 지고 보살펴야 했다. 이 목적을 위해 교구교회는 구빈세를 거둬서 모아뒀다. 만일 어떤 사람이 죄를 지으면 먼저, 따져야 할 것은 이 사람에 대한 주권 즉, 재판관할권이 누구에게 있느냐는 것이다. 교회당 경비원이 길거리에서 도둑질을 하다가 잡히면 어디에서 재판을 받아야 할까? 영주법정인가? 교회법정인가? 만일 교황이 서임한 주교 혹은 사제가 국왕에게 반역죄로 체포되면 어떻게 처결해야 할까? 국왕법정에서 사제에게 반역죄를 선고할 수 있을까?

중세시대에, 하급자에게 유죄를 선고하면 그 유죄 선고효력은 상급자에게도 미친다. 그래서 사제가 반역죄로 국왕에게 체포되고 국왕법정에서 유죄로 판결하면 사제의 상급자인 주교와 교황을 유죄로 판결하는 효과가 발생한다. 이 복잡한 문제는, 국왕법정은 그 사제를 관할하는 교회법정에 이 사제가 유죄라고 알려 교회법정에서 이 사제에게서 사제신분을 박탈하여 평민으로 만든 뒤에 국왕법정에서 본격적으로 형을 확정하고 집행하는 쪽으로 가닥을 잡았다. 이런 문제는 중세법 체계와, 국왕권과 교황권의 대립, 서임권 다툼의 이면에 있는 중대한 논점들이다.

근대사회로의 변동, 자유교회 교회론을 회복시켰다

신학생들이 보는 책은, 거의 대부분 신학적인 면만 다룬다. 그러나 신학적인 측면만 존재하는 현실은 어디에도 없다. 신학적 문제는 사회체제와 법체제의 변동과 깊이 연관되어 있다. 중세의 봉건체제와 교구체제가 붕괴되고 시민사회와 민주주의 체제가 형성되면서 근대 국가가 수립되었다. 이제는 거주와 이동의 자유, 직업선택의 자유, 언론과 출판의 자유, 결사의 자유가 기본적인 인권으로 보장된다. 게다가 종교의 자유도 보장된다.

어떤 마을에 태어났다는 이유 하나로, 반드시 장로교회에 혹은 다른 어떤 교회에 다닐 의무가 오늘날에는 없다. 이 장로교회를 다니다가 저 감리교회로 옮기거나 이쪽 성결교회와 저쪽 침례교회를 번갈아 다닌다고 해서 경찰에 체포되지 않는다. 정당한 사유없이 혹은 담임목사의 허락없이 2개월간 교회에 출석하지 않았다고 해서 주민등록이 말소되지도 않는다. 교회로부터 징계를 받았다고 해서 공직자가 될 수 없는 것도 아니다. 우리는 중세가 아니라 근대 국가체제 속에서 살기 때문이다.

중세 봉건사회에서 '종교'는 국법에 의해 부과된, 강제적 의무였다. 하지만 이제 종교는 양심의 문제이고, 도덕성에 관련된 것이고, 자발적 임의 선택사항이다. 자, 이러한 근대사회 맥락에서 볼 때, 어떤 교회 혹은 회중에 대한 지배권은 어디에 있는가? 어떤 방식으로 회중을 지배하는가? 장로교 총회나 노회는 자기 소속의 지교회(개별교회/회중)를 지배할 권리가 있는가? 이래라 저래라 명령했다고 할 때, 만일 지교회가 총회나 노회의 명령을 거부할 때, 어떻게 강제할 수 있을까? 어떤 처벌을 내릴 수 있을까? 상급기관 혹은 상회(上繪)에서 종교적 치리권을 행사할 때 개별 회중은 자신의 이익을 위해 저항하고 거부할 권리는 없는가? 이때 담임목사는 장로 직분자와 함께 노회 혹은 총회 측에 가담해서 회중들을 억압할 때 회중은 이 담임목사와 장로를 파면할 권리가 없는가?

자유교회에서 목회, 회중의 권한에 종속된다

현대 서구 및 한국교회는 국가(행정권력)에 예속되어 있지 않다는 점에서 자유교회이다. 그리고 자유교회는 회중주의적 요소를 다분히 수용한다. 목회권 개념도 달라져야 한다. 하지만 오늘날 내홍을 겪는 교회는 거의 예외없이 담임권과 목회권이라는 괴물과 부딪히고 있다. 장로교회에서 목회권이란 어떤 교회를 전담해서 그 교회를 가르치고(설교권 혹은 강도권) 다스릴(치리권) 정당한 권한을 가진 자로서 당회장직, 제직회 회장직, 공동의회 의장직을 장로교회 헌법에 의거해서 독점하는 권리를 가리킨다고 설명할 수 있다. 때로는 침례교회 목사도 이 개념을 차용해서 세속 사법권력을 동원해 교인들의 저항을 분쇄한다.

정말이지, 이런 식의 권리는 무슨 '대리점 영업권' 같이 보이지 않는가? 어느 단체가 어떤 사람의 자격을 심사해서 어느 지점으로 보내 그 지점의 영업권을 부여한 것과 별로 다를 것이 없다. 그래도 이 목회권이 실제성이 있다고 본다면 무엇 때문에 성립할까? 규정된 절차에 따라 노회가 파송했다는 점에서 목회권이 발생한 것인가? 그 교회가 총회 헌법을 준수하고 노회의 통치를 받아들이겠다는 암묵적 협약, 그리고 이에 따른 교인총회의 결정에 의해 목회권이 성립하는 것일까?

장로교 총회 헌법은 한국 법 질서의 하위법이라는 점에서 총회 헌법은 대한민국 법 질서에 저촉되는 경우, 그리고 총회 헌법에 규정이 없거나 애매한 경우, 민법의 규정을 적용받는다. 대한민국 헌법과 민법은 국민의 기본권을 보장한다고 천명하고 기본권에는 인격권, 자기결정권, 자유와 평등, 행복추구권까지도 포함한다. 대한민국에 사는 사람이 어떤 교회의 교인이 되었을 때, 그 교회의 담임목사에게 부하처럼 예속되어 지배와 감독을 받고, 의무분담금처럼 헌금을 바치는 것은 결코 아니다. 다시말해 목회권은 교인들의 자기결정권과 행복추구권을 제한할 수 없다. 사실상, 동일한 총회 혹은, 동일한 노회에 속한 다른 목사들을 배제할 권리를 가리킬 따름이다. 이런 점에서, 독점적 영업권과 별로 다르지 않다.

교회를 회중이라고 정의할 때 담임목사는 회중의 주인도 지배자도 아니다. 회중의 양심을 구속하고 신앙을 강제할 권리는 없다. 회중은 담임목사의 피고용인 혹은 예속민이 아니기 때문이다. 교회를 교회 부동산(토지와 건축물)으로 정의할 때, 그리고 교회 부동산이 유지재단에 기증된 상태일 때 즉, 담임목사 이름으로 등기된 교회 부동산이 개인 소유물이 아닌 교인대표 자격으로 등기된 것일 때 혹은 유지재단에 가입된 경우일지라도 그 등기 명의자는 교회 재산을 임의로 처분할 수 없다. 민법에서, 교회 재산은 총유재산이다. 별도 규정이 없는 한, 교인의 2/3가 동의한다는 결의서와 회의록, 그리고 노회(지방회)와 유지재단의 동의가 없으면 처분할 수 없다. 이런 점에서도 목회권은 회중의 동의

목회권, 담임권은

회중이 인정하여 부여하는

권한만큼만 합법성을 갖는다

없이는 성립할 수 없다.■

장로주의에서는 회중의 동의가 필수요소이기 때문에, 그리고 침례교회의 회중주의에서는 회중의 동의가 필요충분조건이며 그 회중 밖으로부터의 간섭을 배제하는 원리이기 때문에, 목회권 혹은 담임권 같은 개념은 '회중의 권세'에 예속된다. 담임목사 혹은 당회의 결정이 아니라 회중의 결정이 최종결정이라는 점에서 교회는 회중에 의해 지배된다. 다시 말해서, 회중주의를 천명하는 장로주의 정치체제, 회중주의 정치체제에서는 목회권은 회중권에 예속되고 지배된다. '회중의 권세'가 교회론에서 본질적인 위상을 갖는다.

장로교회와 침례교회에서 담임사역자와 교인들이 충돌할 때, 목회권 혹은 담임권이라는 말은 기묘하게 사용된다. 양떼에 대한 목자의 책임, 양들의 복지를 위해 목숨을 버려야 하는 책무를 의미하지 않는다. 다만, 일체의 합리적 상식적 인격적 해결책을 팽개친 채 막무가내로 직위를 보존하기 위한 수단으로 활용된다. 교인들이 교회를 정상화하기 위해 외부의 도움을 받을 방도를 모조리 차단하며 교회를 파탄시키는 독점권으로 사용된다. 결국, 담임권과 목회권은 교회를 목사의 사유물로 전락시킬 괴악한 수단이며, 교회를 파괴하는 괴물이다.

■ 감리교회는 정치체제는 많이 다르다. 감리교회에서 개체교회의 담임사역자는 감독이 파송하고 감독이 담임사역자 직무를 정지시킨다고 감리교 헌법인 장정에 명시되어 있기 때문이다. 개체교회에서 담임사역자와 교인들 사이에 불화가 생기면 감독에게 담임자를 교체해달라고 청원할 수밖에 없다. 하지만 감리사든 감독이든 연회에서 선출되며, 임기가 2년이고 구역 인사위원회를 거쳐 임명한다는 방식으로 인사권을 전횡하지 않도록 방지한다.

이 괴물은 한국의 사법체계의 도움을 얻고 공권력을 동원할 수 있는 기회를 잡으면 놀라운 괴력을 발휘한다. 한국의 사법체계와 경찰의 지원을 받아, 자신의 교회 건물에서 정규예배를 인도하고 종교활동을 인도할 때, 그 목사의 설교와 가르침이 본래 소속된 교단 및 교회의 신조에 아무리 어긋나도 아무도 제재할 수 없기 때문이다. 장로교회의 헌법과 침례교회의 거의 대부분의 교회규칙은 교인총회의 소집장을 담임목사로 단순하게 규정한 채 예외조항 및 단서조항을 두지 않는다. 만일 이 소집장이 자신에게 불이익이 올 것으로 짐작하고 교인총회를 소집하지 않는다면? 달리, 방법이 없다. 이때 이 교회에 다른 목사가 접근하지 못하도록 꺼내드는 전가의 보도가 바로, 목회권, 담임권인 경우가 많다.

종래에는 한국의 사법체계는 총회헌법을 개교회가 엄수해야 할 상위법으로 보고 목회권, 담임권이라는 것을 보호해줬다. 이것은 총회와 회중이 맺은 계약이라고 간주하고, 사회적 질서를 위해 목사의 권리를 기득권으로 인정하여 보호해준 것이다. 그러나 이제는, 교인을 대한민국 국민으로 간주하고, 교회를 자발적 결사체로 여겨 자기결정권, 인격권, 행복추구권을 보호해주려는 추세이다. 과거에는 교단 헌법이 존재할 때, 헌법에 상충하는 개별교회 정관을 인정해주지 않았으나 이제는 교회 정관을 우선하는 추세이다.

목사가 목회권, 담임권을 내세울 생각이라면 자신의 교인들이, 학급을 배정받은 학생들인가를 생각해봐야 한다. 학생이라면 자신이 배정된 반을, 자신의 담임선생을 학생의 기호에 따라, 마음대로 바꾸지 못한다.

과연, 한국교회의 교인들은 이렇게 자신이 속할 반과 담임선생을 배정받은 학생들인가? 담임목사와 교인들 사이에 분란이 벌어진 교회에서 목사가 신학과 논리에 호소하는 것만으로, 법조계에 치열하게 도움의 손을 구하지 않고, 목회권과 담임권이라는 것을 지킬 수 있는 경우는 얼마나 될까? 목사가 하나님의 말씀대로 한다면, 이단문제 혹은 교리문제를 제외하면 목회권, 담임권이라는 괴상한 개념에 호소할 필요는 거의 없을 것이다. 그리스도의 교회 주권과 말씀을 거론하면 된다. 그리고 말씀을 준행하면 된다.

결론적으로 말하자면, 목회권 혹은 담임권이라는 것이 있다면 교회 회중이 결의하여 교인들에게 설교하고 훈육하여 그리스도의 자녀로 세우도록 허락하고 교인총회가 결정한 사항을 집행할 책임과 이에 따른 권한을 위임한 것이다. 따라서 목회권, 담임권은 회중의 권세를 배반하지도 능가하지도 못한다. 장로교회와 회중교회(침례교회)에서 목사의 목회권은 교인총회의 결의에 의해 발생한 것이기 때문에, 목사를 불신임하는 교인총회를 열겠다는 의지에 맞서서 목사가 교인총회를 소집하지 않겠다는 취지의 목회권은 본질상 무효이다. 복음주의에 대한 훼손이다. 그럼에도 목사가 담임권, 목회권을 들이대며 지지자들을 끌어모아 반대측 교인들을 불법행위자로 규정하여 내모는 짓은 예수 그리스도를 볼모로 삼아 삯된 이권을 추구하는 패악질이다.

교회 주권, 담임목사는 신성불가침이 아니다

10

목사직은 성직이다. 물론 정상적인 상황에서라면 그다지 틀린 말은 아니다. 대체로, 목사는 하나님의 택정하심과 특별한 은사를 통해 세워진 사람이며 교회의 존립에 근본적이며 핵심적인 직무 즉, 말씀 사역을 담당하고 회중이 말씀에 따라 준행하는지를 감독하는 사람이라고 이해한다. 이것은 원론적인 이해이며, 신학서적에서 찾을 수 있는 개략적인 설명이다. 하지만 모든 경우에 맞는 말이 아니다. 목회적 책무가 어떤 것인지를 생각할 때를 제외하면 차라리 잊고 사는 것이 낫다.

이 정의가 얼마나 정확한 것인지를 알기 위해서는 목사의 개념부터 확인해야 한다. 이 정의가 어떤 상황에서 거론되는지를 살펴보자. 원론적으로 옳다고 해서 어떤 상황에서도 무조건적으로 맞는 진리가 아닐 수 있기 때문이다. 성경을 보자. 개역한글 성경에는 '목사'라는 표현이 딱 한 번, 에베소서 4:11에 출현한다. 영어성경에는 'pastor'로 번역했다. 하지만 KJV에서 'pastor'는 에베소서 4:11 이외에도 구약성경에서 8번이나 출현한다. 예레미야 2:8, 3:15, 10:21, 12:10, 17:16, 22:22, 23:1, 23:2에 나오는데 보다시피 모두 예레미야서에 나온다. 이 본문들에 나타난 'pastor'를 우리말 성경에는 '관리'라는 단어로 번역한 2:8을 제외한 나머지 구절에서 '목자'라고 번역했다. 목사와 목자는 같은 말로 보는 것이다. 그러므로 목사의 본령을 '목자' 개념에서 찾아야 마땅하다.

목사는, 권력가가 아니다

히브리어든 헬라어든 '목자'의 원어가 가리키는 의미는 명백하다. '가축을 돌보는 사람'이다. 이스라엘에서 가장 중요한 가축은 '양'이고, '소'와 '염소'도 중요했다. 당연하게도 목자의 직무는 양을 잘 돌보아, 건강하고 튼튼할 뿐만 아니라 흠이 없도록 하는 것이다. 하지만 좋은 목자라는 평가를 받으려면 이 정도여서는 안 된다. 양을 늑탈하려는 이리를 목숨 걸고 막아야 한다. 양을 위해 죽기까지 해야 하는 것이다(요 10:10-12). 반대로, 위험이 다가올 때 자신의 생명을 지키기 위해 가축을 버리고 달아나는 목자는 삯군, 나쁜 목자이다. 결론적으로, 목자는 양의 행복을 위해 자기 목숨을 걸고 온갖 위험을 기꺼이 감수하는 직분이다.

구약에 나오는 세 직분인 왕, 제사장, 선지자는 하나님이 세운, 하나님의 종이라는 관념 역시 이 직분자들이 백성 위에 군림하여 자기 뜻대로 통치해도 좋은 계급이라는 식의 이해는 발을 붙일 틈이 없다. 지혜를 구하는 솔로몬의 기도에서도 이스라엘의 왕직은 하나님의 백성을 섬기는 직분이라는 개념이 명확하다. 하나님은 이스라엘 왕직을 드높이기 위해서가 아니라 이스라엘을 섬기도록 솔로몬에게 지혜를 베푸신다.

그럼에도 타락한 지배자들은 지배권력을 공고히 하기 위해 '신성불가침'이라는 허구적 개념을 더해 '왕권신수설' 같은 속된, 사이비 이론을 꾸며낸다. '왕권신수설'은 동양의 '왕후장상의 씨는 따로 있다'라거나 인도의 '카스트'처럼 신분상승을 원천적으로 차단한 봉건적 신분제도를 하나님을 빙자해서 합리화하려는 괴악한 발상일 뿐이다. 이와 비슷하게, 어떤 경우에도 어떤 식으로든 목사를 흔들어서는 안 된다는 관념은 '목회권신수설' 정도가 되는 것이다. 기막히고 기괴한 아류일 뿐이다. 왕권을 속된 방법으로 높이려고 내놓는 삿된 이론을 모방한 허구이다. 혹세무민에 불과하며, 그리스도의 교회주권을 찬탈하는 반역행위일 가능성이 매우 높다.

성경의 왕 개념은 우리의 관념 속에 고착된 전제군주 혹은 정복군주로서의 왕 개념과는 다르다. 이스라엘의 왕은 먼저, 성실과 공의와 정직한 마음으로 이스라엘의 목자가 되어야 한다(삼하 5:2, 왕상 3:6). 이스라엘 왕의 존재목적 및 가장 큰 덕목은 공의이다(시 72편). 백성에게 공의롭게 통치하며, 하나님의 말씀을 청종해야 하고 이스라엘을 하나님께로 인도해야 한다. 왕직뿐만 아니라 제사장직과 선지자직 역시, 하나님이 자기 백성을 위해 사용하는 도구이며, 하나님의 말씀과 뜻에 따라 백성을 돌보고 섬기는 종의 직분이다. 이스라엘의 왕직, 제사장직, 선지자직은 그리스도의 중보직을 예시하는 그림자로서 그리스도의 사역을 통해 성취되었다. 따라서 종교개혁의 후예들인 우리는 목사직을 구약의 제사장직을 계승한 특별한 계급이거나 평신도를 지배하는 계급으로 간주하는 오류를 범해서는 안 된다.

목사는, 제사장직 계승자가 아니다

베드로는 "곧 하나님 아버지의 미리 아심을 따라 성령의 거룩하게 하심으로 순종함과 예수 그리스도의 피 뿌림을 얻기 위하여 택하심을 입은 자들"은 "택하신 족속이요 왕 같은 제사장들이요 거룩한 나라요 그의 소유된 백성"이라고 한다(벧전 1:2, 2:9). 이 말씀은 시내 산에 도착한 이스라엘 백성 전체를 향해 "세계가 다 내게 속하였나니 너희가 내 말을 잘 듣고 내 언약을 지키면 너희는 열국 중에서 내 소유가 되겠고 너희가 내게 대하여 제사장 나라가 되며 거룩한 백성이 되리라"라고 선언하신 말씀에 정확하게 상응한다(출 19:5-6). 따라서 언약백성은 하나님의 거룩한 제사장이며, 목사는 죄인을 제사장으로 세우는 직무 수행자이다. 그러므로 목사는 제사장이 아니다.

목사가 공적 예배를 인도하고 설교하는 행위를 구약시대 제사장 직분의 연장으로 이해해서는 안 된다. 하는 일이 제사장과 비슷해 보인다고 해서 제사장이라고 단정하면 사제주의적 발상에 들기 십상이다. 제사장과 비슷해 보인다고 인식하는 것은 제사장을 기준으로 이해하기 때문이다. 차라리 에스라 시대에 레위인으로 혹은 유대교 회당장으로 이해하는 것이 훨씬 더 적절하다(느 8:7-8). 느헤미야 8장에서 에스라와 레위인들이 보여준 모습은 훗날 서기관 전통으로 발전하고 바리새파가 나왔다. 결코, 제사장 계급이 나오지 않았다. 예수님과 사도들은 '회당'에 들락거렸지만 회당장을 제사장으로 간주한 증거는 없다. 유대교의 회당예배가 기독교 예배의 기초가 되었다고 가정한다면 기독교 교회의 목사직은 유대교 회당장을 모델로 삼은 셈이니 구약시대의 제사장을 모델로 삼아 목사직을 구상했다는 가정은 성립되지 않는다.

전횡을 일삼던 담임목사가 궁지에 몰리면, 노아가 만취하여 하체를 드러내놓고 잠든 모습을 보고 흉을 본 함과 가나안에 대해 노아가 저주한 사건을 거론하는 경우가 많다(창 9:25-27). 담임목사의 비리를 들춰 창피를 주면 저주를 받는다거나 담임목사의 저주는 반드시 성취될 것이라고 겁박한다. 이런 겁박으로 교인들의 문제제기를 외면하고 자신의 비리를 덮으려는 목사의 이 치졸한 시도는 정말이지 하나님을 욕되게 하는 짓이다. 영원불변한 주권자 하나님을 노아의 종으로 만들고, 노아의 저주를 성취시켜줄 수밖에 없는 존재로 전락시키는 짓이다. 하나님은 인간들이 구축한 가부장적 권위주의를 허용할 수밖에 없고, 그 권위주의에 속박될 수밖에 없는 존재인가? 윗사람의 모든 악폐에 침묵하고 모든 악행을 묵인하는 것이 하나님의 정의이며 기독교 신앙인가? 전혀 그렇지 않다.

하나님께서는, 목사에게 불가촉 특권을 주신 적이 없다

야곱은 죽을 때에 시므온과 레위를 하나로 묶어 연거푸 저주했다(창 49:5-7). 그러나 전능자 하나님은 "나는 은혜 줄 자에게 은혜를 주고 긍휼히 여길 자에게 긍휼을 베푸느니라"라고 자신의 주권성을 선포했다(출 33:19, 롬 9:15). 따라서 시므온과 레위는 아버지 야곱에게서 한 묶음으로 저주를 받았지만 그 저주는 아버지 야곱의 뜻대로가 아니라 하나님의 뜻에 따라 완전히 다르게 성취되었다. 모세가 말한 것처럼 레위지파는 "각 사람이 그 아들과 그 형제를 쳤으니 오늘날 여호와께 헌신하게 되었"고 하나님의 복을 받아 거룩한 지파로 구별되어 하나님을 섬기게 되었다(출 32:29, 민 8:14, 신 10:8). 권위주의적 가부장권에 입각해서 범죄를 덮으려는 저주가 과연 바울의 위대한 선언을 무너뜨리고, 어떤 피조물도 하나님을 사랑하는 자 곧 그 뜻대로 부르심을 입은 자들을 하나님의 사랑에서 끊어버릴 수 있다는 말인가?(롬 8:28-39)

참람하게도, 패역한 목사들은 다윗이 아비새에게 한, "누구든지 손을 들어 여호와의 기름 부음을 받은 자를 치면 죄가 없겠느냐"라는 말을 이용해서 자신의 악행을 정당화하려든다(삼상 26:9). 이것은 성경 해석의 기본원칙을 마구 짓밟아 뭉개버리는 짓거리이며, 정의를 바로 세우고 공도를 따르려는 교인들을 겁박하고 거룩한 교회를 부패와 악행의 온상지로 만들겠다는 뜻에 다름 아니다. 다윗이 사울을 죽이지 않은 가장 큰 이유는 사울이 장인이기 때문이다. 다윗이 사울을 살려준 첫 번째 사건에서는 사울을 "내 아버지여"라고 부르고(삼상 24:11), 두 번째 사건에서는 사울이 다윗을 "내 아들 다윗아"라고 부른다(삼상 26:21, 25).

아무리 사울이 다윗을 죽이려고 했어도 사울로 인해 다윗이 아무리 고통을 겪었어도 장인을 죽인 사위가 되어서는 곤란하다. 장인도 아버지인데 하나님의 택하심이 있다고 해서, 장인이 하나님의 버림을 받았다고 해서, 기회가 되는 대로 냉큼 죽여서야 인간의 도리가 아니다. 다윗이 사울을 죽인 뒤에, 하나님의 공도를 행하며 은혜의 주권을 고양한다고 천명했을 때 백성들로부터 신뢰받기가 힘들었을 것이다.

둘째, 사울은 단지 하나님의 허락과 택정 그리고 기름부음으로 왕이 되지 않았다. 블레셋을 무찌르고 백성의 인정을 받아 왕으로 즉위했다. 다윗이 하나님의 기름부음을 받았지만 분명 전체 이스라엘을 다스리는 두 번째 왕이 되어야 하는데, 첫 번째 왕 사울을 죽여 라헬 계열의 므낫세 지파와 에브라임 지파 그리고 베냐민 지파와 원수가 된 뒤에도 과연 왕이 될 수 있을까? 불가능하다. 사울과 요나단이 죽은 뒤에, 다윗이 북부 지파들을 흡수하는 데 큰 어려움을 겪었다. 결국 솔로몬 사후에 왕국은 남북으로 분열되었다. 정말로 다윗이 사울을 죽였다면 다윗-솔로몬의 통일왕정은 애초에 불가능했을 것이다.

셋째, 다윗은 직접이든 간접이든 사울을 죽이는 것을 하나님이 원치 않으신다는 것을 분명하게 인식하고 있었다. "여호와께서 금하시나니"라고 말한다(삼상 26:11). 하나님이 금하신다고 분명하게 인식하면서도 자신의 유익을 위해 장인을 죽이는 패륜을 저지르는 것은, 여호와의 기름 부음을 받은 자가 할 수 있는 일이 분명 아니다.

넷째, 다윗이 아비새에게 한 진술의 핵심인 '손을 들어 친다'라는 말은 문맥상, '죽인다'라는 말이다. 다윗의 말은 "아비새가……나로 창으로 그를 찔러서 단번에 땅에 꽂게 하소서"라고 요청한 말에 대한 답변이기 때문이다. 오늘날 교인들은 담임목사의 비리를 적발하고 항의를 할 때 담임목사를 창으로 단번에 찔러 죽이겠다고 덤벼드는 것인가? 분명코 아니다. 담임목사가 해임되어 생활이 막막해진다고 해서 자신이 불신임당하거나 해임당하는 것을 교인들이 창을 들어 찔러 죽이는 것이라고 말해서는 안 된다. 언어도단이며, 주객을 전도시킨 발언이다.

사도 베드로는 목사가 아닌 회중을 향해, "오직 너희는 택하신 족속이요 왕 같은 제사장들이요 거룩한 나라요 그의 소유된 백성"이라고, 평신도들이 제사장이라고 선언하기 때문이다(벧전 2:9). 요한은 "너희는 거룩하신 자에게서 기름 부음을 받고"라고(요일 2:20), 그리고 "너희는 주께 받은바 기름 부음이 너희 안에 거하나니"(요일 2:27)라고 연거푸 말한다.

다윗이 아비새에게 한 말을 되새겨보자. 이스라엘의 '왕'이라는 직분은 하나님으로부터 기름 부음을 받은 '종'이라고 특정하지 않는다. 하나님의 기름 부음을 받은 '자'를 죽이면 안 된다는 식으로 말했다. 심지어, 괴롭히는 행위를 한 것조차 괴로워했다. 다윗의 취지와 성경의 정의를 분명히 한다면, 하나님의 기름 부음을 받은 자들인 평신도들을 괴롭히는 목사는 하나님을 거역하고, 하나님께 반역을 저지르는 셈이다. 하나님의 자녀를 성추행하거나 속이고 탐욕을 채우는 대상으로 삼아 갈취하고 폭

하나님을 자기 쪽으로 끌어당겨

사적 이익을 도모하는 것은 사악한 계교이다

행을 일삼는 것은 더욱 용납할 수 없는 악행이다.

다윗의 말 가운데, "여호와께서 사시거니와 여호와께서 그를 치시리니"(삼상 26:10)라는 말도 매우 주의해서 해석하고 적용해야 한다. 다윗의 이 말을 사울의 왕직과 특별히 관련된 발언으로 해석해서 목사의 문제는 하나님께 맡겨두라는 일반원칙으로 만든다. 결국, 목사가 무슨 짓을 하든 내버려둬야지 목사를 비판하고 흔들면 치도곤을 당한다는 기괴한 논리를 편다. 진실은 정반대다.

제사장 엘리의 두 아들 홉니와 비느하스는 하나님께 드리는 제사를 더럽혔고 성막에서 수종드는 여인들과 동침을 했다(삼상 2:22). 아버지 엘리는 이런 사실을 충분히 알고 있었음에도 두 아들의 생계를 걱정해서 제사장 직분을 거두지 않았다. 백성의 장로들도 틀림없이 홉니와 비느하스의 부정을 알고 있었다. 블레셋과의 전쟁에서 이스라엘 군사 4천 명이 죽자 장로들은 패전을 만회하기 위해 언약궤를 전쟁터에 내오기로 했다. 장로들은 홉니와 비느하스가 법궤를 메고 앞장 서도록 했다. 결과는 참혹했다. 하나님의 경고대로 엘리와 두 아들이 한날 죽었지만 3만 명의 이스라엘 군사들도 함께 몰살을 당하고 법궤를 빼앗겼다(삼상 4:10-11).

북왕국 이스라엘이 앗수르에게, 남왕국 유다는 바벨론에게 멸망을 당하고 백성은 포로로 끌려갔다. 선지자들이 이 비극에 대해 경고하고 회개할 것을 촉구할 때 왕과 관리들뿐만 아니라 제사장들의 부패와 선지자들의 거짓 예언에 대해서 반복해서 경고했다. 권세자들의 타락, 제사장의 부패, 선지자들의 거짓 예언을 허용하고 받아들인 죄가 백성에게도 있었기에 하나님이 직접 처결하실 때 백성에게도 죄를 묻고 응징하셨던 것이다. 무력한 백성이지만 권력자들의 죄악을 방임하고 묵인하고 받아들여 공범 혹은 종범이 되었다고 보신 것이다.

요한복음 10장에 따르면, 좋은 목자는 양을 위해 자기 목숨을 건다. 하지만 삯군은 이리가 다가오는 것을 보면 자기 목숨을 보존하기 위해 양을 버려두고 달아난다. 성경은, 양을 위해 자기 목숨을 버리는 목자와 자신의 이익을 위해 양을 해치는 목자, 이렇게 두 가지 종류로 목자를 구별한다. 수만 명을 홀리고 이리처럼 양을 늑탈하여 거대한 예배당을 건축하는 목사들은 어떤 목자들인가? 하나님의 말씀을 운운하며 하나님의 권위를 내세워, 양의 고혈을 짜먹고 추행하고 교회 밖으로 몰아내기를 일삼고, 심지어 교회재산을 팔아 자신의 배를 불리는 목사들은 선한 목자가 아니다. 게다가 교단헌법과 세속법을 교묘하게 이용하여 담임목사 지위를 철저하게 방어하기까지 한다. 담임목사의 부패를 예방하기 위한 조치를 확립하기 위해 교회정관을 두려는 교인들의 시도를, 목사가 자신의 이익을 침해당하는 것으로 간주하여 온갖 수작과 협박으로 가로막는다면 이 역시 악한 목자이다.

좋은 교회, 어리석은 교인에게는 한낱 꿈!

11

기독교인, 불교인, 천주교인 혹은 장로교인, 성결교인, 침례교인 등의 표현에서 알 수 있는 것처럼 '교인'이라는 단어는 '어떤 종교를 가진 사람' 혹은 '어떤 종파에 속한 사람'이라는 뜻으로 사용되는 것이 일반적이다. 이런 의미의 연장선에서, '교인'이라는 단어는 단지 문맥에 따라, '종교를 가진 사람'이라는 뜻을 암시할 뿐 그 정확한 실체는 드러나지 않는다. '교인이다' 혹은 '교회에 다닌다'는 말은 영적으로는 혹은 성경적으로는 아무런 의미가 없다. '교회에 다닌다'라는 말을, '예수 그리스도를 나의 구세주로 믿는다'라는 말을 함축하는 취지로 사용하면 정말이지 의미가 있을까? 이 문장에 '건성으로' 혹은 '열심히'라는 부사를 붙이면 그만큼 실질적인 어떤 의미가 부가될까? 과연, 우리는 단지 '교인'이기만 해도 하나님의 '복된, 좋은' 교회와, 그 축복을 누릴 수 있을까?

교회 다니는 사람, 교인인가 신자인가?

신학적으로 볼 때, 신자는 하나님에게서 죄용서와 의롭다 함을 받고 하나님의 자녀된 권세를 가진 사람이다. 대체로 우리는 이 신학적 정의에 동의하면서도 현실에서는 좀 다른 정의를 사용한다. 기독교 신앙을 천명하는 특정 교회에 등록하고 출석하며 교인지위를 갖고 있는 사람 정도로 이해하고 사용한다. 구원의 확신을 갖고 교회에 정기적으로 출석하고 교회당국이 요구하는 활동에 참여하는 '교인'이란 말이 항상 신학적 정의, 성경적 기준에 부합하는 신자가 아니기에 때때로 '참 신자'라는 개념어가 등장하여 사용된다.

'신자'와 '교인'은 이처럼 불일치할 수 있다. 이 불일치 혹은 용어의 한계점을 느낄 때 '참 신자'로 인정받기를 추구한다. 영생을 가졌다거나 '하나님의 자녀 혹은 권속'이라는 자각은 때로는 흔들린다. 그래서 자신은 참된 신자라는 확신 혹은, 참된 신자가 되기 위해 양심적으로 최선을 다했다는 자의식을 강화하기 위해 교회활동 혹은 각종 '프로그램'에 열심히 매달린다. 자신이 받은 복을 헤아려본다. 그리고 그 복을 드러내 다른 사람들의 인정을 받고자 한다. 하나님의 은혜를 말하고, 하나님의 영광을 추구한다고 말한다. 이 열심을 품은 만큼 자신은 참되다는 자의식을 갖는다.

대체로 이러한 추상화된 개념에 만족한다면 대단히 중요한 것을 놓치게 된다. 주님을 따른다는 것으로 충분하다고 여긴다면 주님께서는 "아무든지 나를 따라 오려거든 자기를 부인하고 자기 십자가를 지고 나를 좇을 것이니라"라고 왜 말씀하셨을까?(마 16:24) "자기를 부인하고 자기 십자가를 지고"가 무엇이냐고 묻고 자기 자신과 자신의 도덕성을 중심으로 답안을 작성하는 것이 주님을 따른다는 의미라면 자기중심적 추상화된 신앙생활을 계속해서 지향하게 된다. 이때 지상교회는 실종된다. 이런 사람들 가운데 일부는 자신의 교회에 문제가 생기고 내홍을 겪을 때 자신의 신앙생활에 뭔가 잘못되었다고 느끼고 반성하지만 대부분의 나머지 다른 사람들은 교회중심의 신앙생활에서 멀어지거나 다른 교회로 옮겨간다.

'자기 부인과 자기 십자가'라는 말씀과 "나의 멍에를 메고 내게 배우라"는 말씀을 연결하여 지상교회에 대해 고민할 때 온전한 교회론을 지향하게 된다(마 11:29). 실은, 이 지점이 유럽 중세교회와 로마 가톨릭의 오류와 결정적으로 단절하고, 회중주의 교회론으로 도약하는 발판이 되었다.

회중주의 교회론을 인식하고 염두에 두어야, '신자' 혹은 '교인'에 대한 성경적 개념이 분명히 드러난다. 성경 전체에서 '교회'라는 용어는 뒤늦게 출현한다. 그러나 교회의 개념과 기초는 성경 전체를 관통한다. 성경은 교회를 위한 책이며, 교회를 지향한다. 보편교회가 아니라 지상교회를 지향하되, 지상교회를 온전케 하여 보편교회를 완성하는 하나님의 손을 보여주고, 사람들을 이 위대한 사역에 동참시키는 책이다. 십자가와 지상교회를 연결하지 않는다면, 추상화된 '교인' 개념에 머무른다. 결국, 지상교회를 구성하는 교인의 한 사람으로서 자신이 출석하고 섬기는 교회에서 자신은 어떤 특권과 책무를 갖고 있는지를 모르게 되고, 그 특권을 바르게 사용하여 교회를 온전한 상태로 유지해야 할 책임이 있다는 인식이 흐려진다. 그 다음 단계는, 대체로 건전하다고 인정되는 아무 교회에서든 나름대로 열심히 신앙생활을 하면 되지 않느냐는 생각을 하게 되는 것이다.

신자특권과 교인특권은 다르다

신자의 특권(권세)은 하나님의 선물이다. 반면에 교인의 특권(권세)은 자발적으로 어떤 개별교회의 교인총회(공동의회 혹은 사무처리회) 즉, 회중의 구성원이 되겠다고 하는 의사와 기존 교회회원들이 허입함으로써 갖게 되는 기본권이며, 개인의 자발성이 결정적으로 중요한 요소인데, 지상교회에 적극적으로 참여하고 지상교회로부터 부여받는 발언권, 투표권(표결참여권), 선거권, 피선거권이 그 핵심이다.

이 기본권은 민주주의 제도를 교회 안에 받아들여 생긴, 세속적인 것이 결코 아니다. 신자의 특권은 하나님의 주권적 은혜와 성령의 역사로 말미암는 '구속적 믿음'과 더불어 위로부터 값없이 주어진다. 따라서 신자의 특권은 영적인 것이며, 모든 믿는 자를 하나님이 자신의 권속으로 받아주시는 것과 이로 말미암는 것이다. 반면에 교인특권은 예수 그리스도를 구주로 영접했다고, 교회에 열심히 다닌다고 무조건적으로, 자동적으로 주어지는 것이 아니다. 그 교회의 영적 본체 즉, 구속받고 교회적 사명을 부여받고 그리스도의 멍에를 함께 짊어지고 그리스도의 발자취를 따르겠다고 자발적으로 서약하여 결속한 '회중'의 구성원이 되어야 얻는 특권이다. 그리스도의 몸에 실질적으로 참여한 구성원이 되겠다고 자원하고 기존의 회원들로부터 그 적절성을 확인받아, 회중에 받아들여지는 합법적 절차를 밟아야 한다. 교인특권은 소유가 목적이 아니라 적절하게 행사하여 그리스도의 신부인 교회를, 하나님 보시기에 선하고 순결한 상태를 유지하고 하나님을 영화롭게 하겠다는 책임과, 성경적 방식에 따라 실행할 책임을 바탕으로 한다. 이런 점에서는 물론, 지극히 영적인 것이다.

교인특권을 좀 더 정확하게는, '교회회원권'(membership of a church)이라고 한다. 교회회원권을 가진 사람이야말로 진정한 의미에서 '교회' 따라서 그리스도의 지체(肢體)이다. 교회회원권을 가진 사람은, 그 교회의 방식에 따라 그 특권을 적절하게 사용하여 교회사역 및 정책을 결정하고 집행하도록 하고 교회목적을 성취하도록 할 책임을 공유한다. 따라서 단지 교회를 다닐 뿐인 교인과, 교회회원인 교인은 질적으로 다른 존재이다. 후자야말로, 그리스도의 신부인 교회를 구성하는 진정한 요소이며 참된 교회의 으뜸가는 징표라고 할 만하다. 그런데 전자 즉, 예수 그리스도를 주로 영접한 뒤에 교회를 다니되 교회회원권이 없는 교인 역시, 그리스도의 신부라고 간주해도 될까? 적극적으로 교회회원권을 인식하고 교회회원이 되어 교회를 그리스도에게 깊이 뿌리 내리고 든든히 세우려고, 그리스도의 말씀과 교훈을 받은 대로 믿음으로 세우고자 애쓰지 않는, 단지 교인일 뿐인 자도 마찬가지로 그리스도의 신부라고 감히 단언할 수 있는가?

장로제도는 회중주의를 철저하게 구현하지 못했다. 16~17세기 스코틀랜드 교회가 당면한 국내외적 상황과, 스코틀랜드 민중의 무지가 커다란 장애물로 작용했기 때문이다. 이 상황에서 스코틀랜드 국가와 교회를 안정화시킬 최적의 교회제도로서 장로제도를 완성했다. 반면에 잉글랜드에서는 국왕과의 충돌로 인해 국왕반대파는 비국교파로 내몰렸다. 비국교파 가운데 일부는 비록 엄혹한 환경이긴 해도 회중주의를 철저히 실행하겠다고 도전할 수 있었다. 이 때문에 잉글랜드 청교도들은 회중주의 교회론의 기초를 확립할 수 있었다. 그리고 침례교인들은 회중주의를 한 단계 더 성숙시켰다. 이윽고 17세기 전반기에 특수침례교회들이 런던지방회(London Association)을 결성할 수 있었다. 이로써 그리스도의 복된 신부인 '교회'는 가장 순결한 자태를 드러낼 수 있게 되었다.

한국 개신교회, 다른 길을 걷고 있다

20세기 후반부터 한국사회는 산업화, 도시화, 신자유주의적 자본주의와 더불어 개인주의가 팽배해졌다. 이 기조는 교회론과 목회론에도 영향을 미쳐 개인주의적 경향이 가일층 심화되었다. 66권 성경 가운데 어느 것도 개인적이지 않고 '회중' 즉, '교회'를 지향하고 있음에도 불구하고 개인을 초점으로 두고 성경을 해석하려는 경향이 있다. 개인주의적 추세는 성경적 교회론이 부패할 때 나타나는 현상이다. 개인주의적 오류에 찌든 인간들은 성경이 약속한 축복도 개인주의적으로 해석하여 자기 개인의 것으로 적용하려 든다. 하나님이 원하는 교회조차도 개인주의적 기복신앙에 따라 해석하고 이용하는 것으로 만족하게 된다.

개인을 '그리스도의 신부'로 간주하고, 참된 교회에게 주어지는 축복을 개인적으로 누릴 것을 기대하는 것은 엄밀하게 보자면, 근거가 희박하며 전혀 개혁적이지 않다. 개인을 교회와 등치시키는 것은 종교개혁가들이 거부한, 사제주의적이며 로마 가톨릭주의적인 것이기 때문이다. 사제주의에서 '개인'은 반드시 사제만을 가리키며, 평신도는 주교정치체제에 종속된 피동적이며 객체에 불과한 존재이다. 로마 가톨릭주의에서 사제는 회중과는 전혀 상관이 없이 교황의 권위에 복종하여 교황의 권위에 빌붙어 행세하는 존재일 뿐이다. 이런 체제에서 평신도는 교회특권을 가진 특권층에 예속된 피지배층에 불과하다.

종교개혁가들은 봉건적 계급주의의 잔재인 사제주의를 배격하고, 교회특권을 교회회원 전체가 공유하는 회중주의를 성취하기 위한 싸움을 시작했다. 회중에 속한 개인이 아니라 개인들이 개별성과 고유성은 유지하면서도 하나로 결속된 독립된 회중을 교회의 본질로 보았고, 이를 구현하는 방식을 모색했다. 회중주의에서는 교회의 어떤 직분도 계급이 아니었고, 교회의 모든 직분은 회중에 예속되며 회중을 섬기는 것이었다. 개인 혹은 피조물에 속한 어떤 것이 그리스도의 신부인 교회를 지배하지 못하도록 했다. 일단의 무리가 회중의 권세를 독차지하거나 회중으로부터 분리해서 회중을 지배하지 못하도록 했다. 오직 하나님의 말씀과 성령만이 교회를 지배하고, 하나님의 주권적 통치가 실현되도록 하려는 것이 회중주의 정신이기 때문이다. 하나님께 속한 가족 전체가 하나님의 영광에 동참하고 하나님 나라를 구축하는 것이 성경의 참 뜻이기 때문이다.

오늘날 한국에서, 교인은 교회를 쇼핑한다. 감성을 충족시켜줄 분위기를 가진 교회를 찾아 메뚜기처럼 이리저리 옮겨다닌다. 사실상, 물질적인 갈망 및 감각을 채워줄 기회를 찾아 옮겨다닌다. 자기 보기에 좋은 것, 자기 귀에 즐거운 것, 편안하고 복되다고 여겨지는 것, 잘 될 것처럼 느껴지는 것이 판단기준이다. 자기 자신이 아니라 가족의 신앙생활을 위한다는 것이 명목적이나마 이타적인 요소이다. 철새 교인들은 대체로 '다닐만한 좋은 교회가 없다'라고 한탄하며 이런저런 불평을 늘어놓는다. 이런 불평은 일견 타당하고, 한국교회가 썩어빠진 증거들이다. 불평하는 입술이 쏟아내는 이러한 증거들은 좋은 교회를 찾아다니는 순례 방문을 정당화한다. 지성이면 감천이라고 좋은 교회가 나타날까? 하나님이 칭찬하는 좋은 교회가 선물처럼 주어질 것인가? 결코 그렇지 않을 것이다. 하나님은 공의의 하나님이시기 때문이며, 뿌린대로 거두는 것은 하나님이 정한 법칙이기 때문이다.

축복받은 한국교회?, **뿌린 것이 없으면 거둘 것도 없다**

좋은 목사, 좋은 지도자, 그리고 좋은 교회가 있다는 것은 축복이다.

하지만 한국교회에 좋은 목사, 좋은 지도자가 없다는 한탄도 종종 듣는다. 한국에는 왜 이런 축복이 없을까? 좋은 목사, 좋은 지도자는 태어날 수도 있지만 길러내는 것이 대부분이고, 이것이 더욱 중요하다. 좋은 교회는 우연히 존재하는 것이 아니라 말씀에 따라 세우는 것이다.

성경은 좋은 교회를 세우라고 명령한다(골 2:6-8). 그렇다면 순리에 따라, 우리는 좋은 목사를 길러내는 교회가 있었느냐고 물어야 한다. 거의 모든 교회가 좋은 목사를 길러내지 않고 좋은 목사를 초빙하려 든다. 출신학교와 학력을 따진다. 배경을 중시한다. 인맥을 중시한다. 이러한 경향이 좋은 목사의 입지를 좁히고 좋은 목사가 생존할 기회를 박탈하는데 적극적으로 동조하는 행위라고는 결코 생각하지 않는다. 좋은 목사가 생존할 수 없는 풍토를 만들어놓고는 좋은 목사를 찾으려 들고 좋은 목사가 없다고 불평하는 셈이다. 이것은 자가당착이다. 어리석은 자들을 속일 뿐인, 가면이다.

좋은 교회는 밭과 같다. 좋은 밭은 농부의 끊임없는 수고와 돌봄으로 좋은 상태를 유지하고 있는 밭을 가리킨다. 농부는 좋은 밭을 찾아 유랑하지 않는다. 그 땅이 누구의 소유이든 자신이 농사를 짓기로 한 밭을 좋은 밭으로 만들려고 온갖 노력을 한다. 진정한 농부는 좋은 밭을 만들기 위해 최선을 다하고, 좋은 씨를 뿌리고 열심히 농작물을 돌본다. 좋은 농부가 좋은 밭에서 거둔 좋은 결실은 단지, 농부 가족의 한겨울 식탁을 풍성하게 하는 것으로 끝나지 않는다. 반대로, 모든 농부가 좋은 밭을 찾아 이리저리 몰려다니는 나라를 가정해보라. 진정한 농부도 없고 농경지는

교회회원(권)에 대해

잘 가르치는 교회를 만들지 않는 것이

불행의 시작이다

황폐해질 뿐이다. 값싸고 질 좋은 식품은 사라지고 싸구려 저질 식품은 국민의 건강을 해친다. 이쯤되면 사람들은 싸구려 저질 식품에 대해 불평을 늘어놓지만 아무리 불평해도 개선의 여지는 없다.

성경을 읽을 줄 아는 사제가 없는, 중세시대는 우연히 찾아오거나 재수가 없어서 마주친 막간이 아니다. 중세의 암흑을 극복한 것도 우연이 아니다. 소망의 간절함 때문에 종교개혁 시대가 도래한 것이 아니다. 무지와 무책임과 비겁함 등이 암흑시대를 만들었고, 신명을 다하고 목숨을 바친 투쟁 끝에 암흑시대를 극복했다. 비겁한 타협과 변절을 미화하고 두둔할 때 악취가 진동하는 시궁창에 몸을 담글 수밖에 없지만 시궁창에 발을 담그고 손을 부지런히 움직여 청소할 때 맑고 밝은 세상을 만들 수 있는 법이다.

한국교회를 아무리 신랄하게 비판해도 한국교회는 건강해지지 않는다. 교회를 교회답게 만들려는 실제적이며 구체적인 노력이 교회 내부에서 일어나고 좋은 성과를 거둬야 한다. 그러므로 단순한 의미에서, 예배참관인에 불과하고 셔틀버스처럼 시간에 맞춰 교회에 들리고 교회를 편의시설처럼 이용하며 교회들을 순례하는 교인은 아무리 많아도 소용없다. 이런 여행객들로 가득 찬 교회당은 진정한 교회라기보다는 놀이공원시설에 가깝고, 영적 활력을 기대하기 어려운 집단이다. 소금과 빛이 되려거든 충실한 '교회회원'들을 양육해 내는 곳이어야 한다. 회중에 결합하고 교인특권을 갖고, 교회의 이름으로 수행되는 일체의 것들에 대해 발언하고 표결하고 그 집행을 감독해야 한다. 목사가 전제군주처럼 처신하면서 교회를 욕되게 한다면, 교인총회의 결의로 이를 막는 조치를 적극적으로 취해야 한다. 교회의 설교와 교육이 경박하다면 무게를 더하도록 조치를 취해야 한다. 이것이 '여호와의 총회'이다. 이렇게 할 때에만 '여호와의 총회'에게 약속된 모든 축복을 향유할 수 있다.

가나안 성도, 그들은 성도도 교회도 아니다

12

오늘날 '가나안 성도,' '가나안 교회'라는 용어들로 표현되는 흐름이 강력한 조수를 형성하고 심지어 거스를 수 없는 대세처럼 느껴진다. 일부의 일탈로 간주할 수 없는 지경이다. '교회 밖에도 구원이 있는가?' 혹은 '교회 밖 신앙은 정당한가?'라는 고전적인 신학적 질문은 한국교회의 부패와 무능력 그리고 무대책 때문에 그저 그런 무의미하고 고답적인 헛소리로 치부된다. '오죽하면 신자가 교회를 안 나가겠는가?'라거나 '맘 편히 다닐만한 교회가 도대체 어디에 있느냐?'라는 반문, 혹은 '기존교회에서 얼마나 많은 상처를 받았는 줄 알기나 합니까?'라는 말 앞에서는 설득력 있는 반대발언을 하기가 쉽지 않을 뿐더러 힘들다.

우리, 한국교회는 불행했다

한국교회는 매우 불행하다. 한국교회의 신자들은 훨씬 더 불행하다. 유럽의 각국, 각 지역교회는 그리스-로마제국 문명이라는 동일한 뿌리에서 자라나오면서 '기독교화'를 경험했고, 실패와 개혁의 역사를 반복적으로 경험했다. 르네상스와 인문학의 대두 그리고 16~17세기 종교개혁과 사회변혁을 경험하면서 중세 봉건제도의 껍질을 벗고 근대 기독교로 탈바꿈했다. 근대국가의 형성을 선도하거나 발맞춰 각국 및 각 지역 교회들을 형성했다.

우리가 교회사에서 확인하는 거의 모든 기독교 종파는 유럽에 기원을 둔다. 신대륙에 세워진 미국은 유럽인들이 이주하여 세운 나라(들)이며 미국 기독교는 유럽에서 이식(移植)되어, 퍼져나간 것이다. 존 칼빈, 존 오웬, 찰스 웨슬리, 조지 휫필드, 존 웨슬리, 찰스 피니 등과 같은 기라성 같은 개인과 신학은 단지, 서책들과 추상적인 사상의 편린들로만 존재한 것이 아니다. 이미 유럽의 민중과 토양에 뿌리를 내린 교회를 형성했다. 그 교회가 신대륙에 옮겨 심겨지고 무성히 자라난 것이 미국교회이다.

이에 비하면, 한국교회는 신출내기 선교사들의 빈약한 지식과 경험을 통해 급조된 군대, 어설프게 세워진 건물과 아무것도 모르는 오합지졸에 다를 바가 없었다. 젊은 외국인들이 시키는 대로 하다 보니 신자가 되었고 교회를 세우게 된 셈이다. 더욱 불행하게도, 동학혁명의 혼란을 겪고 청일전쟁과 러일전쟁을 당하고, 미국과 일본이 비밀리에 체결한 카스라-태프트 협약에 의해 한반도는 일제에 의해 병탄되고 말았다. 미국 선교사들은 일본의 한반도 병탄에 협력했고, 일본 기독교는 한국교회에 대해 종주국 노릇을 하게 되었다. 신학적 왜곡과 혼란은 불가피했고 후대에 미친 영향은 심대했다.

한반도의 불행한 현실은 교회의 신앙과 신학을 일제에 의한 피식민성을 합리화하는 쪽으로 왜곡하게 만들었다. 교회는 선교사들의 지도를 받아들여 반민족적인 행위를 정당화했고, 현실을 외면하는 비정상적인 가르침을 전했다. 이 왜곡은 신사참배가 우상숭배가 아니며 애국 시민의 당연한 도리라는 주장을 수긍하는, 인지부조화를 만들어냈다. 한국교회의 이런 태도는 1930년대 한국 사회에 무교회주의운동, 각종 이단종파, 심지어 사회주의와 공산주의 운동이 범람하는 데 주된 원인의 하나였다.

20세기 벽두의 한반도 대혼란기에 희망의 원천이었던 기독교는 1907년을 전후로 해서 부흥운동의 대성공을 경험하지만, 내재된 모순 때문에 그 추진동력을 이어가기가 힘겨웠다. 그러다가 1919년 삼일만세운동을 이끈 민족대표 33인에 개인 자격으로 참가한 기독교인들의 면면은 한국교회의 위상을 드높이고 민족의 희망을 어디에서 찾을지를 분명히 보여줬다. 이 때문에 의식있는 많은 젊은이들이 교회를 찾았으나 이내 실망하고 교회를 떠나, 교회 밖에서 희망을 찾기 시작했다. 신앙을 저버리지 않은 이들, 심지어 교회 안에 남은 젊은이들도 무교회주의적 영향을 받아들였다.

이처럼 한국교회는 교회 안에서 빛을 찾아내어, 교회 밖 세상을 비춰주는 순기능은 취약했다. 위기와 격동의 순간에는 기득권을 옹호하는 이데올로기의 온상이 되었고, 의식 있는 이들은 교회 밖으로 밀려나갔다. 기껏해야 교회의 주변부에 머물렀을 뿐이다. 보수주의 신학은 신앙의 보수가 아니라 권력과 물질적 이익을 보수하는 역할을 했다. 미국에서 자유주의 신학에 대항하기 위해 일종의 연합전선처럼 형성된 보수주의 신학은 한국에서는 기득권을 수호하는 방파제처럼 변질된 측면이 농후했으나, 이에 대한 냉엄한 반성은 없었다. 30년대 이후 90년대를 거쳐 2천 년대에 접어들 때까지 한국교회의 이러한 문제는 교계 내의 보혁 갈등으로 치부될 수 있었다.

하지만 2천년대 이후에 전개된 한국사회 상황과 맞물려 한국교회의 문제는 밖으로 터져 나오기 시작했다. 교회와 교인들에 대한 외부의 시선은 냉담해지고 경멸적이기까지 했다. 부익부빈익빈, 유전무죄 무전유죄의 갈등이 심화되면서 한국교회는 하나님을 경외한 것이 아니라 돈과 권력을 추악할 정도로 추종한 집단이라는 인식이 팽배해졌다. 2천년대에 이르기까지 한국교회는 '대형교회'와 '대형교회가 되려는 교회'로 구분될 수 있었다면, 이제는 '문제가 터진 교회'와 '문제가 터질 교회'로 구분될 지경이다.

과거에는 누란의 위기에 처한 민족을 위한 교회의 역할에 대해 실망한 신자들이 교회 밖으로 뛰쳐나갔으나 이제는, 상처 입은 순수한 신자들이 교회 밖을 떠돌 수밖에 없는 시대가 되었다. 마땅히 정착하고 쉼을 얻고, 마음의 상처를 치유받을 교회도 없다. 한국교회는 종교로서의 이 기본적인 기능조차 제대로 수행할 준비도 되어 있지 않은 기묘한 종교집단이 되어버렸다.

물론 서구사회가 이런 현상을 경험하지 않은 것은 아니다. 산업혁

명기의 영국 사회와 교회가 이런 현상을 경험했다. 미국으로 이주한 유럽 교회들이 이와 비슷한 현상을 경험했다. 이 때문에 야기된 위기를 극복한 중요한 계기는 대부흥운동이었다. 물론 각 교파 교회 안에서도 많은 노력을 기울였다. 이것은 생명력이 있는 교회들의 당연한 모습이다.

그러나 한국교회는 아직까지 이렇다 할 움직임이 없다. 아직까지는 희망이 없다. 과거에 만들어진 체제 안에서, 과거와 거의 동일하게 움직이면서, 때로는 비난하고 때로는 개탄하고 때로는 글을 쓰면서 획기적인 반전이 일어나길 기다릴 뿐이다. 이것은 신실한 신앙의 당연한 자세라기보다는 무기력과 무대책 그 자체이다.

진정한 소망은 실패한 그 자리에서, 그 실패에 대한 철저한 반성과 그 반성에서 추동력을 얻는 것에 있다. 하나님의 자비와 은혜에서 오는 능력과 믿음이 다시금 생명력을 불꽃처럼 일으킬 때 교회는 갱생할 것이다. 한국교회는 극심한 부패를 야기한 구조를 어떻게 반성하고 개혁할 것인지에 대한 숙제가 있다. 윌리엄 커닝햄을 위시한 스코틀랜드인들은 스코틀랜드교회(The Church of Scotland)를 등지고 나와 자유교회(The Free Church of Scotland)를 세웠다. 스코틀랜드 신앙고백과 종교개혁 정신을 이런 식으로 이어갔다. 네덜란드 개혁교회도 이런 식으로 눈물의 분열을 선택했다. 한국교회는 무엇을 선택할 것인가? 이와는 별개로 작동할 여지가 있는 것이 소위 '가나안교회' 운동이다. 가나안교회 '성도'는 기성 교회에 출석하지는 않지만 기독교 신앙을 고수하는 신자로서, 당당히 보편교회의 구성원들이므로 여전히 '교회' 안에 있으며, 교인이라고 자처한다. 그러나 교회론적으로 보자면, 어떤 개인도 지상교회 없이 신자가 되는 법이 없고 지상교회에 소속되지 않는다면 보편교회에도 속하지 않는다.

물론, 혹자는 예수를 믿는 믿음만으로 천국에 간다고 주장한다. 원리적으로는 맞다. 하지만 상당히 많은 내용을 압축한 일종의 '구호'이며 '기치'임을 알아야 한다. 초신자는 그 구호만 '믿으면' 되겠지만 이것이 얼마나 정당한지, 실제로 개인의 구원이 어떻게 성취되는지를 충분히 설명하는 데에는 많은 신학적 진리가 동원된다. 적어도 구원론과 성령론 그리고 교회론의 핵심진리들을 동원해야 한다. 교의학을 거부하고 신학적 사고를 중지시킨 채, 성경을 펼치더라도 실상 마찬가지이다. 성경은 하나같이 '교회'를 지향하고 교회에 대해 말하며 교회를 완성시키는 데 집중한다. 무슨 용어를 동원하고 어떻게 논리를 비틀어도 우리의 '구원'과 '교회'는 밀접하게 연결되어 있고, 개인 구원의 완성과 교회의 완성은 동일한 초점에서 만난다.

그렇다고 해서, 인간인 이상 인간의 한계를 초월해서 성경시대로 돌아갈 수 없다. 우리가 하는 거의 모든 고민은 역사 속에 이미 모조리 등장했고 예외없이 시행착오를 겪었다. 역사적 경험 속에서 찾을 수 있는 교회정치론은 로마 가톨릭의 주교정치제도, 장로정치제도, 회중정치제도, 이렇게 세 가지뿐이다. 어떤 신학을 취하든 이 세 가지 교회정치론 가운데 하나를 채용하여, 신론-구원론과 결합시켜 종교체계를 만들고 작동시킨다. 한국교회의 분위기와 부패에 상처를 받고 염증을 느껴, 교회 밖으로 뛰쳐나왔을 때, 그리고 여전히 자신이 기독교인이라는 신앙과 정체성을 갖고 있다면 딱 세 개의 선택지만 눈앞에 놓여 있을 뿐이다. '기존' 교회로 되돌아가서 교회의 주도권을 장악하여 교회 개혁을 적극적으로 성취하기 위해 분투하든지, 교회의 주도권을 장악하지는 못해도 빛과 소금의 역할을 하면서 건전한 영향을 지속적으로 발휘하는 영적 전투를 치르든지, 동지들을 모아 새로운 교회를 개척하든지, 이렇게 셋이다.

성도의 자세, 건강한 교회를 보존하고 육성해야 한다

소위 '가나안' 성도는 이 세 가지 대안 가운데 하나를 모색하여 건강한 지상교회를 보존하고 육성하는 데 기여할 때에만 '성도'라고 불릴 자격이 있다. 이러한 노력을 기울이고 있을 때에만 지상교회 밖에 있더라도 여전히 보편교회 안에 있는 성도인 것이다. 이것은 결코, 필자만의 이상주의적 견해가 아니다. 불행하게도 한국교회가 성도들에게 이런 훈련을 시키지 않았을 뿐이다.

언젠가 미국 어느 침례교회에 다니는 생면부지의 미국인 집사에게서 이메일을 받았다. 이 집사가 속한 교회는 '미국 개혁주의 침례교 연합회'(ARBCA)에 속해 있었다. ARBCA는 17세기 초에 영국 런던에서 등장한 특수침례교회의 개혁주의 신앙노선과 회중주의 정치체제를 견지하는 미국 침례교회들의 연합체(association, 지방회)이다. '데일 애쉬워즈'라는 이 집사는 직장에서 극동지사의 매니저로 한국 발령을 받게 되자, 한국에 개혁주의 침례교회가 있는지를 확인하기 시작했다. 그러다가 결국, 미국의 어떤 컨퍼런스에서 한국의 침례신학대학 교수가 발표한 내용에서, 이 교수가 개혁주의 신학을 견지한다는 사실을 발견하고, 이 교수에게 한국에 개혁주의 침례교회가 있는지를 문의했다. 교수는 당시 한국에 개혁주의 침례교회가 공식적으로 존재하지는 않으나 개혁주의 침례교 목사는 존재한다면서 내 이메일 주소를 알려줬다. 정식으로 한국으로 부임하기 전에, 답사 차 한국에 왔을 때, 서울에서 한 차례 만남을 가졌다. 그는 내가 자신의 개혁주의 신학노선과 일치하는 목사인지를 확인하기를 원했다. 한국에 부임한 뒤에는, 주일 오전에 서울의 장로교회의 외국인 예배에 출석한 뒤에 오후에, 자신의 집에서 자신의 가족과 친구들과 함께 예배드리기를 원했다. '데일'이라는 이 친구는 미국의 본 교회에 본적을 유지하고 틈틈이 담임목사에게 근황을 보고하고 영적 상담을 했다. 언제나 주일 오전에는 가족과 함께 한국 장로교회에 출석해서 공예배를 드렸다. 오후에는 자신의 가족과 우리 가족, 그리고 친구들과 함께 가족예배를 드리고 교제를 나눴다. 4년간의 이 교제를 통해, 한국에 정식으로 개혁주의 침례교회를 개척하고자 백방으로 노력했으나 그 뜻을 이루지 못하고 한국지사 폐쇄와 함께 미국으로 돌아갔다.

데일 애쉬워즈 가족과 나눈 교제는 비록 교회개척으로 이어지지는 못했지만 필자에게는 대단히 특별한 경험이었다. 그 가족을 통해 지상 성도의 자세를 새롭게 인식하게 되었고, 한국교회를 바라보는 새로운 시각을 갖게 되었다. 데일은 집사 직분이었지만 상당한 신학적 안목을 가졌고, 기독교 교리를 상당히 깊이 있고 안정되게 소화하고 있었다. 그가 소장하고 읽고 있는 책은 한국의 어지간한 목사들도 따라잡기 힘들만큼 무게가 있었다. 매일 아침 출근하기 전에, 개인적인 경건의 시간을 가졌고 10대였던 아들 '애런'(Aaron)을 깨워 성경과 천로역정을 함께 읽고 충분히 해설해줬다.

그런 가족이었기에, 주일 오전에 출석하는 한국 장로교회의 외국인 예배는 실은 고통스러운 경험이었다. 오후에 우리 가족과 함께 예배를 드린 뒤에는, 오전에 출석하면서 경험한 고통과 그 고통을 낳은 한국교회의 구조적 문제점들에 대해 토론하기도 했다. 데일 가족이 미국으로 돌아간 지 10년이 지난 지금, 데일 가족과 함께 토론하고 고민했던 병폐들은 더욱 심화되고 가시적으로 드러나고 있다. 데일이 오늘의 한국교회를 들여다보았으면 뭐라고 할까, 궁금해질 때가 종종 있다.

오늘 '가나안 성도'를 자처하고 '가나안 교회'를 말하지만 이대로라면 얼마 지나지 않아 그냥 흩어져 없어질 것이다. 기독교 신자라는 정체성은 인식의 밑바닥에 가라앉아 있다가 커다란 이슈가 생길 때 불현듯 기독교인으로 행동하고 흥분이 가라앉으면 평범한 한국인의 일상으로 돌아가기를 반복할 것이다. 이 역시 이미 미국 기독교가 오래 전부터 경험한 것이다.

한국교회가 이 불행한 행습을 차단하고 거듭나게 하려면 '가나안 성도' 역시 어떤 식으로든 성경적 교회를 세우기 위한 필사적인 노력을 경주해야 한다. 결코 '교회 되기와 교회 세우기'를 포기해서는 안 된다. 이 사명의식을 망각하거나 포기하는 순간, 더 이상 '성도'가 아니라 새로운 형태의, 그러나 본질적으로는 '무교회주의자'로 전락하고 '교회를 흩어놓는' 세력이 될 가능성이 매우 크다. 교회 순례는 현 단계로서는 어쩔 수 없더라도 그 상태를 지속해서는 안 된다. 지속가능한 교회를 구축하는 방향으로 진일보해야 한다. 그것은 불가능한 일이 아니다.

'가나안 성도'라는 편리한 명칭 뒤에 숨지 말고, 완전한 형태의 복음적이고 민주적인 교회(회중주의)를 구현할 수 있는 절호의 기회로 활용하고자 한다면, 귀감으로 삼을만한 교회 모델은 이미 역사 속에 존재했고, 지금도 존재하고 있다. 우리 자신이 지금까지 외면하고 있었을 뿐이다. 한국교회가 썩었다고 개탄하면서도 한국교회를 부패시킨 메카니즘에 그대로 편승하고, 그 행습을 그대로 이어가 자신 역시 썩으면서도 여전히 개탄만 하는 악폐를 중단하는 것은 새로운 모델을 몸에 익히고 실천하고, 후진들에게 가르쳐서 완전한 실현에 이르도록 보장하는 것이다.

좋은 교회, 건강한 교회를 키워내는 회중주의를 실현하기 위해서는 다음과 같이 할 수 있다.

첫째, 뜻을 함께 할 수 있다고 여겨지는 '성도들'이 주일 오후 쯤에 함께 모여 독립된, 그러나 세대를 초월하여 지속할 성경적 교회를 새롭게 설립할 비전을 공유한다.

둘째, 가장 성경적이라고 확신하는 '신앙고백서'를 찾고 그 신앙고백서에 걸맞은 '(교회)정치체제'를 연구한다. 예를 들면, 웨스트민스터 신앙고백서는 장로주의 정치체제를 옹호한다. 따라서 웨스트민스터 신앙고백서를 자신들의 표준신조로 채택한다면, 장로교 헌법과 정치문답조례를 분석하고 이해해야 한다. 회중주의 정치제도를 채택하려면 '사보이선언'이나 '제2런던신앙고백서'(『침례교회신앙고백』, 가나다)를 채택 혹은 참고해야 한다.

셋째, 교회정관을 마련해야 한다. 교회의 설립목적, 교회회의 개최 및 의결 방법 등 개별교회의 독립성, 자치권, 담임목사와 직분자의 선출과 권능과 한계, 교회규칙의 개정 등에 관한 내용을 명확하게 규정한다.

넷째, 교회창립 발기인 대회를 정식으로 개최하고, 창립에 동참하는 이들에게 명확한 교인자격(교회회원권)을 부여하고 그 부여된 권한에 의해, 교회의 표준신앙고백서 및 교회정관을 정식으로 채택하여 효력을 발동시킨다.

회중주의를 익히고 모델로 받아들이는 것이 싫다면, 남은 대안은 하나뿐이다. 장로주의이든 감독주의이든, 자신들에게 익숙하거나 가장 좋다고 여겨지는 정치체제를 선택하여 헌법 혹은 헌장을 제대로 숙달하고, 그 규정들을 제대로 실천하는 싸움을 벌이는 것이다. 다른 대안은 없다. 그도 저도 아니라면, 기존 교회로 되돌아가 내부에서 그 교회를 건전하게 만들기 위한 내적 분투를 지속적으로 전개해야 한다.

모든 신자의 책무는 지상교회에 소속되어 그 교회를 교회되게 하는 사명을 감당하는 데에 있다. 다시 말하자면, 개별 교회를 거룩하게 하든지 개별 교회를 별도로 세우든지 해야 한다. 하늘의 도성에 만족하겠다는 것은 그리스도의 뜻 가운데 가장 중요한 부분을 도외시하겠다는 회피에 불과하다. 결코 정당화될 수 없다.

교회와 교단, 교회 창립과 '교단'의 상관성

한국인들은 권위주의적 질서체계에 순응해온 장구한 역사가 있고, 그래서 남에게 보이기 위한 체면을 중시하는 관념이 있다. 이는 '민주주의'에 대해 상당한 불신을 갖고 있고, 민주주의 방식에서 잠시 나타나는 혼란을 위험한 것으로 인식하며, 민주주의를 갈망하면서도 민주주의 체계로 적극적으로 이행하는 데에 무척이나 소극적이게 만든다. '회중주의' 정치원리를 교회에 도입하는 데에도 거의 마찬가지 이유로 소극적이다.

한국인들에게 리더십이란 조직을 휘어잡고 앞장서서 이끌어가는 것이며, 유능한 리더란 사람들을 복종시키고 목표를 남다르게 성취하는 능력을 가리킬 때가 많다. 따라서 '권력'과 '집행권한'을 혼동하기 십상이다. 권력이란 '법'을 두려워하지 않는 '힘'을 의미하고 심지어 법

위에 군림하는 권세라며 동경하기도 한다. 권력을 가졌더라도 합법성과 정당성의 한계 안에서 올바르게 행사해야 한다는 생각은 한낱 '관념'에 불과하고 실제로는 '권력'을 최대한, 무제한적으로 휘두르는 신분상승을 꿈꾼다.

이러한 허망한 욕구는 한국 사회를 진정으로 민주화하거나 민주주의 원리의 적극적 구현을 외면하게 만드는 경향을 낳는다. 이러한 사고방식은 교회의 리더십에 고스란히 스며들어 오늘날 심각한 병폐를 낳고 있다. 한국교회는 '이미 썩었고 문제가 터진 교회'와 '장차 문제가 터질 교회,' 이렇게 두 가지뿐이라고 해도 과언이 아니다. 이런 상황에서 교회를 새롭게 창립한다는 것은, 기존 교회정치 구조에 대한 고찰을 하지 않을 수 없게 만든다.

정치?, 교회 정치체제와 교파 교회

초대교회가 지난 뒤에 기독교는 '주교정치' 방식을 발전시켰다. 이 방식은 유럽이 봉건제도를 수용하여 '봉토'를 기반으로 한 통치체제가 확립되면서 교회 역시 '봉토'를 소유한 제후국(諸侯國)처럼 되었고, 주교는 영주(領主)처럼 되었다. 이렇게 해서 교회정치는 '교구제도'를 기반으로 하게 되었다. 이러한 변질에 대한 책임을 A.D. 4세기의 콘스탄티누스 황제라든가 A.D. 5세기 초까지 활동한 힙포의 아우구스티누스에게만 돌리는 것은 착오이며 오류이다. 로마제국의 북방에 있던 게르만

족들이 국경을 돌파하여 로마제국을 유린하고 해체하여, 유럽의 새로운 주민으로 정착하면서 기독교에 가한 악영향이라고 보는 것이 훨씬 더 진실에 가깝다.

게르만 족들이 유럽 각지에 정착하여 새롭게 만들어 낸 즉, '게르만화 된 유럽'의 시대가 중세인데, 중세의 (게르만화 된) 기독교와 현대의 로마 가톨릭은 사실상, 하나의 교구가 하나의 교회이며 교구장인 주교가 곧 진정한 의미의 사제이고, 주교가 있음으로 해서 합법적 교회와 구원이 존재한다고 보았다.

A.D. 15세기에 접어들면서, 로마교황을 최고 권위로 두자는 교황주의(Papalism) 혹은 교황-황제주의가 대두하여 로마교황을 단지 주교의 한 사람에 불과하고 기독교의 최고 권위는 주교들의 협의회에 두었던 유서 깊은 '갈리칸주의'(Gallicanism)를 밀어내고 있었다. 교황주의를 교황권지상주의라고 할 수 있다면 갈리칸주의는 교황권제한주의라고 할 수 있다.

이 경우, 개별 교회는 예배당 혹은 기도처에 불과하고 목회자는 주교에게 절대 복종을 전제로 해서 '목양'을 위임받았다. 목회자의 신분은 '세속 신분'의 연장이었다. 사실상, 귀족 출신만이 정상적으로 '설교권'을 가진, 사제계급이 될 수 있었던 것이다. 평민 출신 혹은 영주의 소유물인 농노 출신은 정상적으로는 설교권을 가질 수 없었고, 세속 영주의 처분 하에 있었다. 달리 말하면, 중세교회체제에서 교구의 정점은 주교였으며 주교는 사실상 '영주'(領主)였고, 그 교구의 사제들은 주교의 신하인 셈이다. 이때 '신자들'이 교회 문제에 개입할 여지는 전혀 없었다.

프로테스탄트 교회의 등장

종교개혁가들은 중세의 부패한 신학을 일차적으로 성경에 그리고 초대교회의 신학적 원리에 부합시키기 위해 노력했다. 종교개혁가들의 주장은 성경의 공적 해석과 공적 신학에 대한 것이므로, 개혁가들의 해석과 주장을 검토하고 토론하고 최종적으로 판정하기 위해 유럽 각지의 교회 대표자들이 모였다. 이것이 트렌트 공의회였다. 트렌트 공의회는 개혁가들을 거부하고 개혁가들의 주장을 이단설로 규정하고 정죄했다. 그리고 트렌트 공의회는 교회의 표준신조와 교리문답을 작성해서 공표했다. 이것은 사실상 '로마 가톨릭'의 출발점이지만 중세 교회의 신학적 오류와 교황제도를 지속화한다는 점에서 오래된 오류 체제라고 할 수 있다.

종교개혁가들의 분투는 성경 해석 및 신학적 해석의 오류들을 바로잡는 싸움이었지만 이 싸움은 곧, 교회 정치체제를 바로잡는 성격을 포함했다. 교회문제를 그 교회의 정식 구성원인 교인들의 의중에 따라 처결하도록 체제를 바꾸는 싸움이기도 했다. 이 싸움은 실질적으로 세속 권력의 지배권 혹은 간섭 권한을 차단하거나 조절하는 것을 의미하기 때문에 지난했다.

루터파는 주교정치체제를 거의 그대로 가져다 썼다. 개혁파는 세속

권력의 교회에 대한 지배를 철저히 배제하려고 노력했다. 그 결과물 가운데 스코틀랜드 교회가 채택한 '장로주의 정치제도'가 있다. 장로정체는 주교정체를 회중주의 방향으로 약간 수정한 것이며, 중세 봉건제도의 잔재를 여전히 간직하고 있다. 장로교회 헌법은 양심의 자유와 교회의 자유를 인정하면서도 교회적 질서를 노회에서 관할하고 있다. 소위 '총찰권'이라고도 한다. 담임목사의 시무투표권을 그 교회의 교인총회(공동의회)에 두면서도, 시무권을 노회에 둔다. 즉, 교인총회에서 담임목사 청빙 결의를 완료할 수 없고, 교인총회는 누구를 담임목사로 청빙하기로 결의했으니 이 청빙을 허락해달라는 '청원'을 노회에 올리는 것이다. 개별교회 정관을 제정한 권한을 교인총회에 있다고 하면서도 헌법에 저촉되어서는 안 된다고 하는 것이다.

장로정체는 주교정체의 독단성을 적당히 배제하고 회중정체의 개별교회 독립성을 적당히 수용하는 방식으로 '장로제도'를 만든 셈이다. 목사들과 장로들의 '회의체'에 교회적 권위를 부여한 것으로, 장로회가 양심적으로 운영되고 신학적 지식이 풍부하게 교류될 때에는 개별교회들을 효과적으로 통제할 수 있다. 그러나 문제는, 개별교회를 지교회(枝敎會)로 격하시키고, 신앙과 양심에 의한 자발적 협력이 아닌 노회의 입법권 및 사법권에 의한 강제적 통제에 의존하게 되고, 손쉽게 권위주의에 물들고, 장로들의 수준이 퇴락했을 때에는 바로 잡을 수 없게 된다는 점에 있다. 오늘날 한국 장로교회들은 이 악폐에 시달리고 있다. 이에 대한 방안은 개별교회와 노회에 대한, 평신도의 권한을 확대하는 것뿐이다. 이것이 오늘날 한국교회에서 '회중주의' 즉, '회중교회 정치체제'에 대한 면밀한 연구가 장로교회에도 요청되는 것이다.

총회, 한국교회에서 교단이란 무엇인가?

한국교회는 총회와 교단을 동의어처럼 사용한다. 장로교회에서 총회는 '교회'인 셈인 노회들이 파송한 대표자(총대)들의 협의체이다. 이론적으로는 그렇다. 그러나 '대의민주주의 원리'를 천명함으로써, 노회들이 파송한 대표자들의 협의체를 모든 교인들이 한 자리에 모인 것으로 간주하고, 총회 결의를 모든 교인들의 합의로 간주한다. 사실상 이것은 중세적, 권위주의적 교회정치원리의 잔재라고 할 수 있다.

더욱 문제가 되는 것은, 장로주의 정치방식을 취하는 교회들은 대한민국에서 오직 하나의 총회만을 구성해야 마땅하다. 종교가 다르다면 물론 둘 이상이 될 수도 있지만, 분립할 수밖에 없는 상당한 신학적 차이가 존재해야만 한다. 우리의 이러한 분열은 한국 장로교회는 자신만의 엄밀한 신앙고백(신조)이 없음을 반증하는 것이다. 웨스트민스터 신앙고백을 표준신조라고 내세우기도 하지만 이것은 한국 장로교회가 작성하고 채택한 신조가 아니라 17세기 영국교회의 유산이다. 그러나 한국 장로교회에는 영국인들 혹은 미국인들이 이주해서 세운 교회가 없다는 사실이다. 그러니 웨스트민스터 신앙고백은 한국교회가 정당하게 물려받은 유산이 아니라 단지, 좋은 것이니 모방하고 따를 뿐이다.

'교단(教團)'은 '종교단체'의 준말이며, 영어 'denomination'에 대한 일제시대의 번역어이다. '교단'이라는 단어와 그 의미에 대해서는 어떤 성경적 근거도 없다. 억지로 A.D. 4세기의 콘스탄티누스 황제에 연결해서 설명하는 경우도 있지만 전혀 연관이 없다. 도미니칸 수도회, 프란시스칸 수도회 등과 같은 중세 수도회들을 '교단'이라고 지칭하면서 '교단'의 개념이 중세 기독교적 잔재라고 이해하는 경우도 있지만 이 경우 '종단'(宗團)이라고 번역하는 것이 더 낫고 개념이 많이 다르다는 점을 유념해야 한다.

'교단' 개념은 근대의 산물이다. 제법 체계를 갖춘 개념으로 등장한 것은 19세기로 봐야 하고, 동아시아에서는 일본이 총독부 정책으로 '유지재단법'을 만들어 한국 천주교회와 각 개신교회들을 가입시킴으로써 한국에 소개되고 보편화된 용어가 되었다.

'유지재단'이란 교회를 하나님의 백성인 '회중'이라고 보지 않고 공익적-종교적 목적을 위해 제공된 '부동산'(토지와 건물)의 (재단)법인체로 간주하는 것이다. 그 법인격의 법적 권한을 '법인이사회'의 결의와 그 결의에 대한 주무장관의 승인에 의해 실행토록 한 것이다. 그래서 등장한 것이 '총회유지재단'이며 그 법적 권한을 갖는 기관이 '재단 이사회'이다.

우리가 흔히 하는 착각은 장로교 '총회'가 노회의 차상급 회의체로서 최고 권위기관이라고 여기는 것이다. 일제 강점기 이후 지금까지 법적으로는 '총회'는 법인격이 없으며, 종교목적의 '임의단체'에 불과하여 '친목회' 혹은 '동창회' 정도의 권한밖에 없다. 총회를 법인격이 있는 기관처럼 만들기 위해, 총회에서 '총회유지재단' 이사들을 파송하고 총회유지재단 이사장을 총회장이 당연직으로 겸임하게 했던 것이다. 결론적으로, 교단이란 '부동산'을 기초로 해서 대한민국 민법에 의해 법인격을 부여받고 영속성을 보장받았다는 뜻이다.

일본조차도 이제는 '유지재단법'을 폐지하고 '종교법인법'에 의거한다. 중요한 차이는, 개별교회를 더욱 민주화 즉, 회중주의화 했고 부동산에 대한 권한을 총회에서 개별교회로 옮겼다는 점이다. 결국, 총회와 노회는 종교적 문제만 협의하는 기관이 된 셈이다. 당연하게도, 지금처럼 유지재단법에 의거한 총회체제에서 기득권을 누리는 정치목사들은 '종교법인법'의 연구와 도입을 거부한다. 이는 거꾸로 보면, 종교법인법을 본격적으로 도입하고 유지재단법을 폐지하지 않는다면, 한국교회의 문제는 결코 해결되지 않을 것이란 점이다.

유재재단법은 금융실명제 및 부동산실명제라는 현행법에 저촉된다. 다만 감리교회는 교회의 모든 부동산을 '유지재단'에 기부하고, 개별교회(개체교회)의 예산결산권한을 그 교회 담임자가 아닌 '감리사'에 두는 법체계 때문에 그나마 덜 모순적이다. 하지만 장로교회와 침례교회는 회중주의 원리를 천명한 탓에 실정법에 모순된다. 현행 법체계에서, 침례교회만은 유지재단에 가입한 개 교회재산은 차명으로 위탁한 것이라는 명확한 판례가 있기 때문에 그다지 시급하지 않을 뿐이다. 하지만 세금 문제로 들어가면 다시 좀 복잡하고 어려워진다.

교단총회를 극복하는 방안은

회중주의 교회론뿐이다

교단의 난립

지금까지 한국 사회는 교회조차도 세속적 기준에 의거해서 호불호를 따지고 좋은 교회, 나쁜 교회를 구분했다. 자신이 선호하는 교파가 가장 성경적이고, 나머지는 그렇지 않을 뿐더러, 심지어 이단이라고 의심하기까지 했다. 빠르게 성장하는 교회의 하나님은 특별한 하나님으로 간주하게 되고, 도시에 개척한 교회가 빠르게 성장하는 데에는 '장로교회' 간판이 유리했다. 기복신앙이 교회의 간판과 결합한 꼴이다. 물질적 축복을 중시하다보니 교파적 정체성, 교회의 체계적 신자 훈련은 무시되었고, 그 빈자리를 '제자훈련' 프로그램과 열성주의로 채웠다. 자아중심적 성취감 이외의 문제들에 대해서는 무관심했다. 그 음습한 그늘은 종교적 위선과 거짓 교리가 파고들어 세력을 키울 여지를 주었다. 결국, 한국교회는 자정능력을 거의 완전히 상실하는 지경에 이르렀다.

그러나 가나안 성도들은 '교단체제'에 매일 이유가 없다는 장점이 있다. 교단과는 전혀 상관이 없는 교회를 창립할 수 있다. 다만, 교인들이 교회적 의사결정을 내리는 고유의 방식을 선정한다는 의미에서, 교회정치에 대해 이해하고, 그 체계를 갖추면 된다. 교파의 정치체제는 교회의 존립 목적, 신앙의 목적을 성취하기 위한 단위 교회의 의사결정 체계를 규정하고, 각종 문제를 신앙의 원리에 부합한 방식으로 처결하기 위한 방식이다. 권위주의 시대는 권위주의에 순응하는 인간형을, 산업혁명 시대는 거기에 걸맞은 인간형을, 민주주의 시대는 민주성에 걸맞은 자율적인 인간형을 요구한다. 교회는 이처럼 시대에 반응하여 그에 걸맞은 체계를 수립하기도 하고 시대에 필요한 인간형을 생산해 내기도 한다. 분명한 것은, 교회는 당대와 장래 세대가 필요로 하며 그 시대에서 소금과 빛의 역할을 감당할 수 있는 인재를 양성하고 배출해야 한다는 점이다.

소위 '가나안' 성도들은 온갖 병폐에 찌든 교회를 떠날 수밖에 없었다손 치더라도 그 '방황'을 끝까지 합리화해서는 안 된다. 두세 사람이 모여 성경에 충실한 예배공동체 혹은, 신앙공동체를 형성하고 신자에 의한, 신자의, 신자를 위한 '교회'로 발전시켜야 한다. 신자의 양심과 자기 개혁은 가일층 개혁된 교회를 구성하고, 그 연대를 결성하여 한국교회를 새롭게 하는 문을 새롭게 열어야 한다. '가나안' 성도들은 '가나안 교회'라는 허구적 개념에 만족해서는 안 된다. 참다운 교회를 세우거나 회복할 때까지 결코 만족해서는 안 된다.

부 록

교회다운 교회, 회중의 노력

감독교회는 말할 것도 없고 장로교회는 그 신학적 이상과는 상관없이 교단체제로 발전하면서 평신도를 교회의 운영주체에서 밀어냈다. 그리고 종교적 특권계급에게 교회 지배권을 몰아주는 종교적 독점제도에 다름없다.

13 | 교회 정체에 대한 이해

서울고등법원 민사부에 보낸 의견서

14 | 성경적 교회정관 예시■

15 | 회중에게 묻고, 답하다

■ 가나다출판사에 이메일을 주시면 파일로받으실 수 있습니다. here@nown.biz

교회정체에 대한 이해, 법원에 보낸 의견서

13

아래는, 필자가 2016년 서울고등법원 제9민사부 재판장 앞으로 자발적으로 제출한 의견서다. 이에 대해서는 '제5장 회의를 제대로 해야 교회가 제대로 된다'의 사례 2에서 간략하게 설명한 것처럼, 기독교한국침례회 2015년 9월 정기총회에서 총회장에 당선된 이가 그 직무를 수행할 때, 서울고등법원 제9민사부가 '기독교한국침례회'(기침) 총회가 현재 실행중인 교회정치에 대해 즉, 총회 혹은 지방회가 개별 교회의 교인들을 징계할 수 있는지에 대해 〈사실조회〉를 했다. 재판부의 사실조회에 대해, 총회장은 총회규약과 지방회규약은 개교회와 그 교인들을 구속하는 강제력을 가졌으며 따라서 해당 사건에서 피고들에 대해 지방회가 내린 제명처분은 유효하다는 의견을 담은 문서를 제출했다. 이에 대해 필자는 본 총회는 개교회에 대해 구속력 있는 행정명령을 내릴 수 없는 회중주의 정치체제를 실행하고 있으며, 개교회와 그 교인들을 구속하는 규약 규정을 논의하거나 결정한 바가 없다고 논증하는 의견서를 재판부에 제출했다. 이 의견서를 여기에서 공개하는 이유는 회중주의가 무엇인지를 독자들에게 간명하게 드러내어 도움을 주기 위함이며, 적절하게 참고하여 더 이상 불행한 일이 없도록 하기 위함이다.

의견서, 교인지위부존재확인

수　신 : 서울고등법원 제9민사부

사건번호 : 2015나2000395(교인지위부존재확인)

원　고 : 기독교한국침례회 OOOO교회 외 1명

피　고 : OOO 외 7명

위 사건에 대해 기독교한국침례회 총회장 OOO이 서울고등법원 민사 제9부에 보낸 〈답변서(기침총105기005호)〉는 사실을 왜곡되게 답변하였으며, 잘못된 답변서로 인하여 피고들이 부당한 대우를 받을 것을 우려함과 아울러, 잘못된 판례를 남기게 되면 침례교의 정체성을 심각하게 훼손하는 사례로 사용되어, 믿음의 선진들이 피 흘려 지켜온 침례교 정체성을 지키는 데 악영향을 끼칠 것이 명백하므로, 이 사건에 대하여 다음과 같이 의견서를 제출합니다.

1. 의견인 인적사항

가. 직 · 성명: 목사 임원주

나. 주　소: (생략)

다. 주요경력: 기독교한국침례회 목사

월간 뱁티스트 편집위원(2004년 1월~2010년 10월)

라. 침례교 정체성에 관련한 주요 역서 · 저서:

『침례교회 신앙고백』, 서울: 가나다출판사, 2006년.

『순수교회의 회복』, 서울: 누가출판사, 2006년.

『종교권력을 버려라』, 서울: 가나다출판사, 2009년.

2. 의견서 제출인의 자격

위 본인은 1995년 12월 말부터 본회에 속한 평택 OO침례교회의 담임사역자로 활동하던 중 본회 소속의 KP지방회에서 1999년 4월에 목사 안수를 받았습니다. 2001년 2월에 대전 침례신학대학교 대학원에서 교회사 분야로 신학석사(Th.M) 학위를 받고 동년 3월부터 2006년 12월까지 대전 침례신학대학교 및 신학대학원에서 유럽 종교개혁의 역사, 한국교회의 역사, 침례교회의 역사를 가르쳤습니다. 그 이후로부터 오늘에 이르기까지 수도권에 소재한 여러 신학교에서 마르틴 루터 및 독일 남부 종교개혁의 역사, 장로교회 정치제도 형성사 등에 관련한 다수의 강의를 했습니다.

본인은 기독교한국침례회(이하 본회라 함)의 공식적인 월간지 간행기관인 '뱁티스트' 사(社)에서 발간하는 〈뱁티스트〉 지(便紙)에 각종 기고를 하던 중 2004년 1월부터 2010년 10월까지 편집위원으로 봉직하면서 침례교 정체성과 역사와 인물에 대해 그리고 침례교 목사로서의 리더십 등에 대해 일련의 글들을 작성하여 게재했습니다. 이 글들 가운데 침례교의 역사와 원리 그리고 정체성에 관한 글을 별도로 한 권의 책으로 묶어 출간한 것이 상기한『순수교회의 회복』이라는 책입니다.

본인은 현 총회장인 유OO 목사가 총회총무로 재직하던 중 2006년 10월에 서울중앙지방법원 제50민사부에, 2007카합35(임시사무총회 소집허가) 사실조회에 대한 답변서 〈기침총96기016〉를 부당하게, 그리고 사실을 왜곡하여 발행한 사실을 발견했습니다. 당시 총회총무 유OO 목사는 현재 사건 당사자인 OOOO침례교회 담임목사 OO을 위해 당시 제97차 총회장(김OO) 및 총회임원회에 보고하지 않고, 자의로, 본회가 침례교 특유의 회중주의를 실행하지 않고 감독정치를 실행한다는 취지의 답변서를 보냈던 것입니다. 본인은 당시 문제를 인지한 즉시 총회장 김OO 목사에게 침례교 정체성을 왜곡하는 문서를 발행한 경위에 대해 항의했고 바른 답변서를 작성해서 법원에 제출하라고 요구했습니다. 총회장은 이 문제를 바로 잡기 위해 본인에게 올바른 답변서를 작성하여 총회장에게 제출토록 위임했습니다. 이 위임에 따라 본인이 작성한 답변서를 총회장과 총회임원회가 요약하여 서울남부지방법원에 보내도록 조치를 취한 일이 있습니다.

본인은 사안의 심각성을 감안하여 본회의 침례교적 정체성 즉, 회중주의 정치체제의 이상과 교리 그리고 현재 실행중인 총회규약 및 규정들을 해설하고 그 장단점을 분석하는 일련의 특별기고문을 작성하여, 본회의 공식기관인 〈침례신문〉에 게재했습니다. 이 특별기고문들은 〈침례신문〉 제745호(2006.9.15.)부터 2008년 9월 5일까지, 만 2년간 매주 한 편씩 게재한 33편입니다. 이 33편의 글을 한 권의 책으로 묶어 2009년에 출간한 것이 상기한『종교권력을 버려라』입니다. 참고로, 이 책에 수록된, 침례교 정체성[회중주의]에 관련한 주요 기고문은 다음과 같습니다.

[1부, 회중주의 원리가 살아 있게 하라]

02. 개별교회의 총회대의원권(2006.9.22).

04. 회중의 대표자! 회중이 파송한다(2006.11.17).

05. 회중이 곧 교회(2006.11.24)

08. 기관은 교회가 아니다2006.12.15).

[2부. 교회, 정체성을 지키라]

14. 총회는 회중을 간섭할 권세가 없다(2007.11.28).

15. 개교회의 독립성을 보장하라(07.12.12).

16. 누가 주인인가?(2008.01.04).

[3부. 회중주의! 바로 알고 바로 세우자]

19. 침례교회식 회중주의 정체성(2008.02.20).

25. 사무처리회: 최종의결기관(2008.05.09).

26. 사무처리회와 규약(2008.05.23).

27. 회중주의 법정신(2008.06.06).

29. 사무처리회 의결권(2008.07.02.).

31. 전신자제사장 교리(2008.07.30.).

본인은 2006년에『침례교회 신앙고백』를 최초로 번역하여 출간했습니다. 이 신앙고백서는 기독교 역사상 첫 침례교인들이 침례교회의 교리와 원리들을 집대성하여 한 권으로 출간한, 1642년 제1차 런던신앙고백서를 계승한 1686년의 제2차 런던신앙고백서를 번역한 것으로, 이후에 등장하는 모든 침례교회 특히, 미국 최초의 침례교들의 정체성을 형성하는 기본문서 가운데 하나입니다. 본회의 총회규약의 '이상과 주장' 그리고 '전문'이 선언하는 내용은 이 책의 제26장(교회에 관하여)의 15개의 절로 가르치는 내용을 정리한 것이라고 할 수 있습니다.

3. 의견서에서 밝히고자 하는 사실

서울고등법원 제9민사부 재판장님께서 위 사건(2015나2000395 교인지위부존재확인 등)에 관련하여 본회에 〈사실조회 신청서〉를 보내셨고, 이에 답하여 본회의 제105차 총회장 유OO 목사가 〈기침총 105기005〉를 재판장님께 제출하였으나 이 문서는 본회의 정치제도를 대단히 왜곡하여 보냈기에, 본인은 재판장님께 사실관계를 바르고 정확하게 전달해드리고자 이 의견서를 제출합니다.

본인은 재판장님께서 본회에 조회하신 사실에 대한 핵심사항들은 다음과 같다고 말씀드립니다.

첫째, 본회는 개교회와 교인들을 실질적으로 구속하고 통제할 목적의 〈규범〉을 채택하기로 결의한 사실이 없습니다.

본회의 〈총회규약〉은 침례교적 정체성을 가진 **교회들이** 종교적 협력사업을 하기 위해,[■] 각 교회가 대표자들을 파송하여 체결한 자발적 "협약"입니다. 교회들이나 교회의 목회자 및 평신도의 신앙생활과 도덕성 등을 구속하고 통제하기 위한 "교회 밖의" 규범을 만들면 결코 안 된다는 것이 침례교적 원칙 가운데 하나이기 때문입니다(총회규약 침례교회의 이상과 주장).[■2]

둘째, 총회와 지방회를 개교회의 목회자 및 신자들을 구속하고 통제하는 상급기관으로 인정한 적이 없습니다.

침례교회는 개교회의 독립성과 신앙의 절대적 자유를 전제로[■3] 자발적 협력을 근본적인 정치원리의 하나로 채택한 교파입니다. 이 때문에 예부터 침례교회는 〈회중주의〉의 적자(嫡子)로 간주됩니다. 따라서 개교회의 내부 문제를 개교회 밖에서 관여할 수 없고, 어떤 기관도 개교회를 통제하거나 간섭하거나 지배할 수 없습니다.

셋째, 〈지방회규약〉 혹은, 지방회표준규약을 본회에서 실효적 강제 규범으로 채택한 적이 없습니다.

총회장 유OO이 보낸 〈답변서(기침총 105기005)〉에는 제86차 정기총회(1996.9.17)에서 채택했다고 답변했으나 제86차 정기총회는 말할 것

■ 총회규약 전문에, "자주성을 지닌 교회들이 자발적으로 연합하여 구성된 기독교한국침례회는……서로 협력하면서……공통 임무를 보다 효과적으로 수행하기 위하여 이 규약을 제정하는 바이다"라고 명백히 서술되어 있습니다.

■2 침례교회의 이상과 주장 제1조, 제2조, 제5조가 이 문단의 내용에 해당하고 특히 제8조, "모든 교회는 행정적으로 독립적이나 복음전도 사업은 협동한다"에 함축되어 있습니다.

■3 총회규약 침례교회의 이상과 주장 제10조, "신앙의 자유는 절대적이다."

도 없이 제84차 회의록부터 현재까지의 어떤 회의록에서도 〈지방회규약〉을 구속력을 가진 규범으로 채택하기로 결의한 기록이 없습니다. 〈지방회규약〉을 〈지방회표준규약〉으로 명칭을 수정하여 수록한 것은 제90차 정기총회(2000.9.25.~9.27) 의사자료집이 그 시초인데 이 명칭변경에 대해서도 적법하게 결의한 기록이 없습니다.

넷째, 본회는 개교회의 평신도들에 대한 징계권을 〈소속 지방회의 고유권한〉으로 인정하겠다고 결의한 적이 없습니다. 그렇게 생각하는 침례교인이 실제로 존재할지도 의문입니다. 본인은 개교회의 평신도를 〈소속 지방회〉가 그 고유권한을 발동하여 출교.파문과 같은 벌칙을 가해 징계하는 관례가 정상이라는 설명 및 기록을 보지 못했습니다.

본 사건에 관련하여 근거자료로 제시된 〈KA지방회규약〉의 징계규정은 본 사건 당사자인 OOOO침례교회 담임목사 OO과 교인들 사이에 분란이 발생한 2003년 무렵과, 교인측이 서울고등법원 제40민사부로부터 교인대표에게 임시사무총회 소집을 허하는 판결을 받아 임시사무총회를 개최한 2009년 6월 사이의 어디쯤에서 임의로 변경된 것으로 보입니다. 이로써 유OO의 주장에 대한 사실상 유일한 사례가 만들어졌습니다.

본회의 총회 혹은 지방회는 개인들을 회원으로 하지 않고, 개개의 교회들을 회원으로 합니다(총회규약 제1장 제3조).■ 회원교회들은 '사무

■ 총회규약 제1장 총칙 제3조(구성), "본회는 침례교회의 이상과 주장 및 본 규약 전문의 정신에 찬동하여 규약을 준수하는 가입 **침례교회들로 구성한다**."

처리회'(교인총회 혹은 사무총회)에서 지방회와 총회에 파송할 대표자를 선출합니다. 이 대표자는 자유재량권 혹은 교회의 전권을 위임받아 행사할 권한이 없기에 역사적으로 "메신저"라고도 하며, 목사와 평신도를 구별하지 않고 선발하여 파송할 수 있습니다. 이렇게 선출된 대표자(대의원)들이 협력사업을 논의하기 위한 회합을 개최하는 것이기에 침례교 지방회(association)와 총회(Grand Association 혹은 Convention)는, 장로교의 노회(Presbyery)와 총회(General Assembly)와는 근본적으로 구별됩니다. 즉, 침례교 지방회와 총회는 개교회와 개교회의 구성원들을 지배할 입법권과 사법권이 없으며, 따라서 재판권이 없습니다.

다섯째, 본회의 답변서를 발행한 총회장 유OO은 본회의 총회총무로 재직하던 중에 본 사건의 원고인 OOOO교회 담임목사 OO과 그 후임인 아들 OOO(현재, OOO으로 개명함)을 위해, 침례교 정체성을 왜곡한 문서를 임의로, 실제 사실과 다르게 작성하여 서울중앙지방법원 제50민사부에 보낸 일이 발각되었습니다. 이 때문에, 그리고 기타의 사건들 때문에 본회는 총회총무 유OO에 대해 감사 및 특별감사를 시행했고 감사의견에 따라 2007년에 임시총회를 개최하여 탄핵을 결의하고, J 목사를 새로운 총무로 선출한 일이 있습니다.

따라서 총회총무 시절에 OOOO교회 OO 목사를 위해 문서를 발행했다가 탄핵된 인물이 오늘날 총회장이 되어 다시 OO 목사를 위해 동일한 성격의 문서를 발행한 것입니다.

여섯째, 재판장님께 보낸 총회답변서(기침총 105기005)는 반드시 본회의 임원회의 결의를 거쳐야 하는데, 현재 총회장 유OO과 본 사건의 원고 OO은 막역한 관계일 뿐만 아니라 OO의 아들 OOO(OOO)이 총회임원회에 군경부장으로 참여하고 있습니다. 따라서 총회장 유OO의 답변서는 자료로서의 객관적인 신뢰성을 상실하였습니다.

이제 본인은 재판장님께서 본회에 조회하신 사실들에 대해 차례대로 의견을 서술하겠습니다.

4. 재판장님께서 본회에 조회하신 사실에 대한 의견서

1) 지방회의 제명·출교에 관련하여

(1) 귀회의 지방회와 개교회는 어떻게 구성되어 있습니까?

답) 본회의 이상과 주장에 동의하는 침례교회들을 회원으로 하여 구성된, 연합사업 기관입니다.

개교회가 본회에 최초 가입할 때는 먼저 지방회에 가입한 뒤에, 지방회가 총회에 추천하고 정기총회에서 인준결의를 통과하면 가입이 완료됩니다. 이때 총회인준은 총회가 인준에 관한 최종적이며 실질적인 권한을 갖는다는 뜻이 아닙니다. 제99차 정기총회 회의 중에, 김O 대의원은 총회는 지방회가 요청하는 대로 인준해주어야 한다는 취지의 발언을 하였고, 백OO 대의원은 "총회가 지방회의 상위기관이 될 수 없고, 총회 규약도 지방회 규약의 상위 규약이 될 수 없으므로 총회의 시취표준규약은 모범안으로 간주하는 것이 침례교 정신임을 참고"하라고 발언하였고, 이 발언들에 대해 총회대의원들은 이의가 없었습니다(증#, 제99차회의록).

매년 정기총회가 개최될 때마다, 정한 기일에 맞춰, 개교회는 사무처리회(교인총회)를 열어, 정해진 수의 대표자(대의원)를 선출하여, 그 이름을 명시한 위임장(사무처리회 결의서)을 제출하여, 대의원권을 확보해야 합니다. 이때 개교회가 선임한 대의원은 반드시 목사여야 한다거나 담임목사를 포함해야 한다는 강제 규정이 없습니다. 개교회 교인총회는 어떤 평신도라도 자신을 대표할만한 인물을 자유롭게 선출하여 파송할 수 있습니다.

지방회(association) 역시 개교회들을 회원으로 하는 연합기관입니다. 회무와 사업을 수행하기 위해 개교회는 대표자를 파송하는데 대체로 편의상 담임사역자를 보냅니다. 뜻에 맞지 않으면 개교회는 다른 지방회로 옮길 수도 있고, 뜻을 함께 하는 교회들이 새롭게 지방회를 창설하거나 기존 지방회에서 분리해 나와 새 지방회를 만들 수 있습니다.

유OO이 보낸 총회답변서는 "총회규약 제7장 제22조 3항"의 규정이 강제력이 있는 의무규정인 것처럼 진술하고 있으나, 본회에 가입한 교회들 가운데 지방회에 탈퇴한 "지방회 무소속" 교회들이 실재하고, 지역경계는 이미 무효화되었습니다. 게다가 유OO은 지방회가 목사 고시를 시행하고 그 합격자에 대해 총회가 최종적으로 인준하여 목사가 된다는 식으로 설명하는데, 목사가 되기 위한 고시를 통과한 후보자를 지방회가 개교회와 협의하여 안수까지 완료하고 총회에는 다만 총회등록절차만을 시행하는 셈입니다.

본인의 경우도 KP지방회에서 1999년 4월 22일에 목사로 안수를 받고 1999년 9월 정기총회에서 인준되었습니다. 정기총회는 목사자격심사 기관 및 절차가 존재하지 않습니다. 지방회에서 상정한 명단을 전체 회의에서 공개적으로 확인하고 문제있다고 이의가 제기된 경우에만 선별하여 인준에서 제외시킵니다. 이 경우에도 목사자격 및 안수가 취소되는 것은 아닙니다.

지방회 무소속 교회들은 정기총회에 대의원을 파송할 권리가 유보되어 총회대의원권(발언권, 표결권, 선거권, 피선거권)만 제한됩니다.

(2) 침례교의 교역자와 교인이 기독교한국침례회의 규약, 침례교의 본질에 반하는 행위 또는 침례교를 모독하는 행위를 한 경우에, 귀회 산하의 지방회가 그들에 대하여 제명^출교의 결의를 할 수 있습니까?

답) 기본적으로 기독교 정치체제는 가톨릭파(주교정치), 장로교파(장로정치), 감리교파(감독정치), 그리고 회중파(회중정치) 이렇게 네 가지가 전부입니다. 역사적으로, 신학적으로, 침례교파는 회중정치를 취했습니다. 회중정치에서 교역자와 교인에 대한 인사권 및 징계권은 전적으로, 개교회 교인총회(사무처리회)의 양도불가능한 고유권리입니다. 침례교회를 천명한 어떤 교회의 교역자 혹은 교인은 그 교회의 구성분자로서, 그 교회에 대한 통치권은 영원한 교주인 '예수 그리스도'의 고유권한이며 그 권한은 오직 그 교회의 교인들을 통해서만 집행되도록 하는 이것이 침례교회의 존재목적입니다.

본회와 지방회는 어떤 교역자에게도 어떤 교인에게도 개인적으로 회원자격을 부여한 적이 없습니다. 본회의 총회규약(이상과 주장, 전문)은 구속력 있는 법규로 입법하는 것 역시 거부합니다. 따라서 어떤 개인에 대해서도 법적 효력을 갖는 심리권한도 심판할 권세를 가질 수 없습니다.

교인의 자격을 부여하고 박탈(제명)하는 것은 해당교회의 "종교적 교제권"에 허입하고 출교시키는 행위인데 이는 평신도(교인)의 신앙생활의 가장 기본적인 사항입니다. 기독교에서 허입은 "입교"라고 하는데 오직 개교회에서만 행할 수 있는 일이며 이를 성례전(침례의식과 성만찬의식)으로 나타냅니다. 제명 및 출교는 "성도의 회"(개교회라는 교제권)에서 축출하는데 교인총회의 결의와 배찬중지(성만찬 의식에서의 배제) 선언으로 표명하는 것이 기독교의 오랜 관례입니다. 따라서 목회(입교와 출교)가 발생하지 않고, "성도의 회"(교인총회)가 존재하지 않고, 성례전이 정상적으로 시행되지 않는, 종교사업기관(총회나 지방회)은 교인자격을 부여하거나 철회하는 권한이 있을 수 없고, 교인자격 유무를 시비할 수 없습니다.

총회장 유OO의 〈답변서〉는 〈지방회표준규약〉을 근거로 징계권이 있다고 주장하지만, 본회는 〈지방회표준규약〉을 적법한 절차에 의거하여 표준규범으로 채택한 적이 없습니다. 따라서 유OO은 본회가 〈지방회시취(표준)규약〉, 〈지방회(표준)규약〉을 강제력있는 규범으로 채택하기로 의결한 확실한 근거를 제시해야 합니다.

(3) 귀회가 만든 "기독교한국침례회 지방회 표준규약"에 교역자와 교인에 대한 징계할 수 있다는 조항을 두고 있습니까?

답) 본회는 "기독교한국침례회 지방회 표준규약"을 표준적인 규범으로 채택한 적이 없고, 이러한 문건의 내용을 있는 그대로 준수해야 한다고 강제한 적도 없습니다.

오히려 제99차 정기총회(2009.9.)에서 〈지방회 시취표준규약〉과 〈지방회 표준규약〉은 법규가 아니라 모범안이며 참고하라는 취지라는 총회대의원들의 공개적인 발언들이 있었고, 총회대의원들은 이 취지를 수긍했고 전혀 이의가 없었습니다.

만일 유OO의 답변서에 있는 주장대로 총회규약과 지방회규약의 징계규정이 실효적인 것이라면 제99차 정기총회에서 모범안일 뿐이며 참고하라는 취지일 뿐이라는 주장에 반박하는 발언들이 당연히 있었을 것인데, 지방회규약에 강제력이 있다는 취지의 발언을 하는 대의원들은 없었습니다.

또한, 〈지방회표준규약〉에 개교회의 교역자와 교인을 징계할 수 있다는 규정을 둔다면 이는 침례교회의 교회론 원리와 총회규약의 "이상과 주장"과 "전문"에 정면으로 충돌하는 것이기에 별도의 설명과 단서들을 정기총회 대의원들이 결의하여 채택했어야 합니다. 이러한 절차도 결과물도 없었기에, 본 조항은 상징적인 의미 밖에 없습니다.

(4) 지방회가 위 (2)항에 따라 교인을 제명^출교하는 경우에, 그 제명^출교는 개교회와 교인을 구속하는 효력을 가집니까, 아니면 선언적 또는 권고적인 효력을 가질 뿐입니까?

답) 선언적 또는 권고적인 효력 밖에 없습니다. 교역자의 임면, 제명^출교 처분권은 개교회 교인총회(사무처리회)에만 있습니. 개교회의 외부에서 외적 명령 및 규범으로 그 개교회를 강제한다는 것은 신앙의 자유라는 원리와 예수 그리스도의 교회주권에 반하기 때문입니다.

본회의 개교회, 교역자, 신자를 구속하는 절대적인 권위는 교회의 머리인 영원한 절대자 예수 그리스도와 성경전서 이외에는 절대로 있을 수 없으며, 이 권리를 침해할 권세는 결코 존재

하지 않는다는 것이 침례교인들의 신앙이기 때문입니다.■

(5) 귀회의 지방회가 (OOOO교회 이외의 다른 교회에 관련하여) 교역자와 교인에 대하여 제명^출교한 사례가 있으면, 그 자료를 제출하여 주시기 바랍니다.

답) 총회 혹은 지방회가 교역자나 교인에 대해 징계를 결정하여 그 효력이 개인의 신상, 목회자격, 교인자격에 영향을 미친 사례는 없는 것으로 알고 있습니다. 총회는 목회자격을 부여하거나 안수를 주어 '목사'로 세우는 권한도 직능도 없기 때문에 이 자격을 회수할 권한도 절차도 없습니다. 어떤 개인이 어떤 교회의 교인이 되거나 회원자격을 획득하는데 관여하는 경우도 권세도 없기 때문에 교인자격을 박탈하여 출교시킬 권한도 없습니다. 교인이 되거나 제명·출교하는 일에 대해 개교회는 지방회에 보고할 이유도 필요도 없습니다. 개교회의 목회활동을 감독하는 상급권한을 전혀 인정하지 않는 것은 침례교회의 정체성/원리 가운데 하나이기 때문입니다.

총회장 유OO의 〈답변서〉에서 거론한 3개의 사례에 대해

① 원OO 목사의 제명건

■ 침례교 신앙고백 제26장의 절들에는 다음과 같은 진술들이 있습니다(『침례교회 신앙고백』, pp. 99-100): 5절, "주 예수 그리스도는 성부 하나님이 자기에게 주신 자들을……자기에게로 부르신다……." 7절, "주님이 자신의 말씀에서 선포하신 대로 주의 생각에 따라, 이처럼 모인 이 교회 각각에게……예배와 치리[통치/징례]의 질서를 지속적으로 수행하는데 필요한 모든 능력과 권위를 부여하셨다."

총회장 유OO은 교묘하게도 2009년 9월의 제99차 정기총회에서 다룬 〈원OO 목사 복권의 건〉을 증빙사례로 제시합니다. 그러나 재판장님께서 조회하신 사실은 **"제명의 권한과 그 효력이 무엇인가?"**라고 볼 수 있습니다. 따라서 99차에서 원OO 목사 복권 문제를 다룬 자료가 아닌 89차 정기총회에서 원OO 목사를 제명한 자료와 이에 연관한 BK교회 자료를 제시해야 합당합니다. 유OO은 사실에 부합하는 증거자료가 아닌 자신의 결론에 유리한 시각을 형성하기 위해 엉뚱한 자료를 제출했습니다.

원OO 목사는 BK교회의 담임목사로 재직하던 1999년 정기총회에서 제명당했습니다. 그러나 원OO는 2003년에 은퇴할 때까지 BK교회 담임목사직을 그대로 유지했습니다. 총회의 제명은 원OO가 BK교회 담임목회자로 활동하는 데에는 아무런 장애가 되지 않았습니다.

② G교회(서울 금천구 독산동, 담임목사 OOO) 건

총회장 유OO은 〈답변서〉에 서울남부지방법원 제51민사부의 카합116호(예배행위등금지가처분) 결정문을 증빙자료로 첨부했습니다. 그러나 법원의 이 결정문에는 본건과 관련하여 다음과 같은 주요한 사실들이 결여되어 있습니다.

첫째, G교회의 담임목사 OOO은 자신의 교인들과 벌어진 갈등을 해결하기 위한 교인총회(사무처리회)를 개최하여 어떤 결정을 내렸다는 보고가 없습니다.

둘째, G교회가 속한 지방회가 G교회 문제에 개입하여 어떤 공식적인 사실심리를 진행했다는, 그 결과로 교인들에 대해 어떤 유효한 징계를 결의했다는 보고가 없습니다.

셋째, G교회 (OOO에 반대하는) 교인들은 OOO에 대해 비리혐의들을 제기했습니다. G교회 갈등은 목사의 비리혐의에 대한 교인들의 반발에서 비롯되었음에도 이 사안을 인지한 지방회와 총회임원회는 OOO 목사에 대해 공정한 조사를 하지도 않았었고 정기총회에 보고하지도 않았습니다.

따라서 서울남부지방법원 제51민사부가 〈2010카합116(예배행위등금지가처분)〉에 대해 내린 결정은 지방회 혹은 총회의 징계결정권이 개교회에 미치는 효력이 무엇이냐는 현안과는 직접적인 관련성이 희박합니다. 오히려, 이 사례는 총회와 지방회의 징계결의가 실질적인 구속력을 갖는다는 주장에 대해 의구심을 갖도록 만듭니다. 게다가 OOO은 교회 내부의 자기결정권과 자정능력을 신뢰하지 않고, 반대측 교인들의 분립행동이 재산권의 부당한 분립이라는 결과를 낳을 것을 우려한 재판부의 처분을 이용해서 반대측을 몰아낸 결과를 낳은 사례일 뿐입니다.

③ OOO 목사 징계의 건

유OO이 〈답변서〉에서 세 번째 증빙사례로 거론한 OOO 목사 징계건은 HS지방회가 2015년 7월 6일 지방회에서 5년간 근신을 결의하고, 9월에 개최될 제105차 정기총회에서 징계사안으로 상정해달라는 요청입니다.

이 건에서 언급된 "5년간 근신"이라는 표현에서 "근신"에 대해서는 본회의 〈총회규약〉 제7장 제26조와 제27조에 언급되어 있습니다. 특히 제27조에서, "근신 기간 동안 본회와 관련된 모든 공직이 박탈되고 증명서류 발급이 금지되며 대의원권이 정지된다"라고 규정되어 있습니다. 제재를 받는 것은 총회공직 활동에 대한 것이지 개교회 내에서의 목회자 신분, 목회자격 등에 관한 제재는 전혀 아닙니다.

유OO이 거론한 세 개의 사례 가운데 어떤 것도, 재판장님께서 담당하신 본 사건에 관련한 "지방회가 개교회의 신자를 징계하여 제명^출교시킨 사례"에 해당되지 않습니다. 전혀 무관한 사건들로 재판장님을 어지럽게 해드렸을 뿐입니다.

2) 교역자에 대하여

(1) 귀회 산하의 개 교회는 "침례교인으로 창립되고 인준받은 교역자가 시무하는 교회"라는 자격을 구비하여 합니까?

답) 본회에 가입한 교회들이 목회자를 채용할 때 그 조건을 규정하는 권한은 해당 교회의 교인총회에 있습니다. 그 밖의 어떤 교회나 기관도 총회도 지방회도 간섭할 수 없습니다.

본회의 〈총회규약〉 제2장은 명백하게 "본회에 가입할 교회"라고 적시하고 있습니다. 이 규정은 이미 성립된 교회가 자발적으로 본회의 회원교회로 가입할 때의 조건을 규정하고 있습니다. 새로운 교회를 성립시키거나 이미 회원자격을 갖춘 교회를 규제하기 위한 규칙이 전혀 아닙니다.

본 총회규약은 회원자격을 갖춘 교회가 침례교인이 아닌, 타교단 소속인 사람을 교역자로 채용하지 못하도록 실질적으로 규제하지 않습니다. "침례교인"이 **아닌 교역자도** 침례교회에서 시무하는 데 아무 문제가 없고 침례교 목회자로 편입되기 위한 과정과 절차가 〈지방회 시취규약〉에 각별히 규정되어 있기 때문입니다.

(2) 귀회는 산하의 개교회의 교인들이 침례교 소속 교역자가 아닌 타교단 소속 목사를 초빙하여 예배를 보는 것을 허용하고 있습니까?

답) 총회나 지방회는 개 교회 내부문제에 간여할 수 없습니다. 이러한 행위를 침례교인들은 영원한 교주인 예수 그리스도에 대한 반역행위, 그리스도의 왕권을 찬탈하는 행위로 간주합니다. 침례교인들은 일체의 타 교단을 원수로 간주하지 않습니다. 사람들이 인위적으로 나눈 교단/교파 소속에 절대적 권위를 부여하지 않습니다. 주 예수 그리스도와 성경전서에 대한 신뢰할만한 신행을 갖춘 사람을 형제로 간주하고, 성경을 바르게 잘 가르친다면 교파 소속에 구애받지 않고 누구에게든 설교 및 예배를 맡길 수 있습니다.

유OO의 〈답변서〉에는 제99차(2009년 9월) 정기총회 결의사항을 근거규정으로 들었지만 이 결의는 정기총회의 권한 밖에 있는 사항을 결의한 것으로 불법결의에 해당합니다. 이 결의가 실효성이 있고 구속력을 갖추려면 **첫째**, 무엇이 예배이고 무엇이 예배가 아닌지를 결정할 권한이 총회에 위임되어야 합니다. 이런 권한이 위임된 적이 없습니다. **둘째**, 무엇이 예배인지 아닌지를 구별하기 위한 신학적 원칙을 합의하고 결정해야 합니다. 이런 합의가 없습니다. **셋째**, 본회는 이 규정에 어긋나는 교회를 다스리고 처벌을 집행할 실질적 권세와 유의미한 절차가 없습니다. 실행할 수 없는, 선언적 의미의 징계는 사실상 무효입니다.

이 규정은 본회가 회중주의 정치원리를 따르기 때문에 아무런 의미도 없고 실효성도 없지만 담임목사의 비리가 드러나고 패악질이 심해져서 교인들이 견디지 못하고 항거할 때, 담임목사가 교인총회 개최를 거부하면서 세속의 사법부 및 공권력을 빌어 개교회를 용이하게 장악할 속셈으로 만들어놓은 것입니다.

(3) 위 (2)항의 경우에, 지방회가 이를 이유로 당해 교인들에게 대하여 제명·출교할 수 있습니까?

답) 불가합니다. 그런 전례에 대해서도 아는 바가 없습니다. 지방회에는 이러한 권한이 없기 때문입니다. 침례교회 원리에서 담임목사는 교주가 아닙니다. 침례교 신학에서, 목회권은 그 교회의 회중 자체에 있고 사무처리회가 결의한 것을 교역자에게 실행권한을 부여하는 것입니다. 따라서 예배인도자와 설교자를 선정하는 권한은, 신앙의 절대적 자유를 가진 교인총회에 있습니다.

재판장님께서 조회하여 질의하신 (2)항의 경우가 실제로 발생하고 담임목사가 이를 문제시 할 때는 담임목사와 교인들 사이에 불화와 갈등이 심해지고, 담임목사에 대한 신뢰성을 거의 전적으로 상실했음에도 불구하고 담임목사가 교인총회, 운영위원회 등의 소집을 거부하여 정상적인 예배가 이뤄지기 힘든 상황이라 하겠습니다. 실제로 본 사건 당사자인 OOOO교회 담임목사 OO은 자신의 은퇴문제와 아들 세습 문제로 2003년 무렵부터 반대측 교인들과 갈등을 빚으면서 교인총회 개최를 지속적으로 거부하여 2009년 5월에 서울고등법원이 민법에 의거해서 OOOO교회 교인대표로 하여금 교인총회 개최를 하라고 허락하게 되었습니다. 2009년 6월에 개최된 임시교인총회에서 OO과 그 아들 OOO이 해임되자 문제삼은 것이 담임목사의 허락없이 타 교단 소속 목사를 초빙하여 예배를 드리도록 하면 안 된다는 주장입니다.

침례교 지방회는 종교사업에 협력하기 위한 자발적 연합체입니다. 지방회가 개 교회를 다스리거나 간섭할 때, 혹은 교회가 원할 때는 언제든지 탈회하면 그만입니다. 실제로, 본회에 속한 어떤 교회에 1992년부터 담임목사로 재직하던 이가 본회가 금지하는 이단 사상을 가르친다는 이유로 제87차 정기총회(1997.9.)에서 제명을 결의하고, 이에 근거하여 해당 지방회가 1998년 4월 14일부로 제명한 일이 있습니다. 해당목사는 본회와 지방회의 결정에 순응하지 않고 본회 및 지방회를 탈회했습니다. 그러자 본회의 유지재단은 해당교회의 재산이 본회 명의로 등기되었다는 것에 근거하여 교회재산을 본회로 환수하고자 소를 제기하였으나 패소하였습니다[대법원 대법원 2000.6.9, 선고]. 이처럼 본회 및 지방회의 규약 및 결정은 그 자체로는 개교회 교인들의 의지를 강제력이 없습니다.

5. 회중정체에 관련하여

(1) 침례교의 "회중정체"는 무슨 내용입니까? (전제주의, 감독정치, 장로정치 등과 비교해 주시기 바랍니다.)

답) 재판장님께서 관심을 가지신 측면에서, 기독교 교회의 정치체제를 구별하는 가장 중요한 구별점을 셋-즉, ① 개 교회의 단위는 무엇이냐, ② 교회를 다스릴 입법권/재판권이 어디에 있느냐, ③ 개인의 신앙 및 양심의 자유를 구속하는 규칙이 존재할 수 있느냐-로 압축할 수 있습니다.

먼저, 전체적으로 설명을 드리겠습니다.

담임사역자와 교인들이 별개의 독립된 교회라는 인식을 가지고, 약속된 장소(혹은 건물)에 규칙적으로 회집하여 정규적인 예배를 드리고 교회직분자를 세우고 필요할 때마다 성례전을 시행할 때 이를 "회중(會衆, congregation)"이라고 합니다. 이 회중을 그 자체로 독립되고 완전한 교회로 인정하는 것을 "회중주의"라고 부르고, 그 운영방식을 회중주의 정치체제라고 합니다. 침례교회를 정상적으로 표방하는 교회들은 모두 이 원리에 근거한다고 볼 수 있습니다.

반면에 "회중" 그 자체를 하나의 독립된 결사체로서의 교회로 간주하지 않고, 회중 외부에 선재(先在)하는 중심 요소를 축으로, 외부에 선재하는 법령과 제도에 의해, 여러 회중을 하나로 묶은 것을 하나의 독립된 교회로 보는 관점들이 있습니다. 주교(혹은 감독)를 중심축으로 주교가 임명한 사제들과 이에 구속된 여러 성당들이 하나의 교회를 이룬다고 보는 것이 감독정체, 장로들의 회의체(노회)를 중심축으로 여러 지교회들이 하나의 교회를 이룬다고 보는 것이 장로정체입니다.

이때 교회를 통치하고 재판할 입법권이 주교에게 있다고 보는 것이 로마 가톨릭(천주교회), 노회들의 상급회의체인 총회(General Assembly)에 있고 총회가 제정한 헌법에 의거하여 노회가 통치하고 재판하는 것이 장로교회, 별도의 입법의원들을 선정하여 만든 헌법에 의거하여 감독 및 감리사들이 통치하는 것이 감리교회입니다. 감독정체와 장로정체의 공통점은 성경 이외의 법전을 제정하고, 회중으로부터 일정하게 분리된 교회통치권을 인정한다는 점입니다. 회중주의는 이러한 (감독정체, 장로정체)방식을 거부하는 방식이라고도 볼 수 있습니다.

전제정치 : 기독교의 전체 역사에서 초법적(超法的), 무소불위의 절대 권력을 인정하는 교회정치체제는 존재한 적이 없습니다. 총회장 유OO

은 〈답변서〉에서 로마가톨릭 정치를 교황이 절대권위를 가진 정치체제로서 "전제정치"라고 잘못 진술했습니다. 이는 무식의 소치입니다.

로마가톨릭은 2천년 동안 유지하고 발전시킨 〈교회법〉을 통해 통치됩니다. 교황은 절대권력이 아니라 "최고 권위"(supremacy)와 "사도적 교도권"을 가집니다. 이 최고권위를 신자들에 대한 "최고의 절대권력"으로 이해해서는 안 됩니다. 로마 가톨릭에서는 주교(bishop)가 관장하는 지역(교구)에 속한 모든 사제와 신자를 하나의 "개별교회"로 규정합니다. 로마가톨릭의 교회법은 어떤 교구의 담당 주교를 그 개별교회의 입법자요 목자라고 명문으로 규정합니다. 교황이든 주교들이든 대주교이든, 어떤 주교가 관장하는 교구(개별교회)에 간섭할 수 없습니다. 교황이 최고권위를 가졌다고 할지라도 개별교회라는 측면에서는 "로마주교"로서 "로마주교구"를 관장할 권한밖에 없습니다.

로마가톨릭은 3심제 재판제도를 취합니다. 주교법정이 1심이며, 그 상급심이 2심이며, 교황법정이 최종심인 3심입니다. 다만 주교 혹은 주교가 관장하는 법인이 쟁송 당사자가 되면, 그 주교를 관할하는 상급심이 1심이 됩니다.

로마가톨릭 정치체제에서, 평신도의 자격을 부여(입교)하거나 박탈하는 것(제명^출교)은 가톨릭 교회법에 따른 재판의 대상이 아닙니다. 이것은 신앙과 양심의 문제이며 목양의 내용이기에, 주교가 임명한 담당 사제의 직권에 속하는 것입니다.

감독정치 : 기본 골격은 로마가톨릭의 정치체제이지만 감독(bishop)이 아닌 감리사(district superintendent)를 두되, 입법권을 감독이나 감리사가 아닌 입법의회에 두고, 입법의회가 제정한 헌법에 따라 통치를 합니다. 개별(개체)교회의 담임사역자와 장로를 임명할 권한, 개 교회의 예결산을 비준할 권한은 감리사에게 있습니다. 한국 감리교회는 입법의회가 정한 헌법에 따라 통치되고 그 재판법에 따라 2심제를 취합니다.

감독정치에서도 평신도 자격의 수여 및 박탈은 개교회 담임사역자의 권한에 속한 문제이지 쟁송의 대상이 아닙니다.

장로정치 : 장로교 헌법에 따라 노회(presbytery)를 구성하고 노회를 중심으로 교회정치를 행하는 제도가 장로정치입니다. 장로교 원리에서 하나의 노회가 하나의 교회이고, 그 산하의 개별교회들을 "지체"(members of a church)라고 간주합니다. 모든 예배공동체가 담임사역자가 있거나 노회에 가입했다고 해서 "지체"가 되는 것이 아닙니다.

노회는 노회가 규정한 자격을 갖추고 시험에 통과하고 안수를 받은 두 종류의 장로-목사장로와 치리장로(평신도장로)-로 구성됩니다. 개별적인 예배공동체에, 장로교 헌법과 노회법을 충족시키는 목사장로와 치리장로가 있어서 "당회"를 구성할 수 있을 때 그 공동체는 개별교회(교회의 지체)가 되어 교회적 기능을 할 수 있습니다. 당회를 구성하지 못하는 경우에는, "미조직교회"로 격하되고 "예배처소"로 간주됩니다.

장로정치는 당회-노회-총회라는 3심제를 취합니다. 평신도의 신자자격 부여 및 박탈은 목회활동에 속하는 것이며 이 권한은 당회의 특히, 목사의 권한입니다.

회중정치 : 입법자 주교가 존재해야 개별교회가 성립된다고 보는 것을 로마가톨릭 정치, 감독 혹은 감리사가 존재해서 헌법에 따라 통치할 때 개별교회가 성립된다고 간주하는 것을 감독정치, 헌법에 따라 노회를 구성하고 그 노회가 인준하고 안수한 목사장로와 평신도장로가 당회를 구성할 때 개별교회가 존재한다고 보는 것이 장로정치라면, 회중정치는 두 세 사람이 주 예수 그리스도의 이름으로 모인다면 그 자체(회중)로 충분하고 완전한 개별교회가 성립되었다고 간주하고, 하나님의 말씀인 성경전서만이 신앙과 양심을 규제하는 최고 유일한 법전이며, 개별교회의 통치는 교회의 유일한 머리이며 유일한 입법자인 주 예수 그리스도가 독점하는 권한이라고 믿으며, 그 개별교회를 구성하는 어떤 개인도 교회를 지배할 수 있는 배타적 권한을 갖거나 위임받을 수 없다고 믿는 정치체제입니다.

로마가톨릭 정치에서 평신도의 신앙생활을 관장할 목회권은 주교가 담당사제에게 위임한 것이고, 감독정치에서는 감독 혹은 감리사가 담임사역자에게 위임한 것이고, 장로정치에서는 노회가 당회에 위임한 것입니다. 그러나 회중정치에서는 교인총회(사무처리회)가 결의하여 그 실행을 담임목사에게 맡긴 것에 대한 실행권한을 갖습니다. 신자의 자격을 부여하고 박탈하는 것은 담임목사가 아닌 교인총회(사무처리회)

자체에 있는 것이 회중주의 정치체제입니다.

(2) 침례교의 회중정체에 관련하여, "침례교가 회중정체를 취하고 있기 때문에 지방회의 교인에 대한 제명^출교의 징계는 선언적 또는 권고적인 효력만 가질 뿐이다"라는 주장이 타당한 주장인지 여부에 대한 귀회의 견해 및 귀회의 견해를 뒷받침할 근거자료를 제출하여 주시기 바랍니다.

답) 총회규약과 지방회규약은 지극히 선언적인 또는 권고적인 효력만 가질 뿐이기 때문에, 총회규약과 지방회규약은 징계위원회 구성 및 징계절차, 심리^재판부의 기피 및 회피, 변론 및 항소 등에 대해 공정하고 합리적인 절차를 전혀 발전시키지 않고 있습니다.

유OO의 〈답변서〉에는 "이와 같은 규약에 의해……이단, 사이비로부터 교회를 보호할 수 있다"라고 진술했는데, 이처럼 하기 위해서는 무엇이 이단인지를 명확하게 규정하고 이단인지 아닌지에 대한 심사기구와 활동이 있어야 하는데, 이러한 활동을 위한 결정과 활동보고는 본회에서는 거의 없습니다. 게다가 목사와 전도사의 시취와 안수, 장로(안수집사) 후보자를 심사하고 자격을 부여하는 권한은 지방회의 고유권한이 아니라 개별교회의 권한입니다. 다만 개별교회가 이들에 대한 검증과 교육에 한계가 있기에 지방회에 위임한 것입니다.

총회는 침례교회의 이상과 주장에 찬동하는 교회들이 종교사업에 협력하기 위해 만든 인위적인 기구일 뿐이며, 총회규약과 지방회규약은 그 협동사업을 이끌어갈 임원/이사의 선출과 임기 등에 관한 것 뿐입니다. 개교회의 교인들과 개교회의 내부문제에 관련해서 실질적인 구속력을 발휘한다는 식의 규칙은 채택한 적이 없습니다.

(3) 회중정체에 관련하여 귀회가 공식적으로 발표, 공표한 자료가 있으면 제출하여 주시기 바랍니다.

답) 회중정체에 관련하여, 본회의 정기총회에서 정식으로 의결하여 채택한 문헌은 없습니다. 총회규약의 "이상과 주장" 그리고 "전문"이 전부입니다. 그러나 본인이 이 총회규약의 진술들에 대해, 본회의 공식적인 언론기관이며 그 활동에 대해 정기총회 때마다 보고하고 감사를 받는 〈뱁티스트〉와 〈침례신문〉에 연속적으로 게재한 기고문들은, 신학자들의 연구자료가 아니라 교단총회 앞에서 공식적으로 발표, 공표한 자료라고 할 수 있으며, 이 원고들을 그대로 묶어 출판한 서적들도 마찬가지로 공식적인 자료라고 할 수 있을 것입니다.

2016. 1. 16.

의견인 : 임 원 주 ㊞

서울고등법원 제9민사부 귀중

성경적 교회정관 예시

14

멋지고 아름다운 시합을 보고 싶다고 선수들에게 품격 높은 자질을 요구하는 것은 이해할 수 있는 노릇이지만 이러한 바람과 소망이 좋은 경기를 보장해주지 않는다. 문제가 생겼을 때 속수무책이다. 도덕성이 훌륭한 선수들만 모아놓고자 해도 적절한 방법은 찾기 힘들고 결국 이 또한 효과적인 방법이 무엇이냐는 문제에 귀착한다. 방법의 종류만 다를 뿐이지 방법, 그리고 그 방법의 근본인 규칙과 그 운용의 문제를 피할 수 없다.

교회정관 만들기는 교인의 의무이며 권리

도덕성 역시 그 본질로 깊이 들어가면 결국, 예의범절이라는 '규칙'으로 귀결된다. 결국, 도덕이냐 법이냐 혹은 제도냐 하는 것도 차원 혹은 깊이의 문제일 뿐 '규칙'이라는 근본 속성에서 벗어나지 못한다. 사람이 무엇인가를 할 때에도 '방법' 즉, '어떻게 해야 하는가?'라는 문제를 피할 수 없다. 혼자서 아무런 부담도 없이 단지 즐거움을 위해서, 취미삼아 무엇인가를 만들거나 행하였을 때에도 결코 '방법'이라는 문제를 피하지 못한다. 단지 즐거움이라는 명목으로 방법에 대해 생각하기를 그만 두었을 뿐이지 방법이 없었던 것은 아니다.

교회를 구성할 때에도 신앙과 행습의 모든 것에서 '어떻게 해야 하는가?'라는 문제를 피할 수 없다. 신앙의 순수성 및 본질에 관련된 것이라면 초신자는 상상도 할 수 없이 복잡하고 대단히 어려운 문제이다. 초신자들은 이 어려움을 피하기 위해, 먼저 믿은 사람들이 하는 대로 '따라하기'라는 방법을 채택한다. 이 경우 역시 방법의 문제를 전혀 고민하지 않더라도 방법의 문제를 완전히 피하거나 우회한 것은 아니다.

좋은 경기는 좋은 경기규칙과 그 규칙의 공정한 운용에서 나온다. '교회'라는 유기체가 움직이는 것도 마찬가지이다. 아름답고 멋지게 움직이고 좋은 결과를 산출하는 교회를 원한다면, 그런 교회를 찾을 수 있다면 좋겠지만 없다면, 만들어야 한다. 좋은 교회를 만들고 유지하는 것은 신자의 필수적이며 근본적인 의무사항이다. 교회를 만드는 것은 물론 하나님의 일이며 성령의 사역이다. 그렇다고 해서 사람의 본분이 성령의 부르심을 받고 그 부름에 순종하여 단지, 교회에 출석해서 은혜를 받는 것으로 그치는 것이 아니다.

남자와 여자가 결혼식을 통해 남편과 아내의 신분을 갖추고 초야를 치르는 것으로 본분을 다했다고 생각하는 사람은 없다. 결혼생활을 구성하는 각종 행위들을 이행했다고 해서 결혼의 본질이 성취된 것도 분명히 아니다. 사랑과 섬김으로 하나 된 가정은, 일정한 원칙과 가치를 지향하여 구축하고 유지하는 분투를 요구한다. 우리는 행복한 가정을 이루는 법을 아주 오랫동안, 많은 시행착오를 통해 배우고 익힌다. 핵가족 시대를 살아가는 우리는 행복한 가정을 이루고 유지하고 지키는 방법을 배우는 데 무척 불리하다. 핵가족 이전 시대에는, 가풍을 통해 어렸을 때부터 몸으로 익히고, 실패를 교정할 기회를 자연스럽게 누렸다는 점을 생각하면 겨우 깨닫고 죽는 셈이다. 조금이나마 누린다면 다행이다.

원리, 원칙과 방법은 다르다. 한국교회의 거의 대부분 이 지점에서 실패한다. 신학은 '원리'에 해당한다. 개혁주의(칼빈주의), 아르미니우스주의, 혹은 웨슬리주의를 천명할 때 이는 원리 천명에 해당한다. 물론 각각의 신학은 실천을 가르친다. 하지만 이 역시 실현 혹은 현실적 성취를 보장해주지 않는다. 실천의 원리를, 몇몇 사례를 통해 약간의 체험을 할 뿐이다. 현실적으로 어떻게 해야 하느냐의 문제는 여전히 거대한 '미지의 영역'으로 남아 있다.

그래서 좋은 신학전통을 가진 교파교회에서도 교회의 부패에 직면해서 쩔쩔매고, 참된 개혁을 찾아 헤맨다. 역사 속에서 헤매고, 현실 속에서 헤맨다. '청교도들이 훌륭하다, 살아 있는 순교자들이다' 하는 말에 청교도들의 유작을 샅샅이 헤집으며 평생을 보낸다. 가장 참된 신학은 개혁주의이고, 개혁주의의 본령은 하나님의 주권과 튤립(전적 부패, 무조건적 선택, 제한속죄, 불가항력적 은혜, 성도의 견인)에 있다고 보고, 이를 열심히 설교한다. 은혜와 능력이 충만히 임할 때까지 설교한다. 은혜와 능력이 충만하면 모든 문제가 해결될까? 그렇지 않다. 방법을 찾아야 한다. 참된 신학이 개혁주의라면 개혁주의라는 원리를 정확하게 구현하는 우리의 방법을 찾아야 한다.

교회의 역사적 정체성을 익히고 전하라

원래 각 종교는 자기 나름의 원리와 더불어 그 원리를 실현하는 방법론을 갖추고 있다. 신앙의 선배들은 후배들이 그 원리를 배우고 익혀 통달의 경지에 이르도록 끊임없이 이끌고 도와주는 멘토링까지도 포함시켜 종교체계를 만든다. 역사적이며 정통적인 종교, 그리고 교파 교회들은 그러한 체계를 내적으로 간직해왔다. 그러니 각 종파는 자신들의 고유한 전통으로 돌아가면 된다.

그런 점에서 역사적 종교개혁은 '갱신' 혹은 '혁신'이 아니라 '복귀'인 셈이다. '어떻게'라는 측면에서 종교개혁의 시대별 성격이 달라진다. 불행한 것은 한국교회이다. 한국교회는 개인이 아닌 교회 즉, 집단이라는 차원에서 기독교의 원리를 체화한 적이 없기 때문이다. 기독교를 제대로 체득하기 전에, 왜곡과 변절을 내면화하고 말았다. 그래서 여전히 외국의 종교경험 속에서 좋은 원리를 찾고 분석하고 이상화한다.

장로주의, 웨슬리적 감독주의는 알아도 회중주의는 모른다. 개혁주의 신학체계라는 '원리'가 현실 교회에서 어떻게 구현하느냐는 문제에서 장로주의 정치체제를 취한다는 것과 회중주의 정치체제를 취한다는 것이 무엇이며 어떻게 다른 것인지 모른다. 해본 적도 제대로 된 시도조차 없었으니 진짜 모른다. 너무나 모르다보니, 장로교회에서 곤욕을 치른 신자들은 장로교 헌법을 팽개치고 교회정관을 새로 마련한다. 문제는 신학을 모르고 신학을 소화하지 못하니, 세속 기업 혹은 단체의 이사회 정관을 그대로 흉내낸다. 당장은, 상대적 유익을 얻을 수는 있지만 교회의 장래는 결코 장담할 수 없도록 만드는 셈이다.

그래서 "개별교회 기본규약(정관)"이라는 문서를 만들어 제시한다. 이 교회정관은 엄밀한 개혁주의와 특수주의(particularism), 간단히 말하자면, 청교도적 회중주의를 어떻게 하면 한국에서 현실화하고 구체화할 수 있느냐는 숙제에 대한 답이다. 이것은 책상머리에서 꾸며낸 것이 아니다. 영미 침례교회의 전통에서 오랫동안 실제로 주장하고 실천해온 정관을 필자가 틈틈이 공부하고 취합하여 다듬어온 것이다.

참고로, 교회정관(혹은 기본규약 혹은 교회규약)은 하나의 완전한 문서로 준비하여 단번에 채택하는 수가 있다. 대한민국의 해방과 헌법 제정이 이런 식이었고, 사업을 법인을 설립하여 정식으로 출범시키는 방식으로 시작할 때 이사회 및 그 정관을 만들고 통과시키기 때문에 당연히 그런 줄로 안다. 아니면, 금융권에서 대출을 받을 때 개별교회 정관을 요구하기 때문에, 급한 대로 적당히 만들어 은행에 제출하는 경우가 있다.

그러나 진정한 교회정관은, 별개의 교회를 구성하기로 의기투합하는 순간부터, 공동으로 추구하는 신학과 신앙고백을 채택하는 것에서 시작한다. 이 뿐만 아니라 교회에 관련해서 도출한 기본적인 합의 및 의사결정 사항 모두 정관의 내용에 해당한다. 이는 사전에 정해놓은 의결절차와 정족수에 맞춰 결의한 규칙은 모두 정관에 들어간다는 뜻이다. 그러므로 교회정관은 엄밀히 말해서, 교회가 구현한 신학이며 역사(歷史)이다. 정관과 더불어 교인명부와 충분한 회의록이 보존되어 있다면 그 교회의 진정한 역사는 충분히 보존된 것이다. 다시 말해서, 합법적 교인총회로 모여 2/3로 결의한 모든 것은 교회의 기본규약으로서의 효력이 있다. 그것들을 일목요연하게 정리하는 작업을 틈틈이 해두어 교인들이 잊지 않도록 하면 된다.

[참고]

다음에 예시하는, '개별교회 기본규약 혹은 교회정관'의 기본틀은 '미국 개혁주의 침례교회들의 연합회'(Association of Reformed Baptists Churches of America, (http://www.arbca.com/arbca-constitution)의 정관을 주로 참고하고, 보충적으로 '텍사스지역 개혁주의 침례교회들의 연합회'(Texas Area Association of Reformed Baptist Churches, http://taarbc.org/constitution/)의 정관을 참고했다. 비록 ARBCA와 TAARBC는 'association' 즉, 지방회 혹은 총회 수준이지만 개별교회의 정체에 대해 주된 단서를 제공한다. 여기에 미국 WACO 제일침례교회를 비롯하여 몇몇 침례교회들의 교회정관을 참조하여, 수년에 걸쳐 개별교회에 적용할 수 있는 기본틀로 다듬었다.

개별교회 기본규약(교회 정관)

전문

본 '(개별)교회'를 구성하는 지체(교회회원)들은 하나님을 경외하고 하나님의 영광을 갈망하던 중에 교회의 머리되신 주 예수 그리스도의 부르심을 받아 하나로 연합하여 개별적인 회중(교회)을 조직한다. 하나님의 절대적인 은혜의 주권과 그리스도의 교회주권을 바로 세우는 교회적 사명을 감당하기 위해, 성경적 믿음과 선한 양심을 따라, 그리고 성경적 회중주의 정신에 따라 아래와 같이 본회의 교회헌장(기본규약 혹은 교회정관)을 채택한다.

1조 교회의 명칭

본 교회의 명칭은 OO(개별)교회(이하 본회)이다.

본 교회를 'OO'교회라는 부르는 것은, 본회가 소속을 둔 교파 및 교단 소속감과 교단정치에 예속되어 있기 때문이 아니다. 성경전서와 초대교회의 사도적 정신과 역사적 지상교회가 지향해온 회중주의 전통을 이 땅에서 확립하고자 함이며, 교회적 및 복음적 사명에 동참한다는 뜻이다. 본회는 믿음의 주 예수 그리스도의 교회이다. 하나님의 주권적인 은혜에 의해 그리스도의 구속언약의 축복을 경험한 개인들이 그리스도의 사랑과 형제우애 속에서 그리스도의 멍에를 함께 짊어진 거룩한 성도들이 곧 교회이다.

본회의 구성원들이 본회의 규약에 따라 함께 예배를 드리고 회의를 드릴 때 본회의 전체 혹은 일부가 가시화된다.

2조 교회의 존립목적 및 해산

2.1. 본회의 존립목적

본회의 목적은, 죄인들에게 복음을 전하고 하나님의 성도들을 교화함으로써, 개인적으로 그리고 연합하여 하나님께 드리는 예배를 유지하고 진작시켜 창조와 구속의 하나님을 영화롭게 하는 것이다. 그러므로 우리는 종교개혁적 예배의식을 취하고, 성경을 강해하는 설교와 가르침 그리고 온 세상에 예수 그리스도의 복음을 선포하고 세상에서 소금과 빛의 사명을 감당하는 일에 헌신한다. 본회의 모든 가르침과 설교 그리고 모든 행함은 은혜교리에 비추어 전하고 이해되어야 한다.

2.2. 본회의 해산

지상교회의 구성원들은 교회의 창설목적에 적절히 부응하지 못하거나 재정을 유지하지 못하는 어려움을 겪을 수도 있다. 그러나 어떤 형태라도 교회의 머리이신 주님의 뜻에 반해 교회를 없애는 것은 옳지 않다. 교회의 모든 재산은 총유재산이다. 헌금은 당대의 교인들이 교회목적에 부합하여 사용할 수 있으나 총유에 속하는 재산 특히, 부동산을 청산하는 등의 방법으로 지상교회를 없앨 수는 없다.

그러나 만일 부동산 등을 처분할 경우 어떤 누구도 그 처분을 통해 이익을 취할 수 없다. 본회의 해산을 결의하고 청산할 때는 먼저, 본회와 동일한 신앙을 고백하는 교회를 선정하고, 그 남은 재산 전체를 기부해야 한다. 본회의 총유재산을 혹은 그 일부를 어떤 명목으로도 개인적으로 나눠가지거나 취할 수 없다.

3조 연합 및 제휴

3.1 권위

본회는 교회의 머리이신 우리 주 예수 그리스도와 성경 이외엔 다른 어떤 교회적 권위를 인정하지 않는다(엡 5:23). 우리의 유일한 최고 법전은 성경뿐이다. 성경의 명백한 가르침에 부합하지 않는 어떤 것도 본회에 대해 입법적 권능을 갖지 않는다. 본회의 행정 및 사무에 대한 최종적이며 최상급 권위는 성도들의 회(會) 즉, 교인총회(혹은 사무처리회)에 있다.

본회의 행정은 본회가 성경의 교훈에 따라(행 14:21-23, 딤전 3:1-7, 딛 1:5-9) 선택하여 세운 직분자들을 통하여 믿음에 부합하는 질서에 따라 처리한다. (유급 및 무급)장로들 및 직분자들은 언제나 그리고 모든 활동에 있어서 참 목자이신 예수 그리스도와 그의 말씀 그리고 회중의 권위 아래에 있는 부(副)목자들이다. 그리스도의 교회주권과 성경의 가르침 그리고 회중의 합의에서 벗어나는 주장을 하거나 회중을 지배할 권세가 없다.

3.2. 독립성과 협력

본회는 자발적이며 독립된 개별적인 회중이다. 본회의 모든 구성원 각각은 주 예수 그리스도의 부르심을 받아 그리스도의 주권 하에서 하나로 결속한 회중이며, 하나님과 그리스도에 의해 통치를 받는 그리스도의 신부이다. 따라서 본회는 성경의 가르침과 성령의 인도를 받아 스스로를 다스린다.

본회는 상호 유익과 관심사에 있어서 동일한 생각을 가진 다른 교회들과 협력한다(고후 1:11, 8:18-24, 빌 4:15-19). 본회는 본회가 관련된 문제에서 다른 교회들의 원조와 충고를 구할 수도 있다. 그러나 다른 어떤 교회(들), 총회, 지방회 그리고 여하한 기관(들)의 결정은 본회 회원들의 의사에 반해 구속력을 가지지 않는다(행 14:21-23).

3.3. 총회 및 지방회

다른 교회들과 갖는 교제와 협력의 특별한 한 가지 형태는 교회들의 연합체 총회 및 지방회에 공식적으로 가입하여 그 회원권을 갖는 것이다. 장로(들)의 추천에 따라 본회 회중의 명백한 동의와 승인 하에 이와 같은 연합체 및 협력체에 가입한다(행 15:22, 고후 8:19). 동일한 절차를 따라 이와 같은 연합체 혹은 지방회를 탈퇴할 수 있다.

본회는 본회의 자발적 의사에 따라 2016년 O월 O일에 기독교한국침례회 OO지방회에 가입했다.

4조 신앙고백(서)

우리 신앙과 제도 그리고 도덕 문제에 관한 궁극적인 권위는 오직 성경뿐이며 반드시 그래야만 한다. 하지만 본회는 1689년의 침례교신앙고백(서) 즉, 제2 런던신앙고백(서)을 본회의 신앙과 정체성을 가장 충분히 표현하고 대변해주는 표준적이며 모범적인 신앙고백서로 채택한다. 이 역사적 문서는 우리의 믿음과 확신에 대한 가장 탁월한 요약이며, 신앙을 옹호하기 위한 논쟁 및 영적 싸움에서 도움이 되고 신앙을 확증해주고 의로 교육하는 유용한 수단이 된다.

웨스트민스터 표준문서들(즉, 웨스트민스터 신앙고백서와 대소교리문답) 혹은 이와 동일한 신학과 내용을 가진 신앙고백서를 천명하고 가르치는 교회들은 본회와 형제자매의 관계를 가지며 건전한 교류를 가질 필요가 있다.

5조 회원권

5.1. 교인의 분류

본회의 모든 예배와 성례전은 특별한 예외적 경우 이외에는 누구나 참여할 수 있다. 본회의 구성, 사명, 직무, 집행, 징계 등에 관련한 권한과 책임에 관련하여 다음과 같이 구별된다.

출석교인 : 본회를 구성하는 자격(교회회원권)이 없이 예배와 예전에 참석하는 교인이다. 본회가 일반적으로 제공하는 혜택은 차별없이 누릴 수 있으나 본회에 대한 권한과 책임은 없다.

등록교인 : 본회의 교인으로 소속을 두고자 하였으나 아직 교회회원권이 정상적으로 주어지지 않은 교인이다. 주어진 만큼의 권한과 책임이 있다.

교회회원 : 본회를 구성하는 자격과 권한이 충분히 주어졌고, 이에 따른 책임이 있는 교인을 말한다. 여기에서 "회원"이라는 말은 구원받은 성도로서 다른 성도들과 연합하여 지역교회를 구성하는 지체(肢體)가 된 신자를 가리킨다.

5.2. 회원명부

본회는 과거와 현재의 교회회원들의 명부를 유지한다. 이 명부를 통해 과거의 회원 명단과 현재 회원권을 가진 명단을 밝힐 수 있도록 해야 한다. 과거 회원 명단에는 교회회원권이 종료된 일자와 그 사유 그리고 기타 필수적인 정보를 담고 있어야 한다. 현재 회원 명부에는 본회를 구성하고 있는 모든 지체들의 명단과 더불어 각 지체들의 권한이 온전한지 징계 중에 있는지 등을 확인할 수 있어야 한다.

본회는 본회의 회원명부와 회의록을 철저하고 공정하게 관리되도록 관리자를 지정해야 한다. 이에 대한 최종책임은 담임목회자가 진다.

5.3. 교회회원권에 대한 성경적 근거

신약성경은 예수 그리스도와 그의 진리 그리고 그의 백성들에 대해 공식적이고 공개적이고 자발적이고 지속적이고 엄숙한 헌신을 할 것을 모든 기독교인들에게 요구한다. 주 예수 그리스도께 대한 참된 기독교적 헌신은 그리스도의 진리와 그리스도의 백성들에 대한 헌신을 포함하며 또한 불가분리적이다. 이와 같은 헌신은 지역교회 즉, 구체적인 개별교회에서 교회회원권을 가지고 공식적이고 공개적이고 자발적이고 지속적이고 엄숙한 헌신이어야 한다.

5.3.1. 대 위임명령

그리스도께서 주신 위임명령을 성취하기 위해서는 교회회원권을 가져야 한다. 마태복음 28:18-20의 위임명령에 따르면, 제자삼고 침례를 주고 가르침을 주는 것은 서로 불가분리적으로 연결되어 있다. 사도들은 이 위임명령을 이행하기 위해서, 침례(세례) 받은 제자들을 지역교회로 결속시켰다. 제자들은 지역교회 속에서, 그리스도께서 명령하신 모든 것을 배웠다(행 2:38-47, 고전 4:17). 성경은 모든 신자는 지상의 개별교회의 구성원(교회회원)이 되기를 바란다.

5.3.2. 성경적 방식

신약성경은 지역교회를 개인들로 구성된 판명한 무리로 묘사한다. 이 무리는 셀 수 있고(행 2:41-42, 4:4), 수를 더할 수도 뺄 수도 있고(행 2:47, 5:14, 9:26), 지도자 및 대표자를 자체에서 선출할 수 있고(행 6:1-6, 고후 8:19, 23, 행 15:22), 공식적으로 모일 수 있고(행 14:27, 15:22), 만장일치로 교회치리를 수행할 수 있고(마 18:17, 고전 5:4, 13:2, 고후 2:6), 전체가 참석한 총회로서의 주의 만찬을 거행할 수 있다(고전 11:17-20, 33-34). 그러므로 공식적이고 공개적이고 자발적이고 지속적이고 엄숙한 헌신을 포함하는 지역교회 개념을 가질 명백한 성경적 근거가 있다.

5.3.3. 목회적 감독

정체성을 가질 수 있는 회원들과 감독자들을 가진 지역교회에서만, 목사

(들)와 성도(들)의 관계에 관한 성경의 교훈들을 이행할 수 있다(살전 5:12-13, 히 13:17).

성경은 가시적인 지역교회가 그리스도의 몸의 표현이라고 가르치며, 따라서 우리는 이 지역교회에 헌신해야 하고 성경이 규정하고 있는 교회회원권을 매우 세심하게 유지해야 마땅하다.

5.4. 교회회원 자격

5.4.1. 회심

누구든 본회회원권을 합법적으로 획득하기 위해서는 성경이 말하고 있는 참된 신자라는 증거가 있어야 한다. 경건한 행위를 낳는(엡 2:8-10, 약 2:18-22) 우리 주 예수 그리스도를 향한 믿음(행 20:21), 하나님을 향한 회심 그리고 그 열매가 나타나야 한다. 그리고 자신의 거짓 없는 신앙고백에 근거하여 침수침례를 받아야 한다. 그리고 본회의 신앙고백(서)와 헌장에 명백하고도 실질적인 동의를 하고 있다는 점을 본회의 목회자 및 장로(들)가 확인할 수 있어야 한다(행 9:26-27, 행 20:28-31). 게다가, 참된 교회로부터 성경적으로 근거가 있는 정당한 징계를 받고 있는 상태에서는 본회회원권을 가질 수 없다(마 18:17, 18:1, 고전 5:11-13, 살후 3:6, 14-15, 요삼 9, 고후 2:6-8).

5.4.2. 동일한 마음

성경은 지역교회 회원들이 동일한 마음을 가질 것을 요구한다. 즉, 교회회원들은 신앙과 실천에 관해 실질적으로 일치해야 한다(고전 1:10, 빌 2:2, 3:16). 본회에서 교리적 일치라는 점에서 동일한 마음을 갖는다는 것은 우리의 신앙고백(서)에 의해 표현된다. 교회 행위라는 점에서 동일한 마음은 우리의 교회헌장에 의해 표현된다. 우리의 신앙고백과 헌장에서 언급하지 않은 신앙과 실천상의 이차적 문제에 관해서는 서로에 대해 선의를 해석하기로 동의한다. 또한 이러한 이차적인 문제에 관해서는 문제중심적이지 않기로 동의한다(롬 14:1).

동일한 마음이란, 어떤 개인이 회원자격을 갖추기 전에 반드시 신앙고백(서) 혹은 교회헌장을 숙달해야 한다는 뜻은 아니다. 오히려 그것은 교회회원 후보자가, 본회의 교리와 통치질서에 관해 배우고 이미 알고 있는 것에 관해 실질적으로 일치하고자하는 의사를 분명히 한다는 뜻이다. 교회회원은 자신이 속한 교회의 규율에 복종해야 한다(히 13:17). 교회의 통치질서에 지적으로, 기꺼이 복종할 수 없는 자는 본회에 속해서는 안 된다. 교회의 신앙고백(서)에든 헌장에든 실질적으로 동의하지 않는 어떤 누구도 교회의 가르치는 사역에 일관적으로 복종할 수 없을 것이다. 그러므로 본회에서 이어같은 사람에게 교회회원권을 허용하는 것은 현명치 못하고 성경적이지도 않을 것이다(엡 4:3). 언제든 교회회원은 자신이 더 이상 본회와 동일한 마음을 가지고 있지 않다고 결론을 내리게 된다면, 그 사람은 자신의 상태를 본회의 장로에게 알릴 의무가 있다.

5.5. 교회회원권 획득절차

5.5.1. 가입청원

본회의 회원이 되고자 하는 자는 본회의 장로에게 요청한다. 가입청원을 받은 장로는 그 청원자가 신뢰할만한 복음적 신앙을 가졌는지, 성경적으로 침례를 받았는지, 본회의 신앙고백과 헌장에 실질적으로 동의하는 지, 교회회원의 책임을 감당할 수 있을지, 본회의 사역을 진심으로 후원할 의사가 있는 지, 본회의 통치질서와 치리에 복종하고자 할 지를 판단하기 위해 그 청원자를 알고자 노력한다. 청원자가 이러한 영역 가운데 어느 한 부분에서라도 자격이 없다고 본회의 장로가 판단한다면 본교회 가입을 거절할 수 있다(행 9:26-27, 10:47, 11:2-18, 11:23).

5.5.2. 이적(移籍)

만일 청원자가 타 교회의 회원이거나 회원이었다면, 그 청원자가 그 교회에서 가졌던 신앙양태와 그 교회를 떠난 이유를 판단하고자 하는 특별한 노력을 기울여야 한다(행 15:1-2, 24-25, 요일 2:19). 본회 장로가 판단할 때 상기 교회가 타당한 이의를 제기한다면 본회의 목회자 및 장로의 판단에 따라 교회회원권 청원을 거부할 수 있다.

5.5.3. 절차

본회의 장로가 판단할 때 교회회원 자격요건을 충족시킨 경우에, 회의일정에 맞춰 최소한 3주 연속으로 회중에게 그 이름을 알려준다. 이 기간은 기존 회원들이 청원자의 자격에 관해 질문 혹은 이의를 제기할 수 있도록 하기 위한 것이다(행 9:26-29). 회원들은 정당한 이의제기를 교회를 건강하게 만들고 유지하기 위한 가장 진지한 성격의 개인적이며 특별한 의무로 생각하도록 해야 한다.

회원들은 청원자와 개인적으로 접촉한 뒤에 여전히 남아 있거나 확인이 필요한 모든 질문사항 혹은 이의사항을 개인적으로 장로에게 알려준다(마 18:15 이하, 레 19:16-17).

목회자 혹은 장로는 타당하다고 여겨지는 이의 제기가 없을 때에는, 본회가 별도로 정한 절차를 완료하여 청원자에게 교회회원권 부여에 대해 통지한다(마 3:6-12, 계 2:2). 이 통지는 차기 정기회의(사무처리회)에서 공표 혹은 의결을 통해 회원자격이 유효해진다.

그러나 목회자와 장로가 판단할 때 충분히 심각한 문제요소가 있을 때에는 적절한 조사와 판단이 이뤄질 때까지 회원자격 부여를 보류할 수 있다.

5.5.4. 교회회원권의 지위

본회가 정한 절차에 따라 교회회원으로 받아들여진 모든 사람 혹은 본회로부터 징계를 받고 있지 않은 모든 사람은 본회가 정한 교회회원의 권리를 행사할 수 있다(행 2:37-47). 교회회원이 이사 등의 이유로 교회회원으로 활동하기 곤란해진 경우에는 다른 지역교회로 이적하도록 해야 한다. 그러한 경우에 있는 교회회원은 이적이 완료될 때까지는 본회회원으로 간주되며 본회 장로의 목회적 감독과 돌봄을 받는다. 본회회원이 출장, 군복무, 질병, 혹은 다른 문제로 일정기간 혹은 장기간 교회출석 및 교회회원의 의무를 적극적으로 수행하기 곤란해지는 경우에, 그 사유를 장로와 교회 앞에 정당하게 밝혔을 때는 본회회원권을 계속해서 보유하며 본회 목회자와 장로의 목회적 감독과 돌봄을 받는다. 이와 같은 상황에 처한 교회회원은 자신의 영혼과 신앙의 성숙을 위해 결석기간 동안 본회의 목회자 및 지도자들과 적극적으로 접촉하고자 노력해야 한다. 장기적인 결석기간 중에 있는 회원은 그 회원자격을 보유하고 있지만, 교회사무에 대한 표결권 행사는 정지된다. 표결권의 정지와 회복은 장로에 의해 결정되며 그 사실은 당사자에게 전달된다.

5.6. 회원자격의 종료

5.6.1. 사망에 의한 종료

사망 즉, 육신의 죽음은 이 부패한 세상에서는 피할 수 없는 현실이다. 그러나 주님께서 자기 백성을 대신하여 죽음을 정복하셨고 우리는 그 즐거움을 누린다(고전 15:57). 성도에게 있어서 사망 즉, 육신이 없이 지내는 것은 주님과 함께 지내는 것이다(고후 5:8). 교회회원이 사망에 육신을 벗어버릴 때 교회회원 명부에서 그 이름을 삭제한다. 그러나 그의 영혼은 "시온산과 살아 계신 하나님의 도성인 하늘의 예루살렘과 천만 천사와 하늘에 기록한 장자들의 총회와 교회와 만민의 심판자이신 하나님과 및 온전케 된 의인의 영들"에게 이른다(히 12:23).

5.6.2. 이적에 의한 종료

기독교인은 그리스도의 몸 즉, 참된 지역교회를 구성하는 지체가 되는 것은 성경이 정한 원칙이기 때문에, 그리고 신자가 참된 지역교회에 헌신하지 않을 때에는 영적 건강이 위험에 처하게 되기 때문에, 본회회원 자격을 유지할 수 없는 회원은 그리스도의 다른 참된 지역교회로 이적하도록 해야 한다. 그러므로 그 행실로 인해 교회로부터 치리를 받을 이유가 없는 교회회원이 본회회원이 되기를 중단하고자 한다면, 그 역시 질서정연하게 처리해야 한다. 먼저 본회의 장로에게, 그리스도의 다른 참된 교회로 옮기겠다는 의사를 그 사유와 함께 직접 표명하고 청원해야 한다(행 18:27). 이적하는 교회회원 혹은 그가 이적하는 교회에서 요구하는 경우 이적(이명)확인서를 발부한다. 단, 이적하는 자가 본회로부터 징계를 받았을 경우 이적확인서 발급을 거절하거나 그 징계 사실을 적시해야 한다. 또한 장로가 판단했을 때, 그가 "성도에게 단번에 나타난 믿음"의 도에 충실하지 못하거나 교회회원들에게 경건한 영향력을 미치지 못한 경우에는 이적확인서를 발부하지 않을 수 있다.

5.6.3. 사임에 의한 종료

교회회원권은 청원자의 자발적인 헌신과 교회의 수용에 의해서 주어진다. 그러므로 교회회원이 자발적으로 교회회원권을 거부함으로써 종료될 수 있다. 그러나 교회회원의 일방적인 의사에 의하여 교회회원권이 종료될 수 없는 경우도 존재한다. 예를 들면, 징계절차를 좌절시키기 위한 사임의사는 무효이며 교회는 징계절차를 지속하며 교회규정에 따라 출교처분을 내릴 수 있다(행 15:24, 요일 2:18-19, 요이 7-11).

5.6.4. 직무유기에 의한 회원자격 종료(제명)

교회회원이 목회자 및 장로로부터 허락 혹은 동의를 구하지 않고 장기간 결석하는 등의 이유로 본회의 의무를 적극적으로 수행하지 않는 등 교회회원의 직무를 유기할 때, 교회와의 건강한 영적 결합을 상당기간 중단하였을 때, 목회자 및 장로의 판단에 따라 교회회원 자격을 중단시킬 수 있다. 이런 상황이 발생하였을 때에는 목회자 및 장로는 먼저 그 당사자와 접촉을 시도하여 이 상황을 바로 잡고 개선하도록 해야 한다(히 13:17). 이런 노력이 효과가 없을 때, 목회자 및 장로는 그 당사자와 회중에게 그의 회원자격이 종료되어 더 이상 교회회원이 아님을 알리도록 한다.

이단(설), 부도덕 혹은 불화를 일으키는 죄가 없는 회원이 교회에 충실하지 않거나 믿음의 도를 충실히 이행하지 않으면서도 교회회원 자격을 유지하기를 원하는 경우에는, 장로가 반복적으로 훈계 및 경고를 해야 한다. 그런 뒤에 장로의 판단에 따라 회원자격을 종료(제명)시킬 수 있다. 이런 경우에 장로는 교회의에서 그의 회원자격을 정지시키겠다는 의사를 회중에게 알려야 한다. 본인 혹은 다른 교회회원이 장로에게 질문 혹은 이의를 제기할 수 있다, 혹은 그런 목적을 위한 일정기간을 허용할 수도 있다. 장로가 타당하다고 여길만한 이의가 제기되지 않는 경우에는 회원자격 박탈 혹은 제명 절차가 자동으로 완료된다. 회중과 그 당사자에게 이 사실을 통지한다.

5.6.5. 출교에 의한 회원자격 종료(제명)

본회의 회원이 잘못된, 이단의 가르침을 전하거나 견지하는 경우, 본회의 표준 신앙고백(서) 및 규약에 어긋나는 행위를 크게 벗어나고 완고하게 고집하는 경우, 혹은 교회의 연합이나 평화 혹은 순결성을 지속적으로 훼손하는 경우, 성경의 가르침에 따라 본회는 그 회원을 교회의 교제로부터 끊어내고 교회회원권을 박탈해야 한다(마 18:15 이하, 롬 16:17, 고전 5:1 이하, 딛 3:10-11).

본회에 의해 채용되고 급료 혹은 사례비를 받는, 목회자를 포함하는 모든 유급직원은 사임, 해임, 파면 등의 사유로 그 직무가 정지될 때 교회회원권도 정지 혹은 해지된다.

출교절차는 본회의 규약 6.2.4.에 규정된 대로 행한다.

5.6.6. 회원자격 종료(제명)의 의미

본회는 모든 참된 교회로 구성된, 그리스도의 보편교회와 상관없이 존재하지 않는다. 오히려 보편교회의 일부를 구성한다. 따라서 교회들 간의 공개적이고 올바른 교제와 소통은 보편교회의 순결, 평화, 교화, 연합에 극히 중대하다.

그러므로 목회자 및 장로는 자신의 판단에 따라, 어떤 교회회원의 자격을 종료시킨 상황을 본회회원들에게 그리고 타 교회(들)에게 알릴 수 있다(행 15:24, 딤전 1:20, 딤후 2:17, 4:10, 요일 2:18-19).

교회는 사회의 맥락 속에서 고립된 존재가 아니다. 교회는 사회에 대해 온전하게 처신하고 증거해야 할 도덕적 책무를 가진다(고후 8:20-21). 따라서 목회자와 장로는 필요하다고 여길 경우에 교회회원권 박탈 혹은 제명 사실을 교계 이외의 사람들에게 밝힐 수도 있다(레 5:1, 잠 29:24, 벧전 4:15).

나아가서 본회 회원권의 종료 혹은 제명은, 본회 혹은 보편교회의 평화와 연합을 위협할 여하한 행동을 하거나 불일치를 심거나 잘못된 가르침을 전파할 권한이나 자유를 부여하지 않는다. 따라서 회원권이 종료된 자 혹은, 과거의 회원이 분열적 행동을 하거나 하려는 사실이 확인되었을 때, 장로는 본회 및 보편교회의 평화와 조화를 유지하고 보존하기 위하여 적절하다고 생각되는 경고 혹은 각종 필요조치를 취할 수 있다(행 15:24-31, 롬 16:17-20, 딤전 1:19-20, 딤후 2:16-18, 4:10, 요일 2:18-19).

5.7. 회원의 권리 및 특권

5.7.1. 본회가 시행하는 주의 만찬에 참여할 수 있다(행 2:41-42, 고전 11:23-26).

5.7.2. 소집된 회의에 출석하고 적절한 참여활동을 할 수 있으며, 규정에 따라 표결권을 행사한다(행 6:11-16 [비교 행 2:41, 4:4, 5:12-14]; 고전 5:4-7 [비교 고전 1:2]).

5.7.3. (은사, 은혜, 소명에 따라) 교회사역을 통하여 하나님 나라를 확장하는 일에 참여한다(롬 12:3-21, 엡 4:7, 11-12, 16, 벧전 4:10-11).

5.7.4. 목회자 및 장로의 목회적 감독 및 돌봄을 받는다(행 20:28, 벧전 5:1-3).

5.7.5. 교회회원의 돌봄과 치리 및 징계를 받는다(행 6:1-2 [비교, 행 2:41, 5:13-14, 9:26]; 고전 5:4-5 [비교. 고전 1:2]; 갈 6:10).

5.8. 교회회원의 교회에 대한 헌신

5.8.1. 교회회의에 출석

교회는 주의 날을 거룩하게 지키고 공공 예배라는 특별한 의무 및 특권을 보유하고 있으며, 교회는 교회의 지체인 회원들로 하여금 반드시 출석하여 기능하도록 해야 하는 하나의 몸이다. 따라서 본회의 회원들은 주일 혹은 정해진 때에 모여 예배와 기도 그리고 성경적 설교와 교육을 받고 성경이 정한 대로의 침례와 주의 만찬이라는 의전을 지키도록 힘써야 한다. 하나님의 섭리로 인해 출석하지 못하는 수도 있지만 불출석은 예외이지 결코 규칙이거나 상례가 될 수 없다(행 2:42, 12:5, 히 10:24-25, 고전 11:18, 20, 고전 12:12-27). 나아가서 장로는 교회의 일, 사무, 선교, 및 사역을 위해 특별한 모임을 소집할 수 있다. 회원들은 이러한 각종 모임에 출석함으로써 그리스도의 몸된 교회의 일에 참여하도록 해야 한다(마 18:17, 행 14:27).

5.8.2. 재정적 후원 및 헌금

본회는 본회가 적절하게 기능하기 위하여 필요한 기금을 본회회원의 기부 및 헌금에 의존한다. 그리스도인은 자신의 지역교회를 통하여 조직적이고 적절한 기부 침 헌금에 의해 주의 일을 재정적으로 후원해야 한다. 이는 성경이 명확하게 가르치는 교훈이며 원칙이다(창 14:19-20, 히 7:4, 말 3:8-10, 고전 16:1-2, 고후 8:9). 그러므로 본회회원은 기꺼운 생각과 즐거운 심령으로 본회와 본회의 활동을 재정적으로 지원하고 헌금함으로써 그리스도의 몸 된 교회에 대한 헌신을 드러내기로 동의한 자이다.

신약성경은 교회회원에게 어느 정도로 헌금해야 할지 그 숫자나 비율을 명확하게 가르치지 않는다. 하지만 그 적정 비율에 관해 성경을 참조할 때 성경에 예시된 유일한 비율은 십일조(수입의 10퍼센트)이다. 그러므로 이 예시를 지침으로 삼는다(창 14:19-20, 히 7:4, 출 36:2-7, 고후 8:1-5, 딤전 6:17-19).

5.8.3. 기부 및 헌금의 종류

(1) 십일조

(2) 감사헌금

(3) 작정 및 목적헌금

(4) 주일헌금

5.8.4. 교화와 평화의 진작

성경에 따르면, 교회는 많은 지체(肢體, 교회회원)를 가진 하나의 몸이며, 그 지체 하나하나는 그 나름대로의 특수한 역할을 수행한다. 또한 몸 전체로부터 그리고 몸 전체에 대한 관심과 돌봄을 주고받는다(고전 12:12-27, 엡 4:4, 11-16). 따라서 본회는 각 회원이 몸 전체의 유익을 위해 분투할 것을 기대한다. 우리는 지역교회의 회원 즉, 지체로서 본회를 구성하는 각각의 회원을 알고자 노력해야 하고 서로에 대해 투명성과 정직성을 유지하려고 노력해야 한다. 서로를 위해 기도하고 사랑하고 위로하고 격려하고, 필요한 경우 실질적인 도움을 제공하기를 더욱 잘하기 위해서 그리해야 한다(갈 6:10, 엡 4:25, 요일 3:16-18). 게다가 우리는 우리의 결점을 서로 신중하게 고백해야 하고(약 5:16), 신실하게 타이르고 격려해야 하고(살전 5:14, 히 3:12-13, 10:24-25), 일체의 험담과 뒷공론을 삼가야 한다(잠 10:31-32, 26:20-22). 장로는 어떤 일이 매우 민감해서 회중에게 알리지 않는 것이 좋다고 판단하고 그렇게 처리할 수 있다(잠 11:13).

5.8.5. 지도력에 대한 후원 및 복종

본회회원 자격을 갖는 모든 신자는 교회의 감독 즉, 장로의 권위를 인정하고 복종해야 한다. 하나님의 종을 지지하고 후원하는 것에는, 그와 그의 수고를 위해 기도하고(엡 6:18-19) 그와 개인적인 친교를 돈독히 하고 그가 하는 일로 인하여 그를 애정과 존중으로 대하는 일이 필수적으로 수반된다(살전 5:12-13). 또한 그가 겪는 고통과 선한 목적의 일에 홀로 내버려두지 않고 그 곁에서 함께 하고(딤후 1:15-18), 그 명예를 깎아내리기보다는 지켜주어야 한다(행 23:5, 딤전 5:19). 하나님의 종(들)에게 복종하는 것은, 교회회원들이 그리스도를 본받는 것처럼 자신들에게 있는 은사, 믿음, 경건한 원리들을 본받는 것과(고전 11:1, 히 13:7, 벧전 5:3), 그의 가르침을 기꺼운 생각과 온유한 마음으로 그리고 하나님의 말씀에 대한 궁극적인 충성심으로 받아들이고(행 17:11, 살전 2:13), 그 책망과 경고를 영혼들을 맡아 보살피며 그 영혼들과 함께 하면서 그리스도 안에서 완전케 하고 성숙케 하기 위하여 수고하도록 임명된 자로부터 나오는 것으로 겸손히 귀기울이고(골 1:28), 그의 방책을 구하여 마치 주님께서 신실하게 여기는 자로부터 나오는 것으로 여기고(고전 7:10, 25), 교회 즉, 하나님의 집에서 내린 전체적인 정책에 대한 그의 결정을 애정으로 포용하고 준수하는 것을 수반한다(살전 5:12-13, 딤전 3:5, 히 13:17). 장로의 판단과 개인적으로 다른 의견을 가질 때 교회의 분열을 야기해서는 안 된다. 이 복종은 장로로부터 감독 및 감찰 그리고 목회를 위한 회의를 요청받았을 때 기꺼이 수락하여 모임에 참여하는 것을 포함한다.

5.8.5. 그리스도의 경건생활

그리스도의 몸된 교회의 지체 즉, 교회회원은 주님께 합당한 삶을 살아야 한다(엡 4:1이하). 그러므로 본회회원은 다음 각 영역에서 경건을 실천하고 계발해야 한다.

5.8.5.1. 개인적 헌신

각 회원은 매일 개인적인 기도(시 55:17, 단 6:10, 마 6:6-13), 매일 그리고 꾸준히 한나님 말씀을 읽고 묵상하기(시 1:2, 119:11, 97), 주의 날을 주의 깊고 영적으로 준수하기(창 2:1-3, 출 20:8-11, 사 58:13-14, 눅 2:27, 행 20:7, 고전 16:2, 계 1:10)와 같은 다양한 은혜의 방편을 사용해야 한다.

5.8.5.2. 가정생활

교회회원들은 가정생활과 가정을 다스리는 일에 관한 성경의 가르침에 순종해야 한다. 하나님께서 가정의 머리로 정하신 남편은 온유와 사랑으로, 지혜와 확고함으로 가족을 다스려야 한다(엡 5:25 이하, 딤전 3:4-5, 벧전 3:7). 아내는 성경이 제시하는 규범에 따라 매사에 남편에게 복종해야 한다(엡 5:22-24, 벧전 3:1-6). 남자와 여자는 피조물로서의 위엄과 본성의 부패와 구속적 특권에 있어서 동등하다고 성경은 명확하게 가르친다. 그리스도인 아내가 갖는 역할상의 종속성은 열등성을 의미하지 않는다. 가정에 있어서 남편의 주도권은 아내의 은사와 재능을 계발하고 발휘하도록 허용해야 한다(잠 31:10-31, 참조 롬 16:1). 남편과 아내는 주의 양식과 훈계로 자녀를 양육해야 한다(엡 6:1-4). 이것은 남편과 아내는 아이들 앞에서 부모로서 모범을 보이고, 성경 말씀으로 지속적으로 훈육해야 한다(신 6:4-9). 필요할 때에는 지혜롭고 단호하며 애정어린 징계에 의한 체벌과 꾸짖는 것을 포함한다(잠 13:24, 22:15, 29:15, 히 12:7-8).

5.8.5.3. 독신생활

교회의 머리이신 그리스도께서는 어떤 남자 혹은 여자를 일정기간 혹은 평생토록 홀로 살면서 전적으로 주님께만 헌신하고 방해받지 않고 섬기는 삶을 살도록 부르시기도 한다(마 19:11-12, 고전 7:32-35). 게다가 성경은 독신을 선할 뿐만 아니라 은사라고 가르친다(고전 7:7-9). 그러므로 독신으로 살며 주님을 섬기도록 소명을 받은 자를 기꺼이 받아들이며 차별하지 않도록 한다(고전 4:5-6, 벧전 3:14-15).

5.8.5.4. 개인 전도

모든 그리스도인은 개인으로서든 교회회원으로서든 가정에서 시작하여 땅끝에 이르기까지 하나님 나라를 지속적으로 확장하기 위하여 기도와 말씀과 행위로 수고해야 할 의무가 있다(사 54:1-3, 행 1:8). 그러므로 모든 신자는 일관된 그리스도인다운 행실에 의해 그리고 입술의 증거에 의해, 그리스도를 믿는 자신의 신앙을 증거할 기회를 기도로 구하고 붙잡아야 한다(골 4:5-6, 벧전 3:14-15).

5.8.5.5. 그리스도인의 자유

교회회원은 하나님 말씀이 정한 모든 도덕적 교훈에 대해 매일의 삶에서 충성하고 복종해야 한다(롬 8:3-4). 하나님께서 말씀 가운데서 정죄하거나 금하지 않은 것은 자유롭게 행할 수 있다. 그러나 그리스도인의 자유를 발휘하는 데에는 언제나, 하나님을 경외하며 살고 모든 일에서 하나님을 영화롭게 하고자 하는 열정적인 바램(고전 10:31, 벧전 1:15-19), 약한 형제의 양심을 고려하는 애정(롬 15:1-31, 고전 8:7-12), 잃어버린 영혼에 대한 동정(고전 9:19-22), 그리고 자기 영혼에 대한 열정적인 관심(롬 13:14, 고전 6:12, 9:24-27, 갈 5:22-24. 벧전 2:16)에 의해 통제되어야 한다. 반대로, 각 회원은 타 회원이 가진 개인적인 확신 즉, 본회가 신앙고백(서)나 헌장에서 동일한 생각에 대한 표준으로 확정하지 않은 개인적인 확신에 대해 판단하거나 정죄하지 않도록 주위해야 한다(롬 14:10).

5.8.5.6. 세상으로부터의 분리

하나님은 그리스도인의 자유라는 영광스러운 축복을 세속화에 대한 구실이나 핑계로 삼도록 의도하신 적이 없으시다(갈 5:13, 벧전 2:16). 반대로 우리는 이생의 악한 세대로부터 구별되고(갈 1:4) 하나님에게로 속한 백성이 되도록(레 18:1-30, 딛 2:11-14, 벧전 1:14-16) 하기 위하여 우리가 이전에 지었던 죄악과 심판 그리고 사망으로부터 해방된 자들이다. 따라서 우리는 하나님의 뜻에 반하는 이 세대의 태도와 행습을 확인하고 미워하고 거부하도록 소명을 받은 자들이다(롬 12:9, 엡 4:17-22, 5:7-12, 살전 5:21-22, 딛 2:12, 3:3, 벧전

4:3-4). 또한 우리는 이 경건치 못한 사회의 형성적 영향력에 개인적으로 저항하도록 소명을 받은 자들이다(잠 1:10-19, 롬 12:1-2, 약 1:27). 그러므로 본회의 모든 회원은 여전히 세상 속에서 살면서 세상을 향해 사역하면서도 세상의 악한 행실과 태도로부터 분리되어 있어야 한다(고전 5:9-11).

5.8.5.6.1. 이생에 속한 것들

이생에 속한 것들에게 일차적인 중요성을 부여하는 세속적인 태도를 경계하고 이에 저항해야 한다(요일 2:15-17). 이것은 우리가 일, 물질적 소유, 정책, 오락, 혹은 다른 사람이나 사물에 매혹되어 우리가 최우선적인 중요성을 부여해야할 일 즉, 그리스도에게 접붙여져 연합하는 것을 소홀히 해서는 안 된다는 뜻이다(마 6:24).

5.8.5.6.2. 가치관과 상대주의

우리는 개인에 대해서든 교회와 그 사역에 대해서든 이 세상의 왜곡된 가치관에 물들어서는 안 된다. 예를 들면, 사회적 성공, 성취, 지위, 유산 혹은 사회적 효용성에 뿌리를 둔 가치관을 받아들여서는 안 된다. 또한 삶과 진리의 존엄성에 관해 세상의 상대주의를 받아들여서는 안 된다(고전 3:19).

5.8.5.6.3. 성역할

우리는 남성성과 여성성에 관한 세속적 태도에 저항한다. 이것은 남성의 역할과 여성의 역할을 성경과 상례에서 벗어나 임의로 바꿀 수 있다는 육적 관념에 저항한다는 의미이다. 또한 아내의 역할과 남편의 역할에 대해서도 성경의 가르침을 바꾸지 않는다는 의미이기도 하다(창 2:18, 잠 31:10-31, 딤전 5:14, 딛 2:4-5). 아내와 어머니로서의 역할 과 지위는 격이 떨어지거나 가치가 낮은 것이 아니라 존귀하고 고귀하며 하나님의 뜻에 의한 것이다. 공급자요 보호자요 양육자로서의 남편의 역할과 지위 역시 마찬가지이다(엡 5:23, 28, 딤전 5:8, 엡 6:4, 살전 2:11, h; 12:9, 벧전 3:7, 창 18:6-8).

5.8.5.6.4. 악덕

술취함, 약물중독, 폭음폭식, 음란물, 간음, 동성애, 및 기타 죄악된 행위 등, 우리를 둘러싼 악덕에 빠져서는 안 된다(고전 6:9-10).

5.8.5.6.5. 관계

친숙하고 빈번하게 세상과 벗하고(잠 12:26, 약 4:4), 불경건한 자들과 지나치게 어울리고(삿 16:4-5, 왕상 11:1-4, 9, 잠 2:16-17, 6:23-25), 그러한 자와 결혼하는 것(고후 6:14, 고전 7:39)과 같은 잘못을 범하지 않도록 삼간다. 비슷하게, 이 경건치 못한 세대가 어떤 식으로든 우리 영혼과 가정에 미치는 사악한 영향을 세심하게 분별하고 저항해야 한다(롬 12:1-2, 벧전 2:11-12).

6조 교회 치리

6.1. 형성적 치리

그리스도의 모든 치리는 그리스도께서 몸소, 중간매개자의 개입 없이 시행하기도 하고(행 5:1-11, 고전 11:29-32, 살전 4:6, 히 12:5-11, 계 2:22-23) 교회를 통해 시행하기도 하신다(마 18:15-20, 살전 5:12-15, 히 3:12-13, 10:24-25). 그리스도께서 교회 위에 세우신 감독자에게(벧전 5:5) 그리고 서로에 대해 보여주는 복종은 교회회원 개인과 몸 된 교회 전체를 거룩케 하는 열매를 맺는다. 비공식적인 징계는 불충분하고 공식적인 징계가 필수적인 경우도 있다.

6.2. 징계

6.2.1. 일반적 진술

이단(설), 무질서나 부도덕 혹은 추잡한 행위가 교회회원에게 나타날 때 반드시 징계가 있어야 한다. 일반 원칙으로서 그리고 가능할 때마다, 보다 엄한 조치를 취하기에 앞서 상담과 타이름을 통해 어려움을 해소하고 오류를 바로잡고 범법을 제거하기 위한 노력을 기울여야 한다(갈 6:1, 약 5:19-20).

마태복음 18:15-2, 로마서 16:17-20, 고린도전서 5:1-13, 데살로니가후서 3:6-15, 디모데전서 5:19-22, 6:3-5, 디도서 3:10에서 제시된 원리들을 반드시, 각각의 징계사례에서 주의 깊게 따르고 적절하게 적용해야 한다. 공개적인 꾸짖음과 (혹은) 공개적인 회개가 정당한 경우들이 있다(마 18:17, 딤전 5:20). 교회회원의 특권을 유보하고 적절한 탄핵을 부과할 필요가 있을 수 있다(롬 16:17-20, 살후 3:14-15). 교회회원 자격을 박탈하고 출교처분을 내릴 수밖에 없는 극단적인 경우도 있을 수 있다(마 18:17, 롬 16:17, 고전 5:1-13, 딤전 1:20, 딛 3:10).

교회의 모든 회원은 교회의 징계처분 결정에 복종하고 집행할 책무가 있다. 교회는 영적이고 종교적인 기관이기 때문에 교회가 내리는 징계 처분 역시 영적이며 종교적이다. 교회의 징계는 공개적인 책망(마 18:17, 딤전 5:20), 기독교적 교제의 중단(롬 16:17, 고전 5:9-11, 살후 3:6, 14), 교회회원 자격의 박탈(마 18:17, 고전 5:13) 등을 포함한다. 교회의 징계는 슬픔과 수치의 감정을 유발시켜 회개에 이르도록 할 의도이다(고후 2:7, 살후 3:14). 하지만 교회는 물건의 몰수, 결혼할 권리의 박탈, 혹은 어떤 종류의 신체적 형벌을 가할 권리가 없다. 그럼에도 불구하고 교회회원이 범죄행위를 저질렀을 경우 사법당국에 협력하고 인도할 수 있다. 이는 성경의 규칙이다(롬 12:17, 13:1-7, 딛 33:1, 벧전 4:15).

징계의 목적은 언제나, 하나님의 영광, 교회의 복지와 순결성(고전 5:6, 딤전 5:20), 범법행위자의 회복과 영적 성숙이다(고전 5:5, 고후 2:5-8, 딤전 1:20).

6.2.2. 공적 책망 혹은 견책

견책은 회중이 모인 자리에서, 사랑으로 감싸기에는 너무 심각한 죄를 범하고 회개치 않는 죄인에게 회개를 촉구하거나 혹은, 회개를 했을지라도 너무나 심각한 죄를 다루는 목회적 노력의 일환이다. 장로는, 공공연한 과실이나(갈 2:11-14, 딤전 5:20) 죄의 방식이나(딛 1:12-13) 심각한 교리적 오류이든(딛 1:10-13) 회중의 경건이나 연합 혹은 증거를 상당히 위협하게 될 때마다 견책을 시행할 수 있다. 견책을 겸손히 받아들이고 자신의 죄를 자복하고 개선된 삶을 드러내는 자(잠 28:13)는 그 경건한 회개로 인해 나중에 공개적으로 칭찬을 들을 수 있다(고후 7:7-11). 만일 견책에 주의를 기울이지 않는다면 더 큰 징계를 부과할 수 있다.

6.2.3. 교회회원 권한 및 특권의 유보

교회회원의 잘못된 행위가 교회의 연합, 거룩, 증거에 손상을 가하는 수가 있다. 이런 경우 본회는 공개적인 견책에 수반하여, 범법의 특성과 무게에 따라 교회회원의 권한 및 특권을 정지시킬 필요가 있다(롬 16:17-20, 살후 3:6-15). 잘못을 행하여 그 권한 및 특권이 정지시킨 경우에도 그 당사자는 그리스도 안에 있는 형제요 교회의 지체(회원)로 간주된다. 심각한 견책이 주어질 수도 있고(마 18:17) 그 특권의 정지 및 유보는 단지 장로뿐만 아니라 교회 전체에 의해 집행될 수 있다(롬 16:17-20, 살후 3:6-15).

그러므로 적당한 때 장로는 적절하게 소집된 교회회의(혹은 사무처리회)에서 해당자의 교회회원 권한 및 특권을 정지시킬 것을 건의할 수 있다. 장로는 치리의 근거, 유보시켜야할 특권, 부과해야할 책벌을 상세히 밝혀야 한다. 타당성이 있을 때 착석하여 투표권을 가진 교회회원의 최소 2/3의 동의가 있을 때 해당자의 권한 및 특권을 정지시킨다.

장로는 교회의 평화와 거룩성을 유지할 목적으로 장로의 단독적인 판단에 의해, 해당자에게 책벌을 부과하자는 건의와 회중투표 사이에 해당자에게 일시적인 정지를 부과할 권한을 행사할 수 있다. 권한 및 특권이 정지 (혹은 유보) 중인 회원을 회중은, 사회적 회피라는 일반 원리를 적용하여 다뤄야 한다(롬 16:17, 살후 3:14-15). 부과된 징계에 겸손히 복종하는 자들은 나중에 사면을 받고 특권을 회복하며 교회의 교제를 완전히 회복하게 된다(마 18:15, 고후 2:5-11).

6.2.4. 교회회원의 권한 및 특권을 유보하는 잘못(죄)의 일반적 범주

다음과 같다.

6.2.4.1. 개인적이며 완고한 범법자(마 18:15-17)

주님께서 마태복음 18:15-16에서 규정하신 방법을 은혜롭게 기도하며 따라 권고하였음에도 개인적인 잘못을 고집스럽게 계속하는 경우 악화된 범법으로 간주된다. 관련된 형제들은 그 문제를 장로에게 알린다. 장로는 그 문제가 심각하고 그가 잘못을 뉘우치고 행실을 고치지 않을 것이라는 판단이 서면 그 상황을 교회에 보고하고 그의 교회회원의 권한 및 특권을 정지시킬 것을 건의한다(마 18:17, 롬 16:17).

회원의 권한 및 특권이 정지되어 일정 기간이 지났음에도 그 죄에 완강히 머물러 있다면 본 헌장 6.2.5에서 규정된 절차에 따라 출교 처분을 내릴 수 있다(마 18:17).

6.2.4.2. 분열을 야기하는 교훈 혹은 행위(롬 16:17-20, 딛 3:10)

신 구약성경 그리고 본회의 신앙고백(서)에 반(反)하는 심각한 교리적 오류를 의도적으로 지속적으로 유포시키거나, 성경 혹은 이 헌장에 반하여 회원들 간에 불협화음을 야기하려고 시도하는 회원에 대해서는 분당을 야기하는 자로서 회원의 권한 및 특권을 정지시킬 수 있다. 모든 회원은 성령의 하나되게 하심을 지키는데 협력할 책임이 있기 때문에 분열을 야기하는 이런 행위를 숨겨주어서는 안 된다. 오히려 그런 행위를 꾸짖고 장로와 교회 앞에 드러내야 한다(신 13:6, 고전 1:10-11).

장로는 이와 같은 행위를 인지할 때마다 하나님의 말씀에 따라 온유와 인내로 대처해야 한다(고전 1:10, 딛 3:10). 장로가 반복적으로 타이르고 꾸짖었음에도 불구하고 이와 같은 행위를 지속한다면 장로는 이 상황을 교회에 보고하고 징계를 건의해야 한다.

그 회원이 일정기간 교회회원의 권한 및 특권이 정지되는 징계를 받았음에도 불구하고 개전의 정을 보이지 않는다면 본 헌장에 규정된 절차에 따라 출교될 수 있다.

6.2.4.3. 무질서 혹은 무절제한 행위(살후 3:6-16, 살전 4:11-12, 5:14)

무절제 혹은 무질서하며, 이와 같은 상황을 야기하는 행위 및 교리가 존재한다. 하나님께서 창조질서 속에서 온 인류에게 정해주신 질서(예를 들면, 일과 사업, 안식일, 결혼 등; 창 2:1-3, 15, 18-24, 출 20:8-11, 마 19:4-6, 고전 7:1-17, 39, 살후 3:6-15)를 공공연히 혹은 무도하게 무시하는 행위나 교훈을 의도적으로 지속하는 회원은 풍기를 문란케 하는 사람이기에 그 권한 및 특권을 정지시킬 수 있다. 그리스도께서 자신의 교회를 위하여 성경에서 세워주신 질서 특히, 본 헌장에서 본회가 인정한 질서에 저촉하는 행위를 의도적으로 지속하는 회원도 마찬가지로 징계할 수 있다.

바로 잡아주기 위한 치리의 권면에도 불구하고(살전 5:14), 무질서한 행위를 지속하는 회원이 있다면 장로는 하나님 말씀에 따라 온유함과 인내로 대해야 한다(살후 3:14-15). 무질서 혹은 무절제한 행위는 수치스러운 죄악과는 다르다. 양자를 구별해야 한다. 무질서 혹은 무절제한 행위를 하는 회원을 즉각적으로 출교해서는 안 된다. 오히려 그 회원을 데살로니가후서 3:6-15의 교훈에 적합하게 다뤄야 하고 원수가 아니라 형제로서 타일러야 한다. 하지만 장로로부터 이런 타이름을 받은 뒤에도 이런 행위를 지속한다면 장로는 이 상황을 교회에 보고해야 하고 그 회원을 징계토록 해야 한다(살후

3:14-15). 일정기간 징계를 받았음에도 불구하고 개전의 정을 보이지 않는다면 본 헌장에 규정된 절차에 따라 출교될 수 있다.

6.2.4.4. 수치스러운 죄악

본회회원이 수치스럽게 죄를 지었지만 목회자와 장로의 권면에 복종하고 희망적으로 개전의 정을 보인다면 출교처분 되지 않는다. 하지만 그가 범법의 심각성을 깨닫도록 하고 회개를 분명히 드러내도록 하기 위하여(마 3:8), 그리스도와 교회의 명예를 더럽히지 않도록 하기 위하여(사 52:5, 겔 36:20-21, 롬 2:24), 다른 회원들이 죄짓는 것을 가벼이 여기지 않도록 하기 위하여(딤전 5:20), 일정기간동안 회원의 자격·권한·특권을 정지시키는 것은 타당한 일이다.

회개에 합당한 열매가 없다면 목회자와 장로는 이 회원을 본회로부터 제명 출교할 것을 본회에 건의하고 본 규약에 합치되는 절차에 따라 출교 여부를 최종 결정한다.

6.2.4.5. 교회치리에 대한 경멸

징계를 요하는 잘못을 범했거나 그 혐의가 있음에도 그 사안을 조사하기 위한 교회회의에 불참하거나 장로의 조사에 불응하는 회원에 대해서도 그 회원의 권한 및 특권을 정지킬 수 있다(마 18:17, 민 16:1-12, 23-27). 장로는 교회에 이 회원에 대한 징계를 건의하고 교회는 본 헌장에 규정된 절차에 따라 그 회원을 출교시킬 수 있다.

6.2.5 출교

출교는 교회회원의 권한 및 특권을 제한하거나 정지시키는 것 이상의, 사실상 최상위의 징계이다. 출교는 해당자의 구원을 박탈하거나 그에 준하는 결정이 아니라 더 이상 교회회원으로 간주할 수 없다는, 본회의 결정이며 선언이다. 출교는 해당자는 교회와 그 구성 회원들에게 그리고 교회와 회원들은 그 해당자에게 더 이상 목회적 돌봄과 교회적 책무가 존재하지 않음을 확인하는 결정이며 선언이다.

6.2.5.1. 출교가 요구되는 상황

교회치리 및 징계에 관하여 위의 각 항에서 해당되는 경우에 출교를 시행한다. (윤리적 혹은 교리적) 죄악이 견책과 정지와 같은 전단계적 조치들이 부적절할만큼 본질적으로 심하거나 가증스러운 경우에, 그 당사자에 대해 본회는 즉각적으로 출교처분을 내릴 수 있다(고전 5:1-5). 이 엄중한 징계는, 심각한 범법과 더불어 회개의 정이 전혀 보이지 않는 경우에 조심스럽게 시행해야 한다. 이 엄중한 조치는 범법자에게서 그 죄가 낳는 치명적인 결과를 씻어내고 진실하고 지속적인 회개에 이르게 하기 위한 것이다(고전 5:5). 그러므로 목회자와 장로는 징계 당사자를 참된 회개와 개선으로 인도하려는 진실된 노력을 하였지만 성공적이지 못하였을 때 이 사안을 본회에 보고하고 출교를 건의하고, 본회는 합당한 결의에 의해 출교를 최종 결정한다.

6.2.5.2. 교회의 동의

모든 출교는 소집된 교인총회(사무처리회)에 의해서 결정되고 집행되어야 한다(마 18:17, 고전 5:4). 출교 처분이 합법적이기 위해서는, 합당하게 소집된 교인총회에서 출석회원의 2/3와 전체 교인수의 과반을 넘는 수를 동시에 만족시키는 동의가 있어야 한다.

징계 당사자와 그 근친은 소명의 기회를 충분히 가져야 하지만 회의를 주재하거나 관여할 수는 없다. 징계 당사자(부부)의 6촌 이내의 근친은 의장으로부터 허락을 받지 않고는 사안에 대해 발언할 수 없다.

6.2.5.3. 회복

교회치리 및 징계의 목적은 실족한 형제자매를 회복시키고, 교회의 순결성을 유지하기 위한 것이다(레 13:46, 14:8, 민 5:3, 12:14-15). 그러므로 회원권의 정지 혹은 출교처분을 받은 자가 온전한 회개의 만족스러운 증거를 보였다면 그 회원자격 권한 특권을 적절히 회복해주고 종국에는 완전히 회복시켜주는 것은 교회의 의무이다(고후 2:6-8, 마 18:18-20). 교회의 징계를 풀고 그 회원권을 회복시켜주는 것은 합당하게 소집된 교인총회의 고유권한이다. 출석회원의 2/3의 동의가 있어야 한다.

7조 예전

7.1 일반적 진술

교회의 예배 및 예전을 거룩하고 아름답게 준행하여 하나님의 영광을 드러내는 것은 회중의 고유한 의무이며 권리이다. 회중은 교회회원 가운데 가장 적절하게 준비된 자에게 예배 및 예전을 인도하도록 명령한다. 회중으로부터 책임을 부여받은 인도자는 성경의 가르침과 신학에 부합하여 합당하고 신실하게 집례한다.

본회의 정규 및 비정규의 예배를 제외하고 2개의 예전만을 인정한다. 이 두 의식은 침례(세례)와 주의 만찬이며, 우리 주 예수 그리스도 그리고 주의 교훈과 행하신 것을 기념한다. 모두 주님께서 제정하여 준수하라고 명령하셨다는 점에서 특별한 의미가 있다. 그러나 그 어떤 의식이라도 구원을 일으키지 않는다. 침례식의 물이나 성만찬의 요소들 즉, 떡과 포도주(즙)가 그 참여자에게 은혜를 전달해주지 않는다. 교회의 의식은 '특별은혜'의 수단이 아니다. 그러나 참된 구원을 받은 신자가 의식에 참여하면 의식은 은혜의 특별한 방편이 되며 그 신자의 믿음에 강력한 도움이 된다.

7.2. 침례(세례)

7.2.1. 침례(세례)의식의 주체

본회는, 우리 주 예수 그리스도를 구세주로 영접하여 제자가 된 이들이 충분한 믿음의 증표를 낳고 스스로 공개적으로 그리스도인임을 고백하고 드러낼 때만 침례(세례)를 준다. 죄인이 회개하여 믿는 자가 되고 침례를 받고 지역교회에 가입하는 것이 성경이 정한 방식이다(마 28:19-20, 행 2:38, 41, 47, 5:13-14).

7.2.2. 교회회원의 자격 요건

물 침례(세례)는 하나님께서 정하신 징표 즉, 그리스도와 인격적으로 연합하여 그리스도와 함께 죽고 장사되고 부활하였다는 징표이며, 하나님 백성들의 가시적인 결합체 안으로 들어가는 문이다. 그러므로 본회는 삼위일체 하나님의 이름 즉, "성부와 성자와 성령의 이름"으로 신자침례(신자세례)를 받은 사람들에게만 교회회원 자격을 부여한다(마 28:19). 본회는 교회회원권을 부여할 목적으로 침례(세례)를 주지 않는다.

7.2.3. 방식

침수례 즉, 그 온 몸을 물속에 잠그는 것이 성경적으로 적절한 시행방식이다. 극히 예외적인 상황을 제외하고는 침수침례가 본회의 유일한 집례방식이다.

타 교파에서 세례 혹은 관수례(혹은 살수)를 받은 경우는, 그가 참된 믿음을 고백하고 삼위일체 하나님의 이름으로 세례를 받았다면 그 세례를 취소하고 침례를 다시 줄 수 없고 그 세례를 침례에 준하는 것으로 간주하고 불이익을 주지 않는다. 침례의 방식보다도 삼위일체 하나님의 이름을 함부로 취소할 수 없기 때문이며, 형식에 구애받아 실질을 망친다는 추문을 피해야 하기 때문이다.

7.3. 주의 만찬

침례는 각 신자가 단 한 번만 받는 것이며 가시적 교회에 들어가는 입문의 식인 반면에 주의 만찬은 교회가 반복해서 지키는 의식이다(고전 11:26). 교회의식은 지극히 거룩한 것이기에 엄숙하고 품위 있게 거행해야 한다. 주의 만찬에서 사용되는 요소는 그 물성에 어떤 변화도 없으며 단지 우리 주 예수 그리스도의 몸과 피를 상징할 뿐이다. 이 의식의 순결성을 유지하기 위해서 장로는 오직 참된 신자만이 주의 만찬에 참여하도록 신실하게 주관해야 한다.

8조 직원 혹은 직분자

8.1 일반적 진술

오직 예수 그리스도만이 교회의 머리이다(골 1:18). 그리스도께서는 각 개별교회를 통치하시되 그리스도께서 세우시고 성령께서 그 직분의 성취에 필요한 은사를 부여하신 직분자를 통하여 통치하시기로 정하셨다. 그리스도께서 정하신, 지상 교회에 항상 있어야 할 직분은 장로와 집사이다. 성경은 이 두 직분 이외에 어떤 직분도 항존직 혹은 상설 정규직으로 인정하지 않는다(빌 1:1, 딤전 3:-13).

8.2. 자격요건

8.2.1. 일치

교회의 정규 직분자로 구별되는 개인은 본회의 표준 신앙고백(서)과 본회의 규약에 양심적으로 동의할 수 있어야 한다. 직분에 취임한 뒤에라도 본회의 신앙고백(서)와 규약에 대해 심각한 유보사항이 있어서 본회의 신앙과 행실에 일치를 도모하기가 어렵다고 판단할 때는 본회는 적절한 절차에 따라 그 직분을 취소한다.

직분자는 언제든 그 주어진 직분에서 물러나고자 한다면 적절한 방법으로 즉각적으로 목회자 및 장로에게 그 사실을 알려야할 도덕적 영적 책임이 있다.

8.3. 장로

8.3.1. 용어

장로는 교회에서 다스리고 가르치도록 하나님으로부터 소명을 받고 교회로부터 정식으로 세움을 받은 사람을 가리킨다. 장로, (담임)목사, 감독 이 세 직분은 별개의 직분이 아니라 같은 직분이다. 단지 신약성경에서 동일한 직분이 갖고 있는 어떤 역할을 강조하여 묘사하기 위해 이처럼 각 용어를 사용한다(행 20:17, 28, 엡 4:11-12, 딛 1:5, 7).

우리 문화에서, 교회 안에 복수의 목사가 있을 때 장로는 담임목회자를 가리킨다. 평신도 직분자를 가리켜 장로라고 칭할 때에는 실제로는 집사 직분자를 의미한다. 전통적으로, 청빙절차에 의해 세운 목회사명자로서 교회의 말씀과 신학에 대한 최종 책임을 지는 장로(목사장로)를 '유급 장로'라고 하였고, 그렇지 않지만, 평신도임에도, 교회의 말씀과 신학에 대한 은사를 갖고 성도들을 섬긴 이들을 장로('무급 장로')로 세워, 목회를 보조하도록 하기도 했다.

8.3.2. 자격

장로직을 원하는 자는 먼저, 성경에서 요구하는 개인적인, 가정적인, 사역적인 자격요건을 갖추고 있음을 하나님의 백성들에게 입증해야 한다(딤전 3:1-7).

본회의 신앙고백(서)과 본회의 규약 이해하고 준수해야 한다.

8.3.3. 장로의 권한 및 권위

목회자 및 장로의 권한은 하나님의 집에서 발휘되는 인간적인 권한이기 때문에 지엄한 대권을 갖는 동시에 중요한 한계점도 갖고 있다.

8.3.3.1. 제한된 권한이다.

목회자 및 장로의 권한은 일방적으로 결정을 내릴 권리를 포함하지 않는다. 새로운 교회회원의 허입, 징계, 직분자의 임명, 교회기물 혹은 재산의 처분이나 매입 등과 같은 교회 문제에 관한 주된 결정권은 본회 자체에 있다. 해당 사안에 대해 주된 결정 및 최종결정은 교인총회(사무처리회)가 내리며, 그 과정 및 최종결정에서 본회의 회원은 일정한 발언권을 가진다(행 6:2-6, 9:26, 고전 5:4-5, 13, 고후 2:6). 하지만 교회가 이러한 사안에 대해 결정을 내릴 때 목회자 및 장로(들)는 분명한 지도력을 교회에 제공해야 한다.

8.3.3.2. 지역적 권한이다.

목회자 및 장로의 권한은 지역교회의 활동영역에 제한된다. 따라서 성경적 교회치리의 한계를 넘어서는 죄에 대한 처벌을 요구하지 못한다. 성경적으로 하나님께서 달리 정해주신 인간적 권한들(남편, 부모, 시민 공직자, 고용주 등의 권한들)을 침해하지 못한다. 또한 하나님의 말씀을 적용하여 하나님의 집을 질서와 품위와 덕성을 유지토록 주관하는 것 이외에 성경에서 명시하지 않은 문제에 관해 하나님의 백성들에게 명령하지 못한다(마 22:21, 눅 12:13-14, 행 20:28, 롬 13:1-7, 고전 7:25-28, 35-40, 엡 5:22-6:9, 벧전 5:2-3).

8.3.3.3. 책임을 지는 권한이다.

목회자 및 장로의 권한은, 그 자신이 몸담고 있는 지역교회(개별교회) 회원이라는 사실에 의해 제한받는다. 장로는 양떼를 다스리는 목자이기는 하지만 그 자신도 양떼에 속한다. 그러므로 목회자 및 장로 개인은 교회의 다른 회원들과 동일한 특권, 동일한 책임을 가지며, 동일한 치리를 받는다. 장로는 성도 개인으로서 동료 신자들로부터 권고, 타이름 등을 받을 수 있다. 본회의 다른 장로(혹은, 집사)로부터 권고, 타이름 등을 받을 수 있다. 장로는 본회 전체 앞에서 자신의 지위와 권한 그리고 사역에 대하여 책임을 진다(마 18:15-17, 23:8-9, 갈 2:11, 요삼 1, 9-10).

8.3.3.4. 실질적 권한이다.

성경은 장로를 교회에서 다스리는 자로 묘사한다(딤전 5:17, 히 13:17). 그러므로 교회회원 및 교인들은 장로가 성경적 권한을 행사할 때 장로에게 복종해야 한다. 무급 장로는 유급장로를 존중하고 보필해야 하며, 그 직무를 간섭하거나 훼방해서는 안 된다.

8.3.4. 목회적 방문(심방)

장로의 중차대한 직무 가운데 하나는 하나님의 양떼를 인격적으로 감독하는 것이다(행 20:20, 28, 살전 5:12). 이 직무를 수행하기 위해 장로는 각각의 교회 회원을 정규적 및 체계적으로 심방하거나 만나야 한다.

8.3.5. 복수 장로

신약성경은 동시에 자격을 갖추고 소명을 받은 장로(담임목사)가 한 사람 이상일 수 있음을 보여준다(빌 1:1, 행 20:17). 그러나 이것을 근거로 복수장로제를 일방적으로 단순하게 주장하면서 무자격자, 합당하지 않은 자를 장로(담임목사)로 세워서는 안 된다(딤전 5:22). 독재를 막는다는 구실로 복수장로제를 도입하거나, 부목사, 협동목사로 채용한 이들도 성경적으로 볼 때 "장로"의 성격을 갖추고 있다고 볼 수 있지만 장로에 준하는 권한을 가질 수 없다. 그러므로 이들을 처음 채용할 때와는 달리 장로의 권한을 부여하여 복수장로제를 취하는 것은 합당하지 않다.

성경에서 말하는 장로를 오늘날 우리는 담임목사라고 부르며, 별도의 엄밀한 선발과정을 거친다. 한국교회는 초창기부터 필요에 따라 동사목회 혹은 동사목사제도를 운용하였고, 이를 흔히 공동목회 혹은 공동담임이라고 부른다. 공동담임을 세울 때는 담임목사를 세울 때에 준하는 청빙절차와 다음 사항을 따라야 한다.

첫째, 현직에 있는 장로(담임목사)가 그 필요성을 인정해야 한다. 둘째, 교회회의(사무처리회)는 그 필요성에 대해 평가하고 공동담임 선출안에 대해 2/3 이상 동의 가결해야 한다. 셋째, 교회의결에 따라 공동담임의 임기, 사례, 권한 등에 관해 기준을 정하고 공동담임 청빙절차를 시작하고 그 과정을 완결한다.

공동담임을 세웠을 때 목회적, 행정적 의견충돌에 관해서는 당사자들뿐만 아니라 교회가 책임져야 한다.

8.3.6. 임기

신약성경은 장로의 임기를 상세히 규정하지 않는다. 장로직으로의 소명은 평생에 걸친 소명이다. 장로는 그리스도께서 교회에게 주신 특별한 선물 즉, 은사이며 하나님께서 주신 것들은 후회할 것이 없다. 단, 이 직무를 성경적으로 합당하게 수행하는데 필요한 자격요건을 충족시키지 못할 때는 해임된다. 또한 장로는 자신의 목회적 직무를 적절하게 이행하지 못하게 될 때 하나님의 뜻에 따라, 회중의 결의에 따라 휴직할 수 있다. 휴직 중인 장로는 자신의 목회적 직무를 적절하게 이행할 수 있게 되었을 때 회중의 결의에 의해 재심, 재청빙 절차 없이 복직한다. 단, 공동담임이 있을 때에는 그의 동의를 구해야 한다.

8.3.7. 장로직의 불신임 및 그 절차

장로 특히, 교회의 목회를 책임진 유급장로(담임목사)는 회중에 의해 설교 권한, 재정 및 행정집행 등에 관련한 권한을 제한받을 수 있다. 회중은 공적 결의 및 절차에 의해 담임목사의 직을 제한하거나 해임 혹은 파면한다. 회중의 1/5 이상이 불신임 안건을 하겠다는 의견을 표명할 때 무급장로(호칭장로, 안수집사)들 혹은 집사들은 교회회원들의 의견을 수렴하는 절차를 집행할 의무가 있으며 교회직분자들(혹은 관련 위원회)은 불신임 안건이 최초에 발의된 지 만 3개월 이내에 안건 사유에 대해 책임있는 의견을 표명하여 의혹을 충분히 해소하거나 교인총회(사무처리회)를 소집할 의무를 지닌다. 이때 소집장의 신상문제에 관련된 경우, 9.4에서 규정한 방식을 따르되 본회에서 시무중인 장로 혹은 위원장(가운데 연장자)이 대리한다.

교회직분자들(혹은 관련 위원회)이 불신임안을 적절히 다루지 않았다고 판명되어 회중이 다시 1/3 이상의 자발적 동의를 얻어 교인총회 소집을 요구하는 입장을 공식적으로 표명할 때, 의사표명 당일 오후 6시 이후, 담임목사의 직과 직무수행에 관련한 일체의 권한은 자동적으로 정지된다. 이렇게 교인총회 소집을 재차 요구하게 된 경우, 청원자들은 자신들 중에서 소집장, 부소집장, 서기를 선임한다. 3인 소위원회는 본회의 규약에 따라 교인총회를 공식적으로 소집하고 안건을 처결한다. 담임목사는 교인총회에서 재신임을 얻은 뒤에 직무를 재개할 수 있다.

8.3.8. 장로직의 공석

사망, 사임 이외에도 이단(설), 범죄행위 등으로 장로(담임목사)직이 사실상 공석이 될 수 있다. 부사역자는 자동적으로 장로직에 취임할 수 없으며 그 권한을 대행할 수 없다.

장로 즉, 담임목사의 직이 이처럼 사실상 공석이 되었을 때 본회의 시무집사들은 집사회를 구성한다. 과반수의 시무집사들이 참여할 때 집사회는 공식화된다. 의장과 서기를 선출하여 공식 기록을 남기며, 재적 시무집사 과반수의 결의로 교회회원 교인총회(사무처리회) 소집을 결정하고 그 사실을 적시하여 교회 앞에 공지한다.

이처럼 소집된 사무처리회는 교회회원들 중에서 임시의장과 서기를 선출한다. 선출된 서기는 집사회로부터 회의록을 넘겨받고 임시의장이 회의를 주재한다. 이 임시사무처리회에서 임시 지도자 즉, 임시담임목사를 선임할 수 있다. 이 임시담임목사는 본회와 동일한 신앙과 신학을 갖춘 인물 혹은 지방회의 목사 가운데 한 사람을 위촉하여 세울 수 있다. 그 임시목사는 정규 예배와 목양에 대해 일정부분 책임을 지며, 본회가 합당하게 세운 후임 장로를 세우거나 회중투표에 의해 직위를 해제할 때까지 그 직무를 수행한다.

8.4. 집사

8.4.1. 집사직을 두는 목적

사도들은 집사직분을 임명하였다. 그것은 말씀사역자들이 그 고유한 역할 즉, 설교하고 가르치고 상담하고 기도하는 일에 전념할 수 있도록 하기 위해서였다(행 6:1-6, 20:20, 31, 엡 4:11-13). 집사는 교회의 자선과 구제활동 및 사무처리에 일차적인 책임을 진다.

8.4.2. 자격

집사 직분을 갖기 위한 자격조건은 장로 직분을 위한 요건과 거의 동일하다(딤전 3:1-13, 딛 1:5). 양 직분 사이에 두드러진 대조점은 장로는 "가르칠 수 있어야" 하고(딤전 3:2), 하나님의 백성을 양육할 준비가 갖춰져 있어야 한다는 점이다(행 20:28).

8.4.3. 장로와의 관계

성경에 따르면 장로가 집사 직무를 감독할 권한을 가진다(행 6:2-4, 11:30). 그러므로 집사는 자신의 직무를 수행함에 있어서 장로와 협력해야 하고 장로에게 복종해야 한다.

8.4.4. 집사의 수

성경은 개별교회에 집사의 수가 몇 명 혹은 어떤 비율이 적정한지에 관해 명시하지 않았다. 따라서 교회는 필요하다고 판단되는 수의 집사를 임명할 수 있다(딤전 3:8-13).

8.5. 직분자의 임명

8.5.1. 일반적 진술

장로와 집사의 임명은 오직 주 예수 그리스도께서만 행하시는 대권이다. 주님께서는 각 개별교회에게, 장로 혹은 집사로 섬기도록 주님께서 세우시는 자를 확인하고 인정할 책임을 지도록 정하셨다.

장로와 집사는 장로(들)의 안수에 의해서 임직된다. 이 안수는 안수하는 장로(들)이 그 임직에 대해서 책임을 지고 승인한다는 뜻의 표현이다(딤전 5:22).

교회에서 직분을 받는다는 것은 임직자들이 개별교회를 섬기는 데 필요하다고 성경에서 보여준 자격요건 및 은사들을 소유하고, 주님께서 자신을 직분자로 불러내신다는 개인적인 확신에 의한다. 직분자에 대한 인준은 매우 중차대한 일이기에 반드시 기도하며 하나님의 뜻을 구하고 관련 성경구절을 근실히 살펴보고 당사자에 대한 정직한 평가를 거쳐야 한다. 교회회원은 이런 문제에 관해 잘 알고 잘 처리해야할 영적 책임이 있다.

8.5.2. 절차

주님께서 본회회원 가운데 직분자로 세우기를 원하는 사람이 누구인지를 확인하는 일은 지명, 선임, 임직의 순서로 진행한다.

8.5.2.1. 지명

지명은 직분을 받을 후보자로 추천되는 것을 말한다. 이는 장로가 한다. 장로는 적절한 후보자를 찾기 어려울 때는 연례 정기 사무처리회에서 비밀투표를 통해 후보자를 찾을 수 있다. 후보자를 위한 비밀투표에서 모든 회원은 적임자로 생각하는 회원의 이름과 그에게 맡기는 것이 적절한 직분을 투표용지에 써 넣는다. 장로는 회원의 1/4 이상에 의해 거명된 자를 후보자로 고려할 수 있다. 장로는 그 후보자가 적절한 인물이라고 판단되면 교회에 공지하고 교회의 동의를 구하는 절차에 들어간다.

8.5.2.2. 선출

직분자의 선출은 사무처리회를 통해 교회의 의사를 확인해야 한다. 직분자 선임을 위한 사무처리회로 모이기 전에, 적어도 4주간 그 사실과 후보자에 관해 공지해야 한다. 각 후보자에 관해 개별적으로 논의하고 표결에 임한다. 후보자에 관해 논의할 때 그 당사자와 친족관계에 있는 회원은 토론에 참여할 수 없고 필요하다면 회의장을 떠나 있어야 한다(필요한 경우 신상발언은 할 수 있다). 먼저, 장로는 직분에 관련 성경구절을 읽고 해설한다. 그리고 하나님을 두려워하고 그 후보자의 명예를 존중하는 가운데 후보자의 자격에 관하여 공적으로 토의한다.

직분을 위한 의결은 무기명 비밀투표이고 정족수는 언제나 만장일치이다(행 6:5). 일차에서 만장일치가 나오지 않았을 때 2차 투표는 최소 3/4의 동의를 얻어야 한다.

8.5.2.3. 임직(안수)

직분자의 선출은 장로의 안수로 완결된다. 임직은 정규예배 뒤에 혹은 특별한 날을 정해 하나님께 감사의 예배를 드리고 장로가 안수함으로 그 선출을 최종적으로 승인한다.

8.5.2.4. 의장

교회의 목회 및 말씀과 신학, 그리고 행정집행에 대한 최종 책임은 담임목회자에게 있다. 본회의 교인총회(사무처리회) 및 각급 회의는 담임목회자의 정당한 지도를 따라야 하고 적극 협력하여 교회적 사명을 진작시키고 완성토록 해야 마땅하다.

본회의 교인총회(사무처리회)는 관련 위원회와 협의하여 담임목사가 당연직 소집장이 되며 의장이 된다. 공식적인 각급 기관 혹은 위원회 및 회(會)는 그 장(長)이 소집장이며 의장이다. 각급 소집장(의장)이 직무를 적절히 수행하지 못할 때는 담임목사의 지휘 감독 하에 공식적인 모임을 갖춰 그 회(會)의 직무를 정상화할 수 있다.

사무처리회를 비롯하여 교회가 정규적으로 혹은 임시적으로 인정한 각종 회합, 각종 회(會)는 의장을 선출할 수 있다. 집사들이 집사회를 구성할 때도 마찬가지로 의장을 선출할 수 있다. 그러나 의장으로 선출되었다고 해서 그 권한 및 특권의 수준이 높아지는 것은 아니다. 의장은 회의의 진행을 맡은 회원이며, 적절한 결정을 내리도록 돕는 역할을 한다.

8.6. 직분자에 대한 평가

본회의 유급사역자(부목사, 각급 전도사, 사무간사 등)의 업무 및 업무평가와 인사문제에 대한 권한은 전적으로 담임목회자에게 있다. 이들에 대한 지휘 감독 등에 대한 일체의 권한과 이들에 대한 모든 책임은 담임목사에게 있다. 그러나 이들의 신상 및 처우에 대한 모든 결정은 담임목사가 단독으로 결정권을 갖지 않는다. 반드시 해당 위원회와 협의해야 하고, 공식적인 동의를 얻어야 한다. 필요한 경우, 본회의 교인총회는 보고를 요구하고 논의하고 요청을 할 수 있다. 유급사역자 이외의 교회직분자 즉, 무급장로직 및 집사직 등에 대해서는 아래와 같이 평가하고 처리한다.

8.6.1. 정규 평가

목회직을 제외한 교회의 모든 직분자들은 4년간 봉직한 뒤에 교회로부터 평가를 받는다. 이 평가는 직분자가 임직된 날로부터 만 4년을 채운 뒤에 열리는 연례 정기사무처리회 혹은 인사사무처리회에서 이뤄진다. 그 절차는 8.6.3에 규정된대로 행한다.

8.6.2. 비정규(긴급) 평가

정규적으로 정해진 평가 이전에 직분자를 평가하기 위한 교회회의(평가회의)를 소집할 수 있다. 유급장로 즉, 담임목사가 그 소집권자이다. 장로 즉, 담임목사의 신상에 관련하여 긴급한 평가회의를 소집하기 위해서는 먼저 집사회가 만장일치로 결의하여 집사회의 이름으로 소집할 수 있다.

직분자에게서 그 직분을 박탈하기 위한 비정규적인 평가회의를 소집하기 전에 그 사유를 목격한 2 혹은 3 사람의 증인이 있어야 하고 그 증인들이 그 당사자와 접촉하여 그 관련사안을 확인해야 한다(딤전 5:19). 당사자와 접촉한 증인들은 비정규적인 평가회를 소집할 필요가 있다고 판단될 때 교회회원의 1/3의 기명동의서를 받아 장로에게 평가회의 소집을 청원한다. 소집청원을 받은 장로는 본 헌장에 규정된 절차에 따라 직분자를 평가한다.

8.6.3. 평가절차

직분자를 평가하기 위한 교회회의는 4주간 공지된 후에 소집된다. 직분자 및 관련사실에 대해 토론하고 무기명비밀투표로 표결한다. 당사자는 필요한 경우 교회 앞에서 교회의 물음에 답하고 신상발언을 할 수 있지만 그 당사자와 직계가족은 토론에 참여할 수 없고 필요하다면 회의장을 떠나 있어야 한다.

직분자를 검토하고 해임해야 하는 사실을 발견한 증인은 먼저 두 세 명의 회원과 함께 그 당사자를 접촉하여 관련사실을 확인하고 권면하고 책망하는 과정을 거친 뒤에, 장로에게 그 사안을 통지하는 과정을 거쳤어야 한다(딤전 5:19). 장로의 목회적 권면이나 책망으로도 시정되지 않았거나 중차대한 사안일 경우에 교회의 평가회의를 소집한다.

성경적으로 저촉되는 직분자를 교회가 그대로 내버려두는 것은 하나님 앞에 큰 잘못을 저지르는 것이며, 성경적 근거 이외의 사유로 직분자를 폐하는 것은 교회의 머리되신 주님께 반역을 행하는 것이다.

문제를 야기한 당사자는 자신이 원한다면 교회 전체 앞에서 자신을 변론하도록 허용되어야 한다. 하나님을 두려워하며 당사자의 명예를 존중하고, 하나님의 말씀을 살피고 기도로 주님의 돌보심을 구한 뒤에, 무기명 비밀투표로 표결에 들어가되 "재신임" 표결로 한다. 만장일치로 재신임을 얻어야 하고 만장일치가 나오지 않으면 재투표에서 3/4의 동의를 얻어야 한다. 그렇지 않으면 해임되고 직분은 박탈된다.

8.6.4. 사임

직분자는 자신의 의사에 따라 사임할 수 있다. 그 사유와 사임일자를 서면으로 장로에게 제출하여 장로로부터 허락을 받을 때 사임이 유효화된다.

8.7. 유급장로(담임목사)의 생활보장

8.7.1. 일반적 진술

교회는 장로 및 목회자들의 물질적 필요를 채워주고 또 다른 수입원을 찾을 걱정을 하지 않도록 해야 한다. 이는 교회의 머리이신 그리스도께서 가르치신 것이다(고전 9:4-14, 딤전 5:17-18). 비록 모든 목회자가 하나님과 교회의 부르심을 받았고 공동담임일 경우 그 권한을 동등하게 가질 수는 있지만 동등하게 재정적 지원을 받을 수 있는 것은 아니다. 성경은 교회를 잘 다스리는 능력은 특별하지만 잘 가르치는 능력은 더욱 고귀하다고 말한다(고전 9:1-14, 갈 6:6, 딤전 5:17). 그러므로 교회의 공적 설교와 가르침을 담당하는 은사는 교회로부터 충분한 사례와 재정적 뒷받침을 받을 가치가 있는 은사이다. 그러므로 교회는 담임목사 및 유급 사역자를 선임할 때 그가 특별한 목양적 은사가 있는지, 교회의 유익을 위하여 기회를 따라 자신의 은사를 충분히 발휘할지를 고려해야 한다.

8.7.1.1. 유급사역자의 종류

장로(담임목사)

부목사

전임전도사

견습전도사협동사역자

8.7.1.2. 사례비의 책정

장로와 재정담당자가 협의하여 교회회의의 동의를 구한다.

9조 교회회의 혹은 사무처리회

9.1 일반적 진술

본회의 교인총회(사무처리회)는 담임목사가 소집한다. 교인총회는 어떤 경우라도 본회의 최고·최종 의결기관이며 본회의 외부로부터 오는 어떤 간섭도 지배도 통제도 배제할 권리는 본회의 양도불가능한 고유한 권리이다. 본회의 어떤 구성원도 어떤 위원회도 본회의 전권을 위임받을 수 없다. 이는 그리스도께서 교회 전체에게 위임한 책임이며 권한이기 때문이다.

본회의 총회는 1월 마지막 주에 연차총회를 소집한다. 목회·교육 등 각종 보고를 청취하고, 필요한 경우 직분 후보자를 추천·평가·의결하고, 각종 사안을 결의한다.

연차 총회(사무처리회) 이외에 교회 목적에 따라 재정(회계), 인사(회원권) 등의 사무처리회를 필요에 따라 개최할 수 있다.

9.2. 소집통지

표결이 필요한 사무처리회는 본회의 규정에 따라 공지한다. 표결이 필요하지만 공지기간이 본 기본규약에 명시되지 않은 경우 최소 2 주간 공지한다. 표결이 필요 없는 교회회의(사무처리회)는 사전 공지 없이도 소집된다. 공지라 함은 기본적으로 예배광고 및 게시판 공시를 말한다.

표결이 필요한 안건을 공지할 때는 그 안건과 내용을 정확하게 공지해야 하며 필요한 자료를 제공해야 한다.

9.3. 개회정족수

교회회의(사무처리회)는 유효투표권을 가진 교회회원 과반수의 출석으로 개회한다.

9.4. 개회 무효 요건

담임목사의 동의가 없거나 참석하지 않은 교회회의(사무처리회)는 원칙적으로 무효이다. 담임목사 없이 개최된 교회회의인 경우라도 사전에 혹은 차후에 (단, 1 개월 이내에) 그 사무처리회를 인정하지 않는다면 혹은 그 결의를 추인하지 않는다면 그 효력은 원천적으로 무효다.

단, 담임목사는 자신 혹은 친족의 신상 문제에 관련한 경우는 소집을 거부할 수 없다. 그럼에도 불구하고 소집을 거부할 때는 교회로부터 임직되어 시무중인 무급장로들과 집사들 전원이 비상대책위원회(會)가 되며 그 인원의 2/3 이상이 결의하여 소집장을 선출하고 교인총회(사무처리회)를 소집하는 것은 정당하다.

9.5. 의장

장로(담임목사)가 당연직 사무처리회 의장이다. 장로가 참석할 수 없는 경우 무급 장로 혹은 (교회회원을 가진 자들 중에 가운데) 장로가 지명한 자가 의장이 된다. 단, 상기의 단서조항에 해당하는 경우에 소집된 사무처리회는 그 회에서 적임자를 의장으로 선출한다.

9.6. 표결

교회에 의해 교회회원권이 유보된 자들과 장기결석으로 교회회원권을 행사할 수 없는 자들을 제외한 모든 교회회원은 교회회의에 참석하여 표결권을 행사할 수 있다. 표결권을 행사할 권한을 가진 교회회원이 교회회의 참석하여 그 권한을 행사하는 것은 성도가 예배에 참여하는 것과 마찬가지로 혹은 동일하게 진지한 의무사항이다.

장로는 장기간 교회에 출석하지 않은 교회회원들을 경우별로 분석하여 투표권을 줄지 말지를 판단하여 유효투표권자의 수와 개회정족수 그리고 의결정족수를 확인한다.

교회의 모든 사안은 기본적으로 만장일치를 얻어야 한다. 현실적으로, 규칙 및 회원권에 관련한 사안의 경우 3/4의 동의를 얻어야 하고, 일반 안건의 경우에는 2/3의 동의를 얻어야 한다. 참석 회원의 동의를 얻어 전자의 의결정족수를 2/3로, 후자의 의결정족수를 과반수로 낮출 때는, 별도로 정한 규칙에 합하거나, 교회회원의 1/5에 해당하는 이들이 이중결의를 요구하는 경우 반드시 회의를 열어 과반수 이상의 동의를 얻어야 유효하다.

10조 기본규약의 권위

10.1. 범위

본 기본규약은 성경과는 달리 무오·비가류하지 않다. 그러나 본회의 신앙생활을 올바르게 함에 있어서 성경의 원리와 가르침을 적용하려는 진지하고 성실하며 정직한 노력을 반영한다. 더욱이 본회를 구성하는 모든 교회회원은 본회를 세우고 교회적 사명을 실천함에 있어서 본 규약을 준수하기로 엄숙하게 서약하였다. 하나님의 계명 특히, 제 9계명과 진리의 존엄함은 본회의 사역자들과 교회회원 및 그 모든 구성원들이 상호 헌신과 열정으로 본 규약을 준수할 것을 요구한다.

10.2. 한계

본 규약의 규정이 아니라 하나님께 순종해야 할 때 본 규약의 각종 규정은 무시될 수 있다(행 5:29). 하시라도 본회회원이, 본 규약을 준수하면 하나님이나 성경적 원리를 범하게 된다는 사실을 발견하게 되면 그 사실을 장로에게 알려야 한다. 장로가 그 사실을 인지하여 동일한 결론에 도달하면 30일이내에 적절히 교회회의를 소집하여 전체 교회에 그 근거와 내용을 알려야 한다. 소집된 회의는 사실을 확인해야 한다. 본 규약의 수정이 필요한 경우라면, 그 사실을 확인한 교회회의로부터 만 1년 이내에 교회에 수정안을 제출해야 한다. 이처럼 수정안이 필요한 경우 사안에 따라 장로가 판단하여, 기존 규정을 제한적으로 운영하거나 효력을 정지시킬 수 있다.

10.3. 수정

본 헌장에 대한 수정은 유효 교회회원권자의 2/3가 출석하여야 개회가 성립되고 사안의 경중에 따라 2/3 혹은 3/4으로 결의된다. 의결정족수를 회의를 통해 확정할 때는 2/3 동의로 결정한다. 수정안을 처리하기 위한 교회회의는 최소한 2주 동안 그 제안된 문안을 공지해야 한다.

10.4. 부칙

본회는 본회의 결정과 허락에 따라, 각종 회의체 및 위원회를 설치할 수 있다. 각 회의체 및 위원회는 내규를 작성할 수 있지만 그 모든 내규는 반드시 본회의 심사와 허락과 통제를 받아야 하고 본 기본규약에 저촉하거나 본 기본규약을 침해해서는 안 된다.

본 규약의 규정을 수정할 때 그 본문을 수정한 뒤에 그 수정한 사실을 부칙으로 상술해야 한다. 항목, 날짜, 수정되기 전과 후의 문안, 근거 등을 부칙에 기록해 두어야 한다. 단, 전면적인 개정은 예외로 한다.

본 기본규약 및 각종 내규에서 미비된 것은 통상회의법, 대한민국 국회회의법, 지방의회 회의규칙 순으로 참조한다.

10.5. 출판

본회의 교회회의(사무처리회)는 장로(담임목사)의 책임 하에, 서기에 의해 정확하게 기록되어야 하고 정기적으로 가능하면 매년 출판되어야 한다. 모든 교회회원은 최소한 매 가정마다 교회회의록을 간직하여 본회의 역사를 보존토록 해야 한다. 본 규약 역시 별도로 출판되어야 한다. 별도로 출판되지 아니할 때에는 교회회의록을 출판할 때 포함시켜야 한다.

회중에게 묻고, 답하다

15

회중이 되었다는 것은 이미 많은 단계를 거친 것이다. 그 단계는 성도마다, 공동체마다 다를 것이다. 하지만, 회중이 되기 위해 갖는 처음 생각과 물음, 공동체원으로서 자리매김을 해가는 과정에서 길라잡이가 필요하다 여겨지는 몇가지를 골라 풀어놓는다. 보다 자세한 내용은 함께 모여 논의하고 알아가는 과정이 필요하다.

물음 1

신자, 반드시 교회에 다녀야 하는가?

답함

신자는 교회생활을 해야 한다. 이때 교회생활은 단지, 예배에 정규적으로 출석하거나 헌금하거나 봉사하는 것만을 의미하지 않는다. 이것은 신앙생활을 개인주의적으로 이해한 것이다. 지상교회에 참여하여 정상적인 구성원이 되고 그 자격을 성실하게 유지하여, 그 교회가 성경적 교회의 요건들을 충족시키는 상태를 유지할 수 있도록 하는 책임을 감당해야 함을 말한다. 그 책임을 성경의 가르침과 신앙원리에 알맞게 감당하는 법을 배우고 익히고 결과를 얻는 것이 성경이 말하는 교회생활이다.

물음 2

정통과 이단, 반드시 구별해야 하는가?

답함

반드시 구별해야 한다. 성경은 거짓 교훈을 '누룩'에 빗대어 설명한다. 정확하게 말하자면, '곰팡이' 혹은 '세균'에 빗대는데, 그대로 내버려두면 순식간에 온 몸에, 그리고 가족 전체에게 심각한 영향을 미친다. 아주 작고 사소한 '나쁜' 습관이 그 개인 및 가족의 운명을 송두리째 오염시키고 바꿔놓을 수 있다. 정통과 이단의 구별을 소위 '권력' 혹은 '주류 세력'이 인위적으로 만들어놓았다는 정도의 발상은 전능한 하나님의 섭리와 성령의 인도하심을 배제한 세속적 관념에서 나온 것이다. 성경의 교훈은 해석하기 나름이라는 주장 또한, 성경은 하나님의 말씀이며 성령은 성경을 통해 역사하며 성경은 성경에 의해 해석한다는 근본원리를 부정하는 데에서 나온 것이다. 게다가 인간의 불완전성 때문에 빚어지는 착오 및 오류를, 성경 그 자체의 오류라고 뒤집어씌우는 것에 다름없다. 엄밀하게 말하자면, 이단이 아닌 교회를 찾는 것을 뛰어넘어 신뢰할만한 좋은 교회를 찾아야 한다.

물음 3

어떤 모임이 정통 교회인가?

답함

엄밀하게 말하자면, 정통주의 신조를 고수하고 따라서 잘 가르치고 잘 행하는 교회를 말한다. 정통주의 신조는 초대교회 시대의 '니케아-칼케돈 신조' 혹은 '아타나시우스 신조'로부터 종교개혁 시대의 루터파 신조들과 개혁파 신조들을 잇는 노선에 속한 신조들이다. 그런데 여기에서부터 한국교회의 문제가 시작된다. 총회헌법이나 담임목사의 머릿속에서만 정통주의 신조를 천명하는 경우가 대부분이기 때문이다. 최근에, 정통주의 신조를 교회교육의 핵심으로 삼는 교회가 나오기 시작했다. 하지만 강의로 끝난다면, 문제점과 한계는 여전히 남는다. 정통주의 신조가 지향하는 신앙인의 자태와 교회다운 교회를 구현하는 교회가 진짜 정통적인 교회이다.

물음 4

교회는 반드시 신조가 있어야 하는가?

답함

그렇다. 신조가 없는 교회는 믿고 다닐 교회가 못 된다. 올바른 신앙생활은 신자 개인만의 숙제가 아니기 때문이다. 그 신자의 자녀와 자손이 평생토록 하나님을 올바로 경외하는 삶을 살도록 가르치고 이끌 책임이 있다. 아이가 어려서 보고 배우고 익힌 관념이 신앙에 스며들어 평생토록 영향을 미친다는 점을 생각하면 혹은, 첫 교회에서 익힌 신앙생활의 틀과 사고방식을 벗어나기가 어렵다는 점을 고려하면, 교회를 선택할 때 지독하리만치 신중해야 한다.

교회를 판단할 때 가장 기본이 되는 방식은 그 교회가 '천명'하는 신조와 실제로 '지향'하는 신조를 비교분석하여 파악하는 것이다. 양자가 일치하고, 그 일치된 신조가 성경적인 신조이고, 바르게 가르치고 바르게 실천하는 교회가 좋은 교회이다. 한국교회의 진짜 문제는 부패하고 타락한 목사들과 대형교회의 그릇된 관행이 아니라 이러한 기준에 부합하는 교회를 찾기가 지독히도 어렵다는 데에 있다. 더 큰 문제는 이런 좋은 교회가 없다고 한탄할 뿐이지 좋은 교회를 세우려는 노력이 없고, 지키려는 분투도 없다는 점이다.

신조가 없는 교회란 참된 교회의 이상도 지향점도 운영방식에 대해서도 깊이 있게 성찰하지 않았고, 자신들의 교파와 종교개혁에 대한 올바른 고찰이 없다는 증거에 다름없다. 결국, 오직 성경만 의존한다는 구호 아래에서 인본주의적이거나 인본주의로 치우칠 위험성을 끌어안고 있는 교회이다. 신조가 없는 교회란 성경적 원리를 바르고 체계적으로 이해하지 못한 상태에서 교회를 임의로 꾸려나간다는 뜻에 다름없을 때가 많다.

물음 5

장로교회, 가장 성경적인 교회인가?

답함

장로교회는 스코틀랜드 인들이 '스코틀랜드 신앙고백' 위에 세운 교회에서 출발한다. 이 신조는 지극히 성경적인 신조들 가운데 하나이다. 그런 점에서 성경적이다. 그러나 안수 받은 장로들의 회의체를 근간으로 하는, '당회-노회-총회'라는 3단계 정치구조를 염두에 두고 '성경적'이냐고 물을 때에는 전혀 다른 질문이 된다.

종교개혁 신학의 원리와 복음주의 원리는 '회중주의 정치제도'를 지향한다. 이 사실은 장로교 총회헌법을 살펴보면 역시 확인할 수 있다. 교인총회를 의미하는 '공동의회'라는 결의기관, 회의제도를 인정하는 대의민주주의 천명한 데 반하여, 총회헌법을 최고법으로 상정하는 공화정 방식은 회중주의적 속성을 부분적으로 받아들인 것이다. 회중주의 요소를 전폭적으로 채택하지 못한 것은 16세기 스코틀랜드의 한계점 때문이다. 당시에 스코틀랜드에서 '장로주의 정치제도'는 불가피한 것이었고 긍정적인 효과가 많았다. 그러나 현대사회에서는 장점보다 단점이 많게 되었다.

노회의 세력가들(정치목사들)과 결탁한 담임목사(위임목사)가 악하고 교활해질 때, 이 목사를 권징하고 교회를 바로잡을 구체적 방법이 없어진다. 회중은 자신들이 원하는 바를 목사에게 소청할 뿐 관철시킬 방법이 없다. 담임목사만이 생각하고 판단할 권세를 가진 '사람'이 되고 평신도들은 한낱 '양' 즉, 사람이 아닌 존재들이 될지라도, 아니, 그렇게 만들더라도 이를 막을 권세가 어디에도 없다. 제도적으로 그렇게 만들어놓았다. 특히, 한국에서는 이 단점들을 바로잡지 않고 오히려 강화시키는 경향이 있다.

물음 6

침례교회, 가장 성경적인 교회인가?

답함

청교도 개혁주의 신학과 회중주의 교회론을 제대로 구현한, 17세기 전반부에 잉글랜드에서 출현한 '침례교회'는 지상에서 가장 성경적인 신학과 가장 성경적인 교회론 원리에 입각했다. 그러나 모든 침례교회가 가장 성경적인 방식 즉, 특수주의(particularism)를 온전하게 구현하거나 계승한 것이 아니다. 영미 침례교회 중에는 그 역사적 정체성을 온전히 계승하는 교회들이 있다. '(제2)런던신앙고백' 혹은 '필라델피아 신앙고백'을 천명하고 그대로 구현하는 교회들이다. 미국 남침례교회는 '런던신앙고백' 혹은 '필라델피아 신앙고백'이 제시하는 노선을 폐기하고 세속주의와 타협한 전력을 가지고 있다. 지난 십여 년에 걸쳐, 복음주의적이며 개혁주의적인 지도자들이 남침례교회의 노선을 바로잡고자 치열하게 노력해왔다. 한국 침례교회는 1950년대 이후의 미국 남침례교회의 원리들을 받아들였고, 여기에 온갖 이질적인 요소들을 뒤섞었다. 따라서 상당히 불안정하며, 개혁해야 할 문제점들이 상당히 많다. 하지만 한국교계의 개혁 및 회복에 기여할 기회 또한 아직은 많다.

물음 7

선교단체를 교회로 간주해도 되는가?

답함

선교단체는 교회를 시작할 수는 있으나 결코 '교회'가 아니다. 선교단체가 복음주의 신학과 정신을 고백하는 '신자들'로 구성되어 있고 '예배'를 드리며 교회를 관리·운영한다고 해서 정상적인 의미의 '교회'라고 생각해서는 안 된다. 선교단체가 시작한 '교회'도 일정한 시점에 정상적인 교회로 탈바꿈하는 과정을 겪지 않으면 안 된다. 선교단체를 '파라처치' 혹은 '신자의 공동체'라는 개념에 의거해서 정상적인 교회로 간주하는 것은 교회론을 약화시켜서 즉, 정의를 바꿔서 억지스럽게 교회로 규정하는 셈이다.

'선교 마인드'에는 제국주의적 침탈을 정당화하는 논리가 숨어 있을 수 있고, 이는 선교 마인드에 내제된 비논리성보다도 더 위험하다. 결론적으로 말하자면, 선교단체를 교회에 대한 대안으로 간주하거나 선교단체가 사용하는 원리를 교회 안으로 끌어들이는 것도 위험하다. 그 가장 큰 이유는, 서구 기독교의 선교원리는 제국주의 침략을 당연시 하던 때에 만들어진 것이 대부분이며, 권력지향적이고 지배자의 철학을 강요하고 주입할 위험성이 크기 때문이다.

물음 8

가정교회는 대안이 될 수 있는가?

답함

'가정교회'는 교회를 개척하는 방식에 있어서 하나의 대안적인 방법론은 될 수 있지만 정상적인 의미에서 선교단체만큼이나 '교회'의 대안이 아니다. 가정을 개방하여 예배처소로 혹은 교제의 장소로 사용한다는 개념은 영미 사회에서는 의미가 있을 수 있지만 한국사회에서는 특별한 의미가 없다. 영미 사회 특히, 미국은 마을(town)을 형성할 때 중심을 시청과 교회로 삼는다. 이 두 건물은 마을을 조성할 때 가장 먼저 세우고, 이 두 건물이 중심가를 이루는 기준점이 되곤 했다. 마을과 관련한 대소사를 시청이나 교회에서 모여 토론하고 결정하곤 한 것이다. 마을의 큰 마당이나 사랑방에 모여서 논의하고 처결했던 한국사회와는 다르다.

서부개척시대에 미국교회는 천막집회, 야외집회로 모이고 '술집'이나 댄스홀을 임대해서 시작하곤 했다. 한국교회는 주로 '사랑방'에서 시작했다. 그러니 한국교회는 애초부터 '사랑방' 즉, 가정교회로 시작한 셈이다. 그러므로 규모 혹은 방식이 아니라 그 이면에 놓여 있는 교회론적 원리들을 살펴봐야 한다. 결국, 가정교회라 함은 유형적 측면을 소홀히 하거나 부정하는 무형적 교회론에 입각한 '형제단 운동'을 감독주의적 혹은, 현대의 조직이론을 응용하여 관리하는 종교운동일 가능성이 매우 크다. 따라서 가정교회 운동을 적극적으로 수용하면 부패한 대형교회 원리를 배척할 수 있을 것이라는 기대를 충족시키기는, 원리적 측면에서 볼 때, 극히 어렵다.

물음 9

큐티(QT)는 성경적인 방법인가?

답함

우리가 흔히 묵상이라고 말하는 QT는 실상 '생각하기'에도 훨씬 못 미치는 '느껴보기'에 불과하다. 그러나 생각하기라고 간주하더라도 [첫째,] 생각하는 주체에 관련해서, [둘째,] 생각하는 방법 및 과정에 관련해서, [셋째,] 생각한 결과에 관련해서 위험성이 크다. 한국교계에 QT를 도입하고 확대시킨 것은 교회가 아니라 선교단체였다. 선교단체들은 교회를 풍부하게 하고 발전시키기 위해 QT를 보급했다기보다 교회와의 경쟁에서 우월한 지위와 영향력을 확보하기 위해 QT를 도구화했다. 오늘날에는 QT가 거의 '산업화'되기까지 했다.

'생각하기'와 '묵상하기'의 가장 중요한 차이점은 '논리성'이냐 '직관'이냐 하는 점이다. '성경을 생각하기'에 있어서는 '생각하는 사람'의 본성이 확실하게 거듭나고 영적 사고방식을 충분히 훈련받았느냐는 점이 가장 중요하다. 어쩌면 이보다 자신의 사고방식 및 결론에 내재된 오류 혹은 착오를 발견하고 검증하고 정확한 판단을 추구하는 능력이다. 이러한 요소들을 무시하고, QT를 하는 방법 및 요령만을 가르치고 규칙적으로 QT를 하도록 권면하는 것은 '운전면허'조차 없는 사람에게 자동차를 몰고 큰 도로로 나가라고 떠미는 격이다.

선교단체들은 QT를 '생각하기' 차원이 아니라 '묵상', 더 나아가서는 '명상수련'처럼 사용했다. 이때 오직 '성경' 그 자체만을 묵상의 대상으로 삼고, 성경 그 자체를 즉각적으로 묵상하는 귀납적인 접근방식만을 정당한 것으로 간주했다. 이러한 접근방식은 교인들을 '표상적 감상주의'에 빠뜨리기 십상이다. 묵상하다가 무엇인가를 깨닫는 자신을 아우구스티누스, 루터, 칼빈 등과 같은 신학적 대가들보다 상위에 놓거나 교회의 정당한 권위와 유산을 경시하는 태도를 갖게 만들기 쉽다는 데 심각성이 있다. 이러한 태도는 기독교 방식이라기보다는 차라리 불교방식에 가깝다.

물음 10

교회의 주인은 누구이며, 어떤 식으로 다스리는가?

답함

교회의 주인은, 하나님의 아들 예수 그리스도이시다. 교회를 다스릴 권세는 오직 예수 그리스도께만 있다. 이러한 그리스도의 교회주권이 어떤 식으로 작동하여 신자 개인에게까지 미치는지를 나름대로 정립한 것이 교회정치체제(정체)이다. 대략적으로 나누자면 교황주의적 감독제도(로마 가톨릭), 개신교적 감독제도(앵글리칸과 감리교회), 장로제도(장로교회), 독립주의적 회중제도, 연합주의적 회중제도(associationalism, 침례교회) 등이 있다. 각 회중은 이러한 정치제도 가운데 하나를 선택할 수 있으나, 성경이 가르치는 '교제의 원리'와 성경이 요구하는 교회다움을 실현하는 가장 올바른 방식을 이해하고 그 실현방안을 찾아내야 할 책무를 충실히 이해해야 한다.

이 관점에서 자신이 몸담을 교회를 찾아야 한다. 그러므로 모든 신자는 개인적인 신학이 있어야 한다. 그리고 모든 교회는 교회의 (공적인) 신학이 있어야 한다. 각 개인은 자신의 신학과 일치하는 공적인 신학을 가진 교회를 찾거나 세워서 그 구성원이 되어야 한다. 물론 각 개인과 각 교회는 이 일관 된 신학 그리고 그 믿음과 실천이 얼마나 성경적인지를 반성하고 성경의 가르침에 부합하도록 끊임없이 바로잡아야 한다.

물음 11

성도의 교제에서 무엇이 가장 중요한가?

답함

성도의 교제를 '나눔' 즉, 물질을 나누고 공유하는 것으로 한정하는 경우가 많다. 그러나 가장 깊은 차원에서의 '나눔'은 은혜 즉, 진리와 믿음이다. 진리를 나눈다는 것은 진리의 내용을 가르친다는 것 이외에도 '오류' 혹은 '착오'를 바로잡아준다는 의미이기도 한다. 여기에서 '치리'의 문제가 개입한다. 치리(治理)는 이치를 바르게 가르쳐서 행하게 하고 잘하는 이에게 상을 주고 못하는 이를 거들어주고 나태하고 소홀히 하는 자를 징계하는 것을 가리킨다.

교회는 똑바로 가르치고 야단을 치는 곳이며 그 가르침과 권징을 소중히 여기는 마음으로 받아들이는 곳이며, 결과적으로 주 안에서 온전한 성장을 기뻐하는 곳이어야 한다. 그 결실의 중심에는 언제나 '믿음'의 성장이 있다. '믿음'은 교회생활에서 가장 소중한 것이다. 건강하고 결실을 많이 맺는, 좋은 믿음이 무럭무럭 자라도록 서로 돕는 것이 성도의 교제에서 가장 중요하다. 따라서 하나님의 뜻과 진리 가운데에서 잘못된 부분을 지적하고 가르쳐주는 비판을, 정당한 근거도 없이 거부하며 '지적질'이라고 경시하는 것은 매우 큰 교만이다.

물음 12

회중주의, 직접 민주주의를 실천할 때란 언제일까?

답함

회중주의를 이해하기 쉽게 말하자면, 풀뿌리 민주주의를 실행하자는 것에 다름없고, 지방분권주의를 강화하자는 정치론에 가깝다. 이렇게 말하면, 한국 사람들은 직접 민주주의 혹은 지방분권적 민주주의를 실행할 단계에 아직 도달하지 않았다고 평가하는 이들이 많다. 이는 독재가 정당하다는 권력엘리트들의 거짓말에 현혹된 것이다. 풀뿌리 단계 즉, 주민생활에 밀착된 문제들을 놓고 의견이 갈라지고 논쟁을 벌이는 것을 '국론분열'로 거대하게 확대, 과장하는 발상이다.

강력한 리더십을 가진 사람이 등장해서, 논란을 평정하고 반대자들을 휘어잡고 사람들이 일사분란하게 추종하는 것은 '독재'이다. 독재가 민주주의로 발전하지는 않는다. 독재는 학살과 착취 그리고 부패로 나아갈 뿐이다. 독재는 사람들을 피동적으로 만들고 비열하고 무책임한 존재로 만든다. 교회 또한 마찬가지다. 교회의 권세를 개인 혹은 일부의 사람들이 독점했을 때, 교회는 반드시 인본주의적이 되거나 부패한다. 무엇보다도, 개혁이 불가능해진다. 그래서 개혁된 교회 그 자체가 개혁의 가장 큰 장애물이 된다.

16세기 종교개혁은 1천년 동안 아무도 해보지 못한 것을 해보자는 도전이었다. 면죄부 거부는 고해성사를 포함한 7성사를 폐지하고, 그 1천 년 전의 초대교회 원리인 오직 믿음과 오직 은혜라는 원리로 돌아가자는 주장이다. 17세기 전반기에 잉글랜드 청교도들은 회중주의를 철저히 구현하여 성경적 교회를 세우고자 '침례교회'와 그 '연합체'를 세웠다. 그 과정에서 얻은 실패, 분투가 있었기에 이뤄진 것이다. 실패는 경험과 경륜을 쌓게 하고 성공을 낳는다. 민주주의를 해봐야 민주주의를 할 줄 알게 된다. 그리고 더 나은 민주주의로 나아갈 수 있게 된다.

민주주의란 사람을 사람이라는 인격체로 대하는 정치원리를 구현하는 것이다. 마찬가지로 회중주의는 사람을 죄인이지만 하나님의 권속으로 대하고, 하나님의 나라를 교회에서 실현하는 정치원리를 구현하는 것이다. 준비되었을 때 하는 것이 아니라 처음부터 시도하고 노력하고 성취해야 하는 것이다.

물음 13

교회가 시행하는 징계(권징)의 의미는 무엇인가?

답함

교회의 정의란 옳은 것을 옳다고 하고 틀린 것을 틀렸다고 밝히는 것이다. 옳았다면 상을 주고 틀렸다면 벌을 주는 것이다. 물론, 그 기준은 '성경'이다. 따라서 권징을 올바르게 실행한다는 것은 그 교회에, 성경에 대한 탁월하고 깊은 이해가 있으며 성경의 가르침을 올바르게 실행하고자 하는 결의가 충분하다는 뜻이다. 무엇보다도, 하나님의 말씀에 따라 권징을 열심히 실행한다는 것은 하나님의 말씀을 크게 존중한다는 뜻이며 하나님의 이름을 경외한다는 뜻이다.

권징을 소홀히 한다는 것은 우선, 하나님의 말씀을 실질적으로 잘 가르치지 않는다는 뜻이며, 하나님의 말씀을 준수하려는 마음이 그만큼 없다는 뜻이 되고 하나님의 이름에 대한 경외심이 희박하다는 뜻이다. 그러므로 권징이 없는 교회는 하나님과 예수 그리스도의 교회라기보다는 사람들의 관계성 위에 즉, 인본주의적으로 세워진 종교단체인 경우가 많다.

물음 14

징계(권징)의 권한은 어디에 있는가?

답함

교인을 징계할 권한이 '목사'에게 있다고 생각하는 것은 사제주의적 발상이며 중세기적 유산이다. 사제주의는 교회의 본질이 '사제'에 있다고 본다. 교황에 의해 인준된 주교가 합법적으로 파송한 사제가 있는 곳에 교회가 존립하고 그러한 사제가 없는 곳에는 신자들이 아무리 많더라도 교회가 없다는 발상이 사제주의이다. 합법적 사제가 주재하는 '성례전'만이 유효한 예전이 된다. 따라서 사제주의에서는 신자의 자격을 주거나 박탈하는 것, 징계를 가하거나 풀어주는 것은 사제의 권한이다.

성경이 가르치는 원리는 복음주의적-회중주의적 원리이다. 징계의 권한은 그리스도의 권한이며 그리스도는 말씀으로 자신의 몸 된 교회를 통치하신다. 그리스도의 말씀을 실현하고 따라서 그리스도의 통치주권을 성취하는 의무는 어떤 개인이나 위원회가 아닌 '회중' 전체에게 있다. 회중은 회중에 속한 직무의 최종 권한을 갖는다. 회중의 직무 혹은 권한을, 전적으로 위임받아 대행하는 권세가 교회 안에 존재하지 않도록 해야 한다. 이렇게 하는 것은, 그리스도 이외의 '중보자'를 세우는 패역한 행위이기 때문이다.

물음 15

교단(denomination)이란 무엇인가?

답함

'교단'이란 '종교단체'의 줄임말이다. 종교단체란 어떤 구속력 있는 규약규정에 의해 하나로 묶인 집단을 가리킨다. 기독교의 경우, 하나의 '총회'(總會)가 하나의 교단이다. 장로교 통합측, 합동측, 고신측, 백석측 등이 교단을 가리키는 실제 명칭이다. 그러므로 '대한 예수교 장로회 OO교회'라는 식의 명칭은 잘못된 명칭이다. 첫째, '대한 예수교'라는 별도의 종교가 없고 '장로회'는 장로제도를 채택했다는 형식적인 의미밖에 없다. 그래서 이 명칭으로는 이 교회가 어떤 교단 소속인지를 알 수가 없다. 따라서 이 교회와 그 소속 교단의 역사와 전통 그리고 신학적 정당성에 대해 파악하기가 어렵다.

장로교(회), 감리교(회), 침례교(회)가 분립하는 역사적 정당성은 종교개혁가들 및 각 교파의 선조들이 확립했다. 그러나 교단은 그 교파가 분립한 결과물이다. 이 분립의 정당성은 교파 분립의 정당성과는 별개의 것이다. 하나의 교파가 단일한 '연합체'를 구성하지 못하고 분립하게 되었다는 것은, 교회를 통치하는 법이 분립하게 되었다는 뜻이다. 그리스도의 법이 나뉘었는가? 아니면, 그리스도의 법을 해석할 때 어떤 치명적으로 중요한 의견 차이가 발생했는가? 그마저도 아니라면 교단분립의 원칙과, 교단을 다스리는 법제에 인본주의적인 요소가 개입한 것이다. 그만큼 부당하게, 세속법에 의존하게 된다. 그만큼 비성경적이다.

오늘날 한국 장로교회는 그 교단수가 수백 개나 된다. 교회수가 1만 개를 헤아리는 대형 교단도 3개나 된다. 그나마 지속적인 통합 노력의 결과로 그렇다. 바로 이 부분에 있어서도, 한국 장로교회는 한국의 장로정치제도의 특성을 심각하게 고찰할 필요가 있다. '종교성'의 요목이 자기반성과 자기개선 즉, 자정능력에 있다면, 이 자기개선 능력을 상실하고 교단이 걷잡을 수 없이 분열하고 난립하게 된 그 한계점들을 개선하지 않으면 안 된다.